T0281935

Un idioma sin manchas

Ramón Alemán (Laguna, Tenerife, 1966) es corrector de textos y asesor lingüístico, un oficio al que llegó a través del periodismo. En 2010 creó el servicio de corrección Lavadora de textos y, con él, un blog del mismo nombre, en el que escribe regularmente artículos sobre el buen uso del español. Además, es un incansable divulgador de los secretos de nuestro idioma, tanto a través de las redes sociales como en los medios de comunicación.

Hasta ahora, Ramón Alemán ha publicado cuatro libros con recomendaciones para una buena escritura: *Lavadora de textos* (2011), *La duda, el sentido común y otras herramientas para escribir bien* (2017), *Cincuenta sonetos lingüísticos* (2020) y el *Libro de estilo del Gobierno de Canarias* (2021). En estos cuatro libros sus consejos están guiados por la sabiduría de aquellos lingüistas a los que el autor denomina *guardianes de la lengua* (desde María Moliner hasta Manuel Seco, pasando por Andrés Bello, José Martínez de Sousa y muchos otros), de los que ha aprendido que en lo que a asuntos de la lengua se refiere todo debe pasar por el doble tamiz de la duda y la tolerancia.

Puedes seguir al autor en Facebook, Twitter e Instagram:

Lavadora de textos
Lavadoratextos
lavadora_de_textos

Biblioteca
RAMÓN ALEMÁN

Un idioma sin manchas

Cien caminos en busca del español correcto

DEBOLS!LLO

Papel certificado por el Forest Stewardship Council®

MIXTO
Papel procedente de
fuentes responsables
FSC® C117695

Penguin
Random House
Grupo Editorial

Primera edición: noviembre de 2022

© 2022, Ramón Alemán
© 2022, Penguin Random House Grupo Editorial, S. A. U.
Travessera de Gràcia, 47-49. 08021 Barcelona
Diseño de cubierta: Penguin Random House Grupo Editorial / Marta Pardina
Imagen de cubierta: © Shutterstock
Caligramas de Alba Lorenzo Alemán

Printed in Spain – Impreso en España

ISBN: 978-84-663-6780-6
Depósito legal: B-16.613-2022

Compuesto en Comptex & Ass., S. L.

Impreso en Liberdúplex
Sant Llorenç d'Hortons (Barcelona)

P 3 6 7 8 0 6

A mi ángel acompañante

Y a mi madre, que lleva nutriéndome
desde antes de mi nacimiento

En memoria de Manuel Seco,
que fue mi maestro sin saberlo

Índice

Deportes de riesgo

Andalucía, Canarias y América

Misterios de la gramática

Delito y perdón

La corrección de textos

Guardianes de la lengua

Introducción

Este es el cuarto libro que publico con la intención de ayudar a comprender un poco mejor algunos secretos de la ortografía y la gramática de la lengua española. Lo hago con el rigor que merece la materia, pero también en un lenguaje que intento que sea cercano y, a ser posible, poco cargado de tecnicismos. Cuando no me queda más remedio que usarlos, los explico a renglón seguido. Con *Un idioma sin manchas* pretendo contagiar a los lectores mi pasión por nuestro idioma, una lengua que puede presumir de tener un sistema ortográfico excelente —aunque también padece algunos defectos, como la estrafalaria letra *x*— y una gramática misteriosa, compleja y caprichosa que da lugar a fenómenos tan curiosos como decir *el agua*, en lugar de *la agua*, que parecería lo más normal.

Los otros libros que he publicado hasta ahora son *Lavadora de textos*, *La duda, el sentido común y otras herramientas para escribir bien* y *Cincuenta sonetos lingüísticos*.[1] Como he dicho, mi propósito fue entonces el mismo que me ha lle-

---

1. A estos hay que sumar el *Libro de estilo del Gobierno de Canarias*, publicado en diciembre de 2021 y que no he incluido en la lista por no ser un trabajo divulgativo, sino un manual de consulta.

vado a escribir esta obrita, pero aquellos tienen una notable diferencia con *Un idioma sin manchas*: en los tres casos se trató de recopilaciones de artículos que habían sido publicados previamente en mi blog, *Lavadora de textos* (aunque en el libro de sonetos redacté una serie de textos en prosa, específicamente pensados para acompañar a los poemas en esa publicación). Por el contrario, todo lo que ustedes leerán en este libro es inédito, excepto cinco artículos que sí aparecieron ya en el blog, pero que nunca pasaron a alguno de los libros anteriores. Se trata de los capítulos «Yo le ofrecí un curso al rey de España» (p. 59), «Cuarenta razones para dejar de ponerle tilde a *solo*» (p. 75), «Yo no hubiera sido tan categórico» (p. 258), «Los lobos y las lobas» (p. 275) y «Los trece mandamientos del corrector de textos» (p. 320), que aquí se muestran con ligeras modificaciones.

Además de esa diferencia, esta obra no se presenta como una compilación de artículos —o de sonetos— sin relación entre ellos, como ocurría con las anteriores, sino que he tratado de darle al conjunto cierta unidad, de tal modo que algunos capítulos remiten a otros; en unos voy dando pistas de lo que vendrá después; otros están ordenados consecutivamente, como diferentes partes de un mismo relato... También he de decir que algunos de los asuntos tratados en *Un idioma sin manchas* ya los abordé en los libros anteriores (otros muchos no), pero aquí lo hago con enfoques diferentes y añadiendo información que no aparecía en los textos publicados años atrás. Por otra parte, creo necesario explicar que los tres libros de los que les he hablado fueron proyectos editoriales bastante modestos, de tal manera que no llegaron a tantos ojos como a mí me habría gustado; afortunadamente, en esta ocasión cuento con el apoyo de una editorial tan importante como Penguin Random House, que —estoy seguro— hará realidad el sueño que no conseguí en mis anteriores aventuras: conformar un auténtico ejército de lavadores de textos enamorados de la lengua española. De ahí que repita algunas de las cuestiones de las que ya hablé en su día.

Por cierto, he de darle las gracias a Penguin Random House por permitirme seguir en este libro algunos criterios tipográficos (por ejemplo, emplear letra cursiva en usos metalingüísticos) que no coinciden con los de la editorial. En esto, como en todo, cada maestrillo tiene su librillo, y si la casa editora ha accedido a que me tome estas libertades no ha sido por falta de rigor, sino por todo lo contrario: dado que en el propio libro explico cuestiones relacionadas con algunos usos tipográficos, sería absurdo que yo, a la hora de escribir, no siguiera el mismo criterio que pregono en estas páginas.

Para encontrar respuestas a las múltiples preguntas que se plantean en este libro recurro, como he hecho siempre, a un ejercicio que les recomiendo a todos —y no solo para escribir bien, sino para cualquier actividad intelectual—: la duda. Y acudo también, como llevo años haciendo, a la sabiduría de quienes yo denomino *guardianes de la lengua*; unos guardianes que no castigan, sino que cuidan. Me refiero a autoridades lingüísticas como José Martínez de Sousa, Manuel Seco, María Moliner, Humberto Hernández, Lola Pons, Álex Grijelmo, la Real Academia Española, la Fundación del Español Urgente, Leonardo Gómez Torrego, Paulina Chavira, Álex Herrero, Andrés Bello, Rufino José Cuervo, Ángel Rosenblat, Alberto Gómez Font... Que recurra a ellos no quiere decir que siempre esté de acuerdo con sus puntos de vista; cuando no lo estoy, expongo los míos, con prudencia pero también con sentido común y dejando abierta la ventana más refrescante: la de la tolerancia.

A estos guardianes les dedico una de las ocho partes en las que está dividido el libro; otra parte está dedicada a la corrección de textos, que es el oficio con el que me gano el pan de cada día. Esa actividad, a la que llegué hace más de treinta años por pura casualidad, es la que me ha hecho entregarme apasionadamente al estudio de nuestra lengua y a publicar este libro, con el que espero que se lo pasen tan bien como me lo pasé yo mientras lo escribía.

RAMÓN ALEMÁN
La Laguna, 3 de febrero de 2022

Notas preliminares

Este libro es, por encima de todo, divulgativo y de entretenimiento. Con ello quiero decir que no se trata de un trabajo de investigación de esos en los que se emplea un lenguaje en ocasiones soporífero. Todo lo contrario. No obstante, una parte importante de la información que les daré sí es muy rigurosa y constituye el fruto de una búsqueda constante de respuestas en aquellas fuentes a las que he considerado oportuno recurrir. Por eso, durante la lectura que están a punto de comenzar verán que a veces, especialmente después de un entrecomillado, aparecen unos textitos entre paréntesis; por ejemplo, así: *(Lázaro Carreter, 1997: 310)*. Lo que estoy haciendo es emplear un sistema de cita bibliográfica denominado de *autor-año*, con el que pretendo que ustedes conozcan, si así lo desean, de dónde he sacado determinadas afirmaciones. Lo que dice en ese texto entre paréntesis es que la información que lo precede está extraída de la página 310 de la obra *El dardo en la palabra*, del lingüista Fernando Lázaro Carreter. ¿Cómo pueden saber ustedes esto? Porque al final del libro que tienen en sus manos hay una bibliografía en la que, entre otras referencias, encontrarán la siguiente:

LÁZARO CARRETER, Fernando: *El dardo en la palabra*, Barcelona: Galaxia Gutenberg-Círculo de Lectores, 1997.

Por lo tanto, al ver *(Lázaro Carreter, 1997: 310)*, ustedes pueden ir a la bibliografía, buscar *Lázaro Carreter* y, a continuación, la obra de ese autor que fue publicada en el año 1997. Con eso y el número de página tienen toda la información que necesitan. En el caso de este autor la cosa es sencillísima porque en la bibliografía solo aparece una obra de Lázaro Carreter, pero si hubiera, por ejemplo, otra del año 1980, ustedes ya saben que no se trata de esa, pues en el texto entre paréntesis el año que aparece es 1997. Si no ven en el texto entre paréntesis ningún apellido, es porque acabo de nombrar al autor justo antes de la cita entrecomillada, de tal modo que la única información que les falta es el año y la página; por ejemplo, así: *(1997: 310)*. También puede ocurrir que nombre la obra de la que he extraído la cita; en ese caso, lo que pongo entre paréntesis es solo el número de página. Y si lo que ven es la palabra *ibídem*, eso querrá decir que la cita está extraída del mismo libro y la misma página que la anterior.

Sin embargo, como hay algunas obras que cito a menudo, para estas no usaré el sistema de autor-año, sino que verán simplemente una sigla. A continuación tienen la lista de esas obras más citadas:

> DDD: *Diccionario de dudas y dificultades de la lengua española*, de Manuel Seco.
>
> DPD: *Diccionario panhispánico de dudas*, de la RAE y la ASALE.
>
> DUDEA: *Diccionario de usos y dudas del español actual*, de José Martínez de Sousa.
>
> NGLE: *Nueva gramática de la lengua española*, de la RAE y la ASALE.
>
> NGLEM: *Nueva gramática de la lengua española* (manual), de la RAE y la ASALE.[2]

---

2. En el caso de las dos versiones de la *Nueva gramática de la lengua española*, siempre indicaré la sigla entre paréntesis, aunque haya citado pre-

OLEIO: *Ortografía de la lengua española* de 2010, de la RAE y la ASALE.

OOTEA: *Ortografía y ortotipografía del español actual*, de José Martínez de Sousa.

Cuando las fuentes que cite sean las ediciones vigesimosegunda y vigesimotercera del *Diccionario de la lengua española*, de la Real Academia Española (RAE) —la primera— y de la RAE y la Asociación de Academias de la Lengua Española (ASALE) —la segunda—, así como el diccionario *Clave*, no añadiré ninguna cita bibliográfica, pues estas obras las consulto en internet a través de las direcciones rae.es y clave.smdiccionarios.com.[3] Por cierto, al nombrar la vigesimotercera edición del diccionario académico, uso muchas veces expresiones como «la Academia señala en su diccionario que...», «el diccionario de la RAE dice...». No pretendo con ello despreciar a la ASALE,[4] que también firma la obra, sino ser más breve. Lo mismo

---

viamente el nombre de la obra, para aclarar si me refiero a la versión completa, que es la primera, o a la resumida, que es el manual.

3. Lamentablemente, desde el 1 de enero de 2022 no existe la versión electrónica del diccionario *Clave*.

4. La Asociación de Academias de la Lengua Española (ASALE) está integrada por todas las academias de la lengua española de América, incluida la de Estados Unidos, además de las de España, Filipinas y Guinea Ecuatorial y la Academia Nacional del Judeoespañol (Israel). Estas dos últimas se incorporaron en 2016 y en 2020, respectivamente, o sea, después de la vigesimotercera edición del diccionario, que es de 2014. En la web de la RAE se lee que esa edición «es el resultado de la colaboración de todas las academias» que conforman la ASALE, mientras que en el preámbulo de la vigesimosegunda, que es de 2001, se habla de esta obra como «Diccionario de la Real Academia Española», aunque se aclara que en ella «colaboran estrechamente las veintiuna Academias con ella asociadas».

En su web, la RAE dice que el modo de citar el diccionario en otras obras es el siguiente: «REAL ACADEMIA ESPAÑOLA: *Diccionario de la lengua española*, 23.ª ed., [versión 23.4 en línea]. <https://dle.rae.es> [Fecha de la consulta]». Yo, evidentemente, no voy a hacer eso en este libro, pues recurro bastante al diccionario y sería engorroso para ustedes tener que leer esa retahíla cada dos por tres. Por ello, le pido disculpas a la Academia, cuyo dic-

haré a veces al citar otras obras que son de la RAE y de la ASALE, como la *Ortografía de la lengua española* o el *Diccionario panhispánico de dudas*. Y si digo «la *Ortografía*», «la *Ortografía* académica» o algo parecido, me estaré refiriendo a la edición de 2010 de la *Ortografía de la lengua española*.

A diferencia de lo que hago con la *Ortografía*, habrán visto que cuando hablo del diccionario académico escribo la palabra *diccionario* con minúscula inicial y no uso letra cursiva. No pretendo con ello restarle méritos a esa obra: es una mera cuestión de estilo, pues el *Diccionario de la lengua española* tiene un nombre que comienza, efectivamente, con la palabra *Diccionario*, pero, además, es un diccionario —y es el más importante de cuantos ha publicado la Academia—. Espero que comprendan el galimatías. Por último, a veces uso una denominación rimbombante para referirme a la RAE: la llamo «la Docta Casa». Lo hago por evitar la repetición excesiva de otras expresiones cuando nombro a esa institución (y el invento no es mío, por supuesto).

Por otra parte, en este libro veremos a menudo letras escritas entre barras. Se trata de unos símbolos cuya función es representar en la escritura un fonema, o sea, un sonido. Esto a veces es necesario, pues, por poner un ejemplo, en español tenemos dos letras, la *b* y la *v*, que corresponden al mismo fonema, de tal modo que al leerlas las pronunciamos exactamente igual. Ese fonema lo representaremos así: /b/. A la hora de tratar asuntos como el de esas dos letras, o el del (supuesto) problema ortográfico que existe entre el mundo seseante y el no seseante, no me queda otro remedio que diferenciar entre letras

---

cionario, en todo caso, queda claramente identificado siempre que lo nombro, gracias a las explicaciones que doy en estas notas preliminares. Por cierto, como ven, la propia Academia excluye a la ASALE en el modelo de cita que nos pide usar, pero yo no lo hago, ni en estas notas ni en la bibliografía.

y sonidos, y esa es la razón por la que, cuando hable de fonemas, verán letras encerradas entre barras.

Existen varias formas de representar los fonemas, y yo usaré los símbolos que emplean la RAE y la ASALE en la *Ortografía de la lengua española*. Esos símbolos coinciden casi siempre con la letra correspondiente al fonema, pero hay varias excepciones, que les indico a continuación. Para empezar, como ya hemos dicho, tenemos que el sonido que hay al comienzo de *burro* y de *vino* es el mismo y lo representamos así: /b/. Además, el sonido de la primera letra en *casa*, *queso* y *kilo* se representa con /k/; el sonido *erre* (llamémoslo así para no complicarnos, y que me perdonen los expertos en fonética y en fonología) que pronunciamos en palabras como *ramo*, *perro* y *alrededor* se representa con /rr/, y el sonido *ere* de *pero*, *dron* y *amar* se representa con /r/; el sonido que hay al comienzo de *jirafa* y *general* se representa con /j/, y el que pronunciamos en *guerra* y *gato*, con /g/; finalmente, el sonido al que podríamos llamar *zeta* —el que se pronuncia en una parte de España al comienzo de las palabras *cereal* o *zoquete*— se representa con /z/, pero si esas palabras las pronuncia un seseante, el fonema lo representaremos así: /s/. De este modo, para un seseante, a las letras *z*, *s* y *c* (esta última solo delante de *e* y de *i*) les corresponde ese único fonema que acabo de nombrar.

Por último —y siguiendo con el sistema que emplea la *Ortografía de la lengua española*—, cuando lo que quiero es señalar cómo se pronuncia una palabra, escribiré esa pronunciación entre corchetes, usando los fonemas correspondientes (ahora sin barras) y marcando con una tilde la vocal tónica de la palabra, independientemente de que en la escritura normal esa palabra lleve tilde o no. Según ese sistema, podemos decir, por ejemplo, que la palabra *vino* se pronuncia [bíno] y que la palabra *Rogelio* se pronuncia [rrojélio].

La ortografía, un acuerdo entre iguales

1. La equis no tiene quien la pronuncie

La ortografía es un acuerdo, un arreglo, entre un grupo de personas que hablan el mismo idioma. Ese arreglo tiene que ver con la escritura y consiste, esencialmente, en que cuando cualquiera de esas personas vea un texto, entenderá qué quiso decir quien lo escribió; para ello, ambas partes —quien escribe y quien lee— deben guiarse por unos signos y por unas reglas, de tal modo que la comunicación quede garantizada. Esa es la razón por la que la primera parte de este libro está dedicada a comprender mejor ese código, que funciona de manera similar a las señales de tráfico: las personas que conducen sus coches y sus motos y sus camiones y sus bicis saben que, si se encuentran en un cruce con un semáforo que tiene encendida la luz roja, no podrán pasar. En el caso de la ortografía, tenemos un conjunto de signos que nos indican qué sonidos debemos pronunciar, y con qué tono, cuando veamos una serie de garabatos sobre un papel o en la pantalla de un ordenador.

Sin embargo, no todas las ortografías son igual de eficaces: las de algunos idiomas son casi caóticas y las de otros presentan tantas irregularidades que a veces resulta complicado transitar por el oscuro camino que sus vagas reglas son incapaces de iluminar. No es el caso de la ortografía española, una de las mejores del mundo, en la que casi se cumple uno de los ideales a los que todo sistema ordenado de escritura debe aspirar. Ese ideal es el siguiente: cada sonido —al que llamaremos *fonema*— debe ser representado por un único signo —al que llamaremos *grafema*— y un signo no puede representar más de un sonido.

Esa es la razón por la cual, para representar el sonido /o/, o sea, el de la segunda vocal que tenemos en la palabra *perro*, siempre usaremos la letra *o*. Ustedes me podrán decir que esto es lo natural, lo normal, lo lógico, y tienen razón, pero ¿sabían que en francés el fonema /o/ se puede representar con la letra *o*, pero también con las secuencias *au* y *eau*? (OLEIO: 14).

Sí, la ortografía española es fetén, pero no es menos cierto que alcanzar el ideal del que les he hablado es muy complicado, y esa es la razón por la que nuestro sistema también tiene algunas irregularidades (a las que yo llamo «*poltergeists* ortográficos»), entre las que podemos señalar la existencia de tres letras, la *b*, la *v* y la *w*, para representar el sonido /b/; lo mismo que ocurre con el sonido /j/, que podemos representar con las letras *g*, *j* y *x*.

En ese listado de *poltergeists* ortográficos, el puesto de honor lo ocupa la sensual y misteriosa letra *x*, pues tiene una variedad tal de funciones que nos aleja peligrosamente de ese ideal ortográfico de un grafema por fonema y un fonema por grafema. Lo primero que hay que decir es que esta letra, a la que llamaremos *equis* (si se fijan, la letra *x* ni siquiera aparece entre las que conforman su nombre; empezamos bien...), no tiene un fonema en propiedad, o sea, no existe ningún fonema que solo pueda ser representado por ella.

¿Y para qué sirve entonces la equis? Pues tiene cuatro funciones. La primera es representar el sonido /s/ cuando se coloca al principio de una palabra. Por ejemplo, si escribimos *xilófono* diremos [silófono]. Pero si la vemos dentro de una palabra o al final de esta, representará el sonido /k/ seguido de /s/: si escribimos *exponer*, diremos [eksponér] (aunque no es raro, especialmente en España, decir en estos casos [esponér]); si escribimos *existir*, diremos [eksistír]; y si escribimos *relax*, diremos [reláks]. Esa es su segunda función.

La tercera es una suerte de anacronismo ortográfico que se conserva en la actualidad solamente en los nombres de algunos topónimos: hablamos de su uso para representar el sonido /j/, un fenómeno que era normal en español hasta principios del siglo XIX (OLEIO: 108). Esa es la razón por la que aún se escriben con *x*, y no con *j*, nombres como *México* o *Texas*. En estos casos es un error decir [Méksiko] y [Téksas]; lo correcto es [Méjiko] y [Téjas].

Por último, y para completar el desconcertante perfil curricular de este semáforo multicolor que es nuestra querida letra equis, tenemos que también sirve para representar un fonema que no se usa en español, pero que solemos pronunciar cuando empleamos determinadas palabras de origen amerindio. Hablamos del fonema /sh/, que pronunciamos en palabras como *mixiote*.[5]

Como hemos visto, la letra equis no tiene quien la pronuncie, o sea, no existe ningún fonema que le pertenezca en exclusividad, sino que toma prestados varios sonidos que parecen más propios de otras letras. No le tengamos en cuenta a la or-

---

5. La letra *x* cumple otra función más, aunque poco común, que es representar el sonido /j/ al comienzo de algunas palabras de origen amerindio, como *xicaque*, tal y como señala la *Ortografía de la lengua española* (159). En estos casos es más frecuente emplear la letra *j* en lugar de la *x*.

Como han podido comprobar, la llamada de nota que remite a esta nota (el número 5 pequeñito que hay a la derecha de la palabra *mixiote*) está escrita después del punto. Lo hago en todo este libro así porque sigo el criterio de José Martínez de Sousa (ya irán conociendo a este hombre extraordinario), que señala que las llamadas de nota se escriben después de la puntuación, si la hay, dado que «son extratextuales» y «la entonación señalada por la puntuación debe hacerse antes de leer la llamada» (OOTEA: 464).

tografía española este pequeño defecto, que en absoluto le resta mérito a la elevada calidad de nuestro extraordinario código de la circulación lingüística.

2. Sonora regla de tres para explicarle el seseo a un castellano

Yo soy canario; por lo tanto, nunca me oirán pronunciar el fonema /z/: en su lugar, uso el sonido /s/. Esto no lo hago solo yo, sino todos los hispanohablantes que somos herederos del andaluz, una forma de hablar español que llegó en el siglo xv a Canarias y a América, de tal manera que en la actualidad más del noventa por ciento de las personas que compartimos este idioma somos seseantes. Todavía no les hablaré de la historia de la muerte de ese sonido en el español andaluz,[6] simplemente les voy a decir por qué un castellano —o sea, una persona de Castilla, que es una parte de España— está equivocado cuando se empeña en creer que hago mal al no pronunciar el fonema /z/.

Todo esto está relacionado con algo a lo que llamamos *sistema fonológico*, o sea, el conjunto de fonemas que emplea una comunidad de hablantes, y con las variaciones que se van produciendo en él a lo largo de los años. Entonces, voy a explicarle a ese castellano que eso que hacemos andaluces, canarios y americanos —usar un fonema diferente al que pare-

6. Lo haré en los capítulos titulados «Los seseantes somos mayoría» (p. 233) y «Lola Pons, guardiana del andaluz» (p. 361).

cería que es el *correcto*— también lo hace él, y por partida doble. Lo hace, para empezar, cuando emite palabras como *burro, vaca, ver, bacteria, hablar, ovino* y todas aquellas en las que aparezcan las letras *b* y *v*. ¿Hace este señor alguna distinción entre ambas letras al convertirlas en sonidos? No: las pronuncia igual, y lo hace porque, aunque en latín la letra *v* servía para representar un fonema diferente al que le corresponde a la letra *b*,[7] con los siglos ese fonema desapareció y fue sustituido por /b/, de tal modo que, en español, a las letras *b* y *v* les corresponde un solo fonema. Y esto lo hace todo el que hable español, ya sea madrileño, canario o caraqueño.

Si a ustedes les parece que el salto entre el latín y el español es mucho mayor que el que se da entre castellano y andaluz (y lo es, claro está), veamos otro caso: este señor de Castilla hace algo parecido con los sonidos /y/ y /ll/. Como muchos de ustedes ya saben, en español casi ha desaparecido el fonema /ll/, que es el que se usaba habitualmente en palabras como *llave, llover* y *callar*. Ese sonido ha sido sustituido paulatinamente por /y/, que es lo que pronunciamos casi todos en palabras como *yema, kayak* y *ayuda*; esa es la razón por la que suenan exactamente igual las palabras *pollo* y *poyo*. Y este fenómeno,

---

7. En latín, la *v* representaba un sonido similar, aunque no idéntico, a la /u/ (era un sonido semiconsonántico, pero la *v* también servía para representar el sonido vocálico /u/; por resumir, digamos que el uso de la letra *u* para representar el sonido /u/ es posterior). En español se le ha dado a la letra *v*, en determinados contextos, un sonido parecido a /f/, pero esto se debe a circunstancias que nada tienen que ver con el latín —ni con el español—. La RAE reconoce que, entre el siglo XVIII y comienzos del XX, algunas de sus obras «describieron, e incluso recomendaron, la pronunciación de la *v* como labiodental [esa especie de /f/ de la que les acabo de hablar]. Se creyó entonces conveniente distinguirla de la *b*, como ocurría en varias de las grandes lenguas europeas, entre ellas el francés y el inglés, de tan notable influjo en esas épocas; pero ya desde la *Gramática* de 1911 se dejó de recomendar esa distinción» (OLE10: 92). En el vídeo «Pronunciar latín clásico», el lingüista Francisco Javier Álvarez Comesaña explica este y otros fenómenos. Ver bibliografía.

al que llamamos *yeísmo*, también ocurre en todos los lugares en los que se habla español, aunque algunos hispanohablantes siguen haciendo la distinción.

Hagamos ahora una regla de tres: /ll/ es a /y/ (o bien /v/[8] es a /b/) lo que /z/ es a /s/. En otras palabras, de la misma manera que, debido a la evolución de nuestro sistema fonológico, pronunciamos el sonido /b/ tanto cuando leemos *vaca* como cuando leemos *baca*, y del mismo modo que usamos el fonema /y/ cuando leemos *pollo* y cuando leemos *poyo*, en la actualidad casi todos los hispanohablantes pronunciamos /s/ cuando leemos *ciervo* y cuando leemos *siervo*. En este caso no tenemos dos letras, sino tres, para un mismo fonema, pues el sonido /z/ se manifiesta no solo con la letra z, sino también con c cuando va delante de e y de i, de tal modo que los seseantes usamos el fonema /s/ para la letra s —como hace un castellano—, pero también para la z y para la c en las posiciones que acabo de indicar.

Como conclusión podemos decir que, pese a que durante siglos los españoles de la península Ibérica han creído que eso de no usar el sonido /z/ es una desviación de la norma, la única verdad es que se trata del resultado de una evolución del sistema fonológico, una evolución que, como hemos visto, también ha afectado a otros fonemas. El hecho de que haya quedado una pequeña comunidad de hispanohablantes que no han prescindido del sonido /z/, frente a una abrumadora mayoría que sí lo ha hecho, solo es una muestra de riqueza de nuestro idioma, que cuenta con diferentes normas lingüísticas. Pero, de igual modo que yo no puedo pedirle a un castellano que haga

---

8. Ya dije en las notas preliminares que utilizo el sistema de la RAE para representar los fonemas. Este sistema, como es normal, no incluye el sonido semiconsonántico que en latín le correspondía a la letra *v*, pues en español no se usa. Lo que yo he hecho aquí, para facilitar las cosas y para que me entiendan, es inventarme esa forma de representar el viejo fonema latino.

lo mismo que la mayoría —pues estaría atentando contra su derecho a expresarse como aprendió desde la cuna—, tampoco él puede pedirme que cambie mi forma de hablar, que es tan correcta como la suya.

3. El expreso se tomó un expreso en el expreso

Hay que ver lo que nos cuesta a los humanos aceptar los cambios, aunque sean para bien. Les cuento: la Real Academia Española (RAE) y la Asociación de Academias de la Lengua Española (ASALE) decidieron hace unos años poner orden en uno de los asuntos que más dudas plantean a la hora de escribir —hablo de los prefijos—, pero, aunque resolvieron un problema antiguo y lo hicieron con sesera y tino, los hispanohablantes respondieron a las soluciones adoptadas de dos maneras, a cuál más incoherente: unos ignoraron (y siguen ignorando) las nuevas reglas de prefijación y otros se dedicaron a examinar con lupa los posibles inconvenientes de la académica resolución. Y ya sabemos que cuando alguien se empeña en buscar problemas acaba encontrándolos. Mal hecho.

Empecemos por decir que las nuevas reglas de prefijación fueron establecidas en la *Ortografía de la lengua española* de 2010 —una obra que es la más reciente revisión de nuestro sistema ortográfico— y se basan en una norma general y varias excepciones. La norma general dice que el prefijo debe escribirse soldado a la base léxica a la que afecta, o sea, pegado, sin espacio ni guion ni nada de nada. Por eso, si yo quiero hablar de una chica que fue mi novia y ya no lo es, escribiré *exnovia*. Así de simple.

Las excepciones son tres: el prefijo se escribe separado cuando afecta a una expresión pluriverbal, o sea, formada por varias palabras: *ex primer ministro, super estrella fugaz;*[9] el prefijo se une con guion cuando lo que sigue comienza con mayúscula (*anti-OTAN*) o cuando es una expresión numérica (*sub-21*); y se puede usar guion, de manera excepcional, cuando su ausencia da lugar a una palabra que ya existe y que tiene por sí misma un significado diferente al que nosotros queremos expresar cuando usamos el prefijo.

¿Entendieron esta tercera excepción? Es más sencilla de lo que parece: si yo quiero decir, por ejemplo, que he vuelto a presentar la documentación que me han pedido en la Agencia Tributaria, escribiré *re-presentar*, no *representar*, porque el verbo *representar* —sin guion— significa algo diferente a lo que yo quiero decir.

Ahora vamos con el segundo grupo de disidentes de los que hablaba al principio, aquellos que, en lugar de aceptar un acuerdo adoptado unánimemente por todas las academias de la lengua española con el fin de hacernos la lectura más sencilla a quinientos millones de personas, se dedican a buscar problemas en lo que en realidad es una solución. En este grupo abundan argumentos de lo más simplones, entre los que destacaré uno. Dicen los rebeldes que para un lector sería imposible entender una oración como la siguiente: «El expreso se tomó un expreso en el expreso».

Pues bien, olvidan estos querellantes tres cuestiones importantísimas: la primera es que el contexto siempre nos salvará, nos ayudará y nos abrirá el camino para entender la oración, pues, cuando alguien dice «El expreso se tomó un expreso en el expreso», lo hace dentro de una conversación, de un texto, de un diálogo...; dentro, siempre, de un escenario en el que

---

9. Si les resulta chocante la escritura de *super* sin tilde, esperen a leer el capítulo «Dos prefijos y un guion inesperado» (p. 84).

las dos partes de la comunicación (el que emite y el que recibe) tienen muchos más datos que los que vemos en una simple oración que extraemos maliciosamente de ese hermoso jardín que es el contexto.

La segunda es que quienes hacen esta crítica se basan en que el prefijo *ex-* no debería estar unido a la palabra *preso* cuando nos referimos a un hombre que fue presidiario y ya no lo es, pero parece no molestarles la polisemia de la palabra *expreso* en el segundo y en el tercer caso en el que aparece en la oración (en el segundo caso hablamos de un café, y en el tercero, de un tren).

Y la última cuestión que pasan por alto es que, como hemos dicho anteriormente, el sistema de prefijación contempla el uso de guion para evitar confusiones. Lo que dice la *Ortografía* es que este recurso está «destinado a favorecer la adecuada interpretación de la pieza léxica, cuando el término, sin la presencia del guion, tendería a interpretarse con un sentido distinto al que se pretende transmitir» (421). Por lo tanto, si queremos dejarle claro al lector, con el prefijo *ex-* y la palabra *preso*, que hablamos de un expresidiario y no de un café (¿o será de un tren?), nos bastará con escribir *ex-preso* en lugar de *expreso*. Como decía John Lennon, no existen problemas, solo soluciones.[10]

---

10. Aunque sea correcto, yo nunca usaría ese guion, pues creo que el contexto es más que suficiente para saber de qué se está hablando en cada caso cuando usamos la palabra *expreso*. Lo mismo opina el lingüista Juan Romeu, que en su obra *Ortografía para todos* nos dice lo siguiente: «El hecho de que se ponga guion cuando se quiere dar a entender que el prefijo se interpreta literalmente no quiere decir que se deba poner guion siempre que una palabra prefijada sea igual que otra [...]. Además, si a uno no le convence el uso de *expreso*, siempre puede optar por utilizar el adjetivo *antiguo* en vez del prefijo o por usar *exconvicto* o *expresidiario*, por ejemplo» (172).

4. Una coma que siempre está de más

Cuando éramos pequeños nos enseñaban en el cole que la coma es un signo de puntuación que sirve para descansar y tomar aire. Cuánto daño le ha hecho a la ortografía esa falacia...[11] Es cierto que en ciertas ocasiones podemos hacer eso —descansar y tomar aire— cuando vemos una coma, pero que podamos hacerlo no quiere decir que fuera puesta allí para permitirnos ese respiro.

Las funciones de la coma son múltiples, complejas y estresantes, pero, por resumir, diremos que este rebelde garabato tiene una simple misión: delimitar «unidades lingüísticas inferiores al enunciado» (OLEIO: 302). ¿Y qué es un enunciado? Pregunta difícil. De todas las definiciones que he visto, yo me quedo con la que da el *Glosario de términos gramaticales*, de la RAE y la ASALE: «Unidad mínima de discurso con capacidad comunicativa, formada por una secuencia lingüística con sen-

---

11. La palabra *falacia* se usa en algunos contextos para referirse a una argumentación falsa o inválida mediante la cual se llega, por lo general, a una conclusión que también es falsa o inválida. Si existe una clara intención de engañar o de convencer a otras personas, a veces se usa el término *sofisma*. Sin embargo, siempre que yo use la palabra *falacia* en este libro estaré hablando simplemente de una mentira, o sea, de algo que no es verdad (excepto en el capítulo «Si lo dice Paco Álvarez, es verdad», p. 379).

tido completo» (121). Por lo tanto, tenemos que un enunciado no es necesariamente una oración —aunque puede serlo—, sino una unidad de comunicación. Por ejemplo, si yo estoy viendo un partido de fútbol por la tele y grito «¡Fuera de juego!», ese grito es un enunciado, y si digo «Mañana, que es domingo, voy a tener que ir a trabajar», todo lo dicho es también un enunciado.

Bien. Entonces ya tenemos claro que la función de la coma no es ayudarnos a respirar, sino ordenar internamente los enunciados, darles sentido, coherencia. Sin embargo, todavía hay quienes creen que determinadas comas están justificadas para no hacer de la lectura un ejercicio de apnea, y se equivocan. Esa multitudinaria tropa de sobrepuntuadores usaría una coma como la que van a ver a continuación: «Las personas que suelen aferrarse a su trabajo o a sus aficiones para no enfrentarse a problemas familiares o de otra índole, corren el riesgo de sufrir depresión». Esa coma, que muchos creen necesaria para no asfixiarnos mientras leemos, no solo está de más, sino que constituye uno de los errores de puntuación más comunes en nuestro idioma.

¿Por qué es un error usar esa coma? Como ya hemos dicho, la función principal de este bohemio signo de puntuación es delimitar unidades lingüísticas, o sea, establecer cierto grado de autonomía entre ellas. Pero es que el sujeto y el verbo (o el predicado) de una oración son un matrimonio indisoluble, una pareja perfecta, por lo que jamás debemos usar una coma para separarlos, ni siquiera si el sujeto es tan largo —como ocurre en el ejemplo que puse más arriba— que nos obliga a una necesaria y justificadísima pausa a la hora de leer. (En el ejemplo, el sujeto va desde *Las* hasta *índole*).

Acabo de decir que jamás debemos usar una coma para separar sujeto y verbo, pero, como ustedes sabrán, la palabra *jamás* es tan definitiva, tan tajante, que rara vez tiene una correspondencia en el mundo real. Efectivamente, existen algunas excepciones a la regla que estamos comentando. La primera de ella dice que, si entre esa pareja perfecta se interpone una suegra majadera en forma de inciso, son obligatorias dos comas, como podemos ver en este ejemplo: «Todas las personas, especialmente las más sensibles, corren el riesgo de sufrir depresión». Otra excepción está relacionada con el uso de la palabra *etcétera*, que siempre se aísla con dos comas: «Mi padre, mi madre, mis hermanos, etcétera, asistirán a la boda».

La próxima vez que alguien tenga la tentación de poner una coma porque hace una pausa al leer lo que está escribiendo, debe recordar que no todo lo que nos enseñaron en la escuela era verdad y ha de saber que, como los niños, la coma —más obediente que rebelde— se colocará donde nosotros le digamos. La responsabilidad, por lo tanto, es nuestra, no de ella.

5. Y una coma que siempre está de menos

Ya hemos visto que la coma es un signo de puntuación que plantea muchas dudas. Esa es la razón por la cual, pese al amor que le profeso, no me han dolido prendas en llamarla rebelde y bohemia, aunque también he dicho que es obediente, pues, a decir verdad, la rebeldía no le pertenece a ella, sino a quienes la usan al tuntún, a tontas y a locas. Sí, la coma tiene una fama que no habría que adjudicarle, pues son las malas plumas las que la colocan donde no le corresponde, o bien las que se olvidan de ella cuando tienen que dibujarla sobre el papel o pulsarla en el teclado.

Vamos a detenernos precisamente en el que quizá sea el caso más común de omisión de una coma obligatoria. Para ello, hablaremos primero de los vocativos, que son todos aquellos nombres (como *mamá, Andrés, señoras*...), pronombres (*tú, nosotras*...) o grupos nominales (*compañeros del sindicato, queridos amigos*...) que empleamos para dirigirnos a las personas o cosas que ellos designan. Por ejemplo, si yo digo «Juan, tráeme la llave inglesa», ese *Juan* está funcionando como vocativo. Pues bien, siempre que estas palabras —nombres, pronombres o grupos nominales— sean vocativos, tendrán que aislarse con una o dos comas del resto de la oración.

Esto lo haremos sin tener en cuenta si en el habla se hace pausa o no, pues, como ya hemos dicho, la coma no tiene entre sus funciones la de marcar una detención en el discurso. Esta es la razón por la que yo escribo una coma, obligatoriamente, en la siguiente oración: «Hola, Andrés». ¿Hago una pausa entre ambas palabras al leerla? En absoluto; de hecho, pronuncio una sola /a/, aunque en la oración vemos dos: lo que yo digo al leer ese texto, y supongo que ustedes también lo hacen, es [ólandrés]. Sin embargo, la coma es obligatoria porque la palabra *Andrés* está funcionando en esa oración como vocativo. Aquí, como hemos visto, he empleado una sola coma, pero usaré dos si el vocativo queda en medio de la oración: «Ya te he dicho, Andrés, que no pienso ir».

Lamentablemente, la omisión de esta coma (o de ambas) es el pan nuestro de cada día en correos electrónicos, mensajes de WhatsApp y publicaciones en las redes sociales, y no solo entre aquellas personas de las que podríamos presuponer que eso de la ortografía no está entre sus prioridades: un servidor, que con frecuencia recibe correos y mensajes de periodistas y profesores universitarios, se topa más de la cuenta con este error, que habla muy mal de quien lo comete. Cierta vez comentaba este asunto precisamente con un periodista, y el hombre, tal vez consciente de que él estaba en el grupo de los que no usan esa coma, me dijo: «Bueno, a veces quitar una coma es un auténtico pecado y otras podemos considerarlo un mal menor». Tenía razón este amigo en cuanto al fondo de su afirmación, pero se equivocó al situar la coma del vocativo en el grupo de los males menores.

Les voy a dar un truco a aquellos que, aunque quieren mejorar su forma de escribir, tienen mala memoria o son incapaces de retener las reglas ortográficas. Recuerden esta oración: «Vamos a cenar, niños» y tengan presente que, si quitan la coma, estarán convirtiendo el vocativo *niños* en un complemento directo y, por lo tanto, estarán haciendo una inquietante apología del canibalismo. Espero que con este macabro ejemplo no se les olvide nunca más que, del mismo modo que está muy mal comer niños, también lo está comerse una coma tan necesaria como ignorada.

6. Explicar y especificar son cosa de la puntuación

Seguimos con las comas. A lo largo de las páginas precedentes, ustedes habrán podido comprobar que, pese a los quebraderos de cabeza que nos da, este signo de puntuación es muy importante para entender cabalmente lo que nos quiere decir quien lo usó (o no lo usó) en un texto que estamos leyendo. Ahora toca hablar de un caso en el que la presencia o la ausencia de este minúsculo trazo cambia radicalmente el significado de una oración. Me refiero a las oraciones subordinadas explicativas y especificativas, y no se asusten, que enseguida les traduzco estos conceptos tan técnicos.

Lean esta oración: «Les hicieron una fiesta a los ancianos que ya estaban vacunados». Y esta otra: «Les hicieron una fiesta a los ancianos, que ya estaban vacunados». Como verán, son casi idénticas; tan solo se diferencian por una coma que vemos en la segunda. ¿Qué significa esa coma?

Partamos de un universo (y entenderemos aquí la palabra *universo* según una de las definiciones que de esta palabra da el *Diccionario de la lengua española*, de la RAE: 'Conjunto de individuos o elementos cualesquiera en los cuales se consideran una o más características que se someten a estudio estadístico'), un universo formado por *los ancianos* —da igual cuántos ancianos; digamos que estamos hablando, por ejemplo, de los ancianos que viven en una residencia—. Pues bien, la coma de la segunda oración indica que nos referimos a la totalidad del universo, y su ausencia señala, en la primera, que hablamos solamente de una parte de ese universo. Veamos por qué.

En el primer ejemplo estamos ante una oración subordinada especificativa, o sea, yo estoy *especificando* que, del universo formado por todos los ancianos de la residencia, les hicieron una fiesta solamente a aquellos que ya estaban vacunados. No es correcto en este caso usar una coma porque la secuencia *que ya estaban vacunados* modifica la información que nos daría la secuencia *los ancianos* si no tuviera ningún añadido. Dicho de otro modo, ambas partes son inseparables y conforman un grupo nominal; si pusiéramos una coma en medio, sería tan aberrante como partir por la mitad con ese signo expresiones como *la casa de mi novia*.

Por el contrario, si usamos una coma es porque lo que viene después es una oración explicativa: ahora estamos hablando de todos los ancianos —por tanto, la secuencia *los ancianos* no necesita ningún añadido que sirva para excluir a una parte de ellos— y, después de nombrarlos, *explicamos* algo que tiene que ver con ellos. Estas construcciones funcionan «a modo de inciso» (OLE10: 331), de tal manera que lo que hacen es dar una información complementaria sobre lo mencionado previamente, y lo mencionado previamente es todo el universo, no una parte de él. O sea, en este caso tenemos que les hicieron una fiesta a todos los ancianos, y se da la circunstancia de que estaban vacunados.

Este uso de la coma nos sirve igualmente para otras secuencias que, sin ser oraciones subordinadas, también presentan la peculiaridad de ser especificativas o explicativas. Por ejemplo, si yo escribo «El presidente de Estados Unidos, Joe Biden, quiere romper el hielo con Rusia», he escrito entre comas *Joe Biden* porque se trata de un inciso explicativo: solamente hay un presidente de Estados Unidos (el universo de los seres que en este momento son presidentes de Estados Unidos está conformado por un solo individuo). Por el contrario, si escribo «La congresista estadounidense Alexandria Ocasio-Cortez es una figura relevante en la política de su país», no uso comas, pues el universo de congresistas estadounidenses lo integran varias personas y lo que yo quiero es especificar que me refiero solamente a esta luchadora de origen puertorriqueño.

Si no les ha quedado claro, no se preocupen: este mal es propio del pueblo llano, pero también de plumas supuestamente distinguidas. Hace años me contaron que un prestigioso catedrático de una universidad de cuyo nombre no debería acordarme les explicaba a sus alumnos que el uso de la coma en explicativas y especificativas se hacía justo al revés de como yo lo acabo de hacer; y todos sus alumnos lo obedecían, claro está, pues, haciendo honor a su cargo, este pobre hombre sentaba cátedra con sus disparatadas enseñanzas. Así nos va.

7. El punto y coma y la subjetividad del amor

El punto y coma lleva entre nosotros al menos desde el siglo XVI;[12] sin embargo, hoy en día sigue siendo un gran desconocido, pese a que, si lo empleamos bien, es algo así como esa levadura que convierte una masa viscosa y pesada en un her-

---

12. José Antonio Millán dice en la obra *Perdón imposible* que en España «lo vemos activo ya en el siglo XVI, aunque con uso escaso» (41). Ver bibliografía. La Academia, por su parte, señala que este signo «fue introducido [en España] por el gramático Felipe Mey, en 1606, con el nombre de *colon imperfecto*» (OLE10: 349).

moso y turgente bizcochón.[13] La Real Academia Española dice que «su uso está en función de la subjetividad de quien escribe» (OLEIO: 351), y esta puede ser una de las razones por las que, según el lingüista gallego José Martínez de Sousa, del que hablaremos muchísimo en este libro, venga teniendo «partidarios y detractores desde hace ya más de un siglo» (OOTEA: 318). Se trata de un signo de puntuación que nos causa inquietud, pues, como no lo conocemos bien, nos cuesta invitarlo a entrar en nuestros textos porque no sabemos si se va a comportar como es debido. La culpa, sin embargo, no es de él, sino nuestra —o de los maestros que nos enseñaron a escribir—, ya que este punto que cabalga en rocinante coma[14] sabe perfectamente cuál es su cometido.

A continuación veremos algunos contextos en los que lo podemos usar, y también expondré mi punto de vista sobre algo que he visto en la *Ortografía* académica y con lo que no estoy del todo de acuerdo; pero, como se trata de un signo tan complejo, no creo que mi opinión constituya una transgresión ortográfica, sino un simple disenso, tan subjetivo como lo puede ser el propio uso del punto y coma.

13. La palabra *bizcochón* es un canarismo (ACL: 46). La usamos en Canarias en lugar de *bizcocho*, que es lo que se dice en otras partes. En estas islas, especialmente en las orientales, también se utiliza el sustantivo *queque* (ACL: 262), que procede del inglés *cake*, aunque el diccionario de la RAE afirma —y se equivoca por omisión— que esta voz solo es normal en Bolivia, Chile, Cuba y Perú.

14. En el libro *Cincuenta sonetos lingüísticos* veía yo al punto y coma como un punto que cabalga en rocinante coma. Y a renglón seguido hacía esta aclaración: «El sustantivo *rocinante*, que debemos escribir con minúscula inicial y que yo he usado aquí, muy libremente, como adjetivo, tiene la misma definición en el diccionario de la Academia y en el *María Moliner*: 'Rocín matalón'. Y un rocín matalón, como podrán imaginar, es un caballo flaco como Rocinante, la montura de don Quijote. Sin embargo, mi intención no es llamar *flaca* a la coma, sino afirmar que la coma y el punto, convertidos ya en punto y coma, van por el mundo con el mismo afán que Rocinante y don Quijote: deshacer agravios y enmendar sinrazones» (60).

Hay que decir, antes de nada, que eso que nos contaron en la escuela de que el punto y coma representa una pausa mayor que la de la coma y menor que la del punto es una tontería: a veces puede ocurrir eso, pero, como ya hemos visto en los capítulos anteriores, pausa y puntuación no siempre están relacionadas. O, como dice la RAE, «la longitud de la pausa es un criterio poco fiable a la hora de puntuar» (OLE10: 350). Pese a ello, todavía podemos leer en algunos manuales esa descripción de la naturaleza del punto y coma, que no es exacta. Veamos, entonces, tres contextos en los que está clara la necesidad de usar este desconocido signo y un cuarto que es el motivo de mi parecer contrario al de la Academia.

La primera función que veremos es «separar oraciones sintácticamente independientes entre las que existe una estrecha relación semántica» (OLE10: 351). En su hermoso libro *Perdón imposible*, el lingüista José Antonio Millán copia este texto de Pío Baroja: «Tengo que hablar de mí mismo; en unas memorias es inevitable» y a continuación nos dice sobre él que «una coma habría resultado claramente insuficiente, mientras que usar un punto y seguido habría sido excesivo» (42). ¿Están de acuerdo? Yo sí.

Otra de sus tareas es separar diferentes elementos coordinados que irían precedidos de comas si dentro de ellos no hubiera también comas. Me explico. Yo puedo escribir, por ejemplo, esta oración: «En la reunión estaban presentes el presidente, el ministro de Hacienda, la portavoz del Gobierno y el delegado sindical». Sin embargo, si a esa oración le añado cierta información, esta será la puntuación correcta: «En la reunión estaban presentes el presidente, Ataúlfo Villaoslada; el ministro de Hacienda, Rigoberto Malasaña; la portavoz del Gobierno, Catalina Umpiérrez; y el delegado sindical, Godofredo Paniagua».[15] Según la *Ortografía* acadé-

---

15. Aunque alguno de los elementos de la enumeración no tenga comas

mica, el último punto y coma que han visto se puede sustituir por una coma, «opción más recomendable, pues anticipa inequívocamente el final de la enumeración» (353). Yo, que no estoy de acuerdo con esta recomendación, siempre uso punto y coma.

La tercera función que vamos a citar es la de separar una oración de la siguiente cuando esta última comienza con una conjunción adversativa (*pero*, *mas*, *aunque*, *sino*) si «las oraciones vinculadas tienen cierta longitud y, especialmente, si alguna de ellas presenta comas internas» (ibídem). De este modo, escribiremos coma en «Quería irme, pero estaba lloviendo» y emplearemos punto y coma en «Se hacía tarde y yo ya tenía muchas ganas de irme, ya que estaba cansado; pero, de repente, empezó a llover».

Para terminar, me referiré a una cuarta misión del punto y coma, y con ella viene mi disenso ortográfico. Lo primero que haré para ello es hablarles de unos pequeños dispositivos que sirven para enganchar varias partes de un discurso como si fueran vagones de un tren de juguete: hablo de los conectores discursivos. Según la propia *Ortografía*, «son enlaces [...] que ponen en relación la secuencia sobre la que inciden con el contexto precedente» (343). Estos son varios ejemplos de conectores: *sin embargo*, *por otra parte*, *a pesar de ello*, *de entrada*, *no obstante*, *a continuación*, *por consiguiente*, *en definitiva*.

Dada su naturaleza más o menos independiente respecto al contexto en el que se insertan, se suelen aislar con signos de puntuación (aunque yo, de manera muy excepcional, no lo hago, por ejemplo, cuando digo cosas como «**A continuación** veremos...», que acabo de escribir unas líneas más arriba, y a

---

internas, el uso de punto y coma sigue siendo obligatorio: «En la reunión estaban presentes el presidente, Ataúlfo Villaoslada; **el ministro de Hacienda;** la portavoz del Gobierno, Catalina Umpiérrez; y el delegado sindical, Godofredo Paniagua».

veces tampoco lo hago si la oración comienza con el conector *en realidad*). Estos son varios ejemplos de conectores:

> Aquello que ven en el horizonte es una tempestad, **es decir,** una tormenta marina.
> **Antes de nada,** veamos el orden del día.
> Lleva entre nosotros desde el siglo XVI; **sin embargo,** sigue siendo un desconocido.
> La culpa, **sin embargo,** no es de él.

La *Ortografía* señala que cuando los conectores «encabezan la secuencia sobre la que inciden, pueden ir precedidos de coma, punto y coma o punto», pero aclara que «favorece la escritura del punto y coma en estos contextos la longitud de los periodos que el conector discursivo vincula» (354). En otras palabras, lo que nos dice la Academia es que el punto y coma que vemos en el tercer ejemplo de más arriba no es necesario, pues los dos periodos enlazados (*Lleva entre nosotros...* y *sigue siendo...*) no son demasiado largos. Según la RAE, sería suficiente una coma. Este uso lo podemos ver en la *Ortografía*, al menos, en dos ejemplos que se ponen en la citada obra:

> Lo ha intentado, sin embargo, ¿cómo vencer tantas adversidades? (391).
> Se lo he dicho mil veces, sin embargo, no me hace caso (344).

Mi punto de vista es que, cuando el conector discursivo se sitúa entre ambas oraciones (o periodos, o secuencias, como los quieran llamar) y su función es relacionar la primera con la segunda —y aparece encabezando esta segunda—, lo más apropiado es recurrir siempre al punto y coma, independientemente de la longitud de las dos partes; con la única excepción de los conectores que tienen una función explicativa (como *es decir, o sea...*). Por lo tanto, donde la Academia escribió lo que escribió, yo habría escrito esto otro:

> Lo ha intentado; sin embargo, ¿cómo vencer tantas adversidades?
> Se lo he dicho mil veces; sin embargo, no me hace caso.[16]

¿Hay alguien que esté de acuerdo conmigo en cuanto al uso de este punto y coma independientemente de la longitud de las oraciones? Sí: la propia Academia, aunque tal vez lo haga de manera inconsciente. Veámoslo. Para empezar, dice el manual ortográfico que se puede usar coma para separar oraciones coordinadas, como en «Está contenta, pero no lo demuestra» —el ejemplo lo copio de la *Ortografía* (319)—. Por otra parte, esta obra señala que, por lo general, los conectores se aíslan «mediante signos de puntuación del resto del enunciado» (343). Por último, la misma Academia nos explica que determinadas estructuras coordinadas se separan con punto y coma cuando alguna de ellas o todas tienen comas internas, como vimos más arriba. Muy bien, pues vamos a hacer un sencillo ejercicio que demuestra la validez de mi tesis. Para empezar, tenemos dos oraciones coordinadas, que se pueden separar con coma:

> Se lo he dicho mil veces, no me hace caso.

Ahora vamos a presentar[17] un conector discursivo, que encabezará la segunda oración:

---

16. Usaremos dos comas, en cambio, cuando el conector funciona como inciso dentro de una misma oración, no como enlace entre dos; por ejemplo, aquí: «Usaremos dos comas, **en cambio,** cuando el conector funciona como inciso», o aquí: «La culpa, **sin embargo,** no es de él».
17. La séptima acepción del verbo *presentar* en el diccionario académico es 'colocar provisionalmente una cosa para ver el efecto que produciría colocada definitivamente', y este es un uso que a mí me fascina.

Se lo he dicho mil veces, [sin embargo] no me hace caso.

¿Cómo puntuar el texto con este intruso? Ya sabemos que es conveniente colocar algún signo entre el conector discursivo y la oración que este introduce. En este contexto, parece claro que ese signo debe ser la coma (y es el que usa la propia Academia en el ejemplo que estamos usando como conejillo de Indias). Por lo tanto, haremos esto:

Se lo he dicho mil veces, sin embargo, no me hace caso.

Pero ahí falla algo: tenemos una oración —me refiero a *sin embargo, no me hace caso*— que comienza con un conector, que está coordinada con la anterior y que además tiene una coma interna. Por lo tanto, la única manera que tenemos de dejar claro que todo lo que precede a *sin embargo* es una oración independiente que se coordina con la segunda es emplear el punto y coma, de modo similar, aunque no idéntico, a lo que hicimos en «... el presidente, Ataúlfo Villaoslada; el ministro de Hacienda, Rigoberto Malasaña; la portavoz...»:

Se lo he dicho mil veces; sin embargo, no me hace caso.

Si les ha resultado compleja esta explicación (me lo ha resultado hasta a mí...), o si creen que jamás serán capaces de usar correctamente el punto y coma, siempre podrán recurrir a las mismas palabras de la Academia que yo utilicé al comienzo de este capítulo: «Su uso está en función de la subjetividad de quien escribe». Y la subjetividad, ya lo sabemos, es una de las armas más peligrosas, pero también la más interesante, del intelecto humano: sin ella no podríamos experimentar sensaciones tan absurdas y dulces como el enamoramiento. Por lo que a mí respecta, y por no darles más la lata, solo puedo añadir que el amor que le profeso al punto y coma es tan apasionado como objetivo.

8. Higiénico minusculismo

Aunque en el campo de la sexualidad parece que ya ha quedado demostrado que el tamaño no importa, todavía hay quien pone en duda esa verdad en el ámbito de la ortografía, un terreno en el que muchos siguen creyendo que una palabra cobra más valor si escribimos su inicial con una letra mayor y más llamativa que las demás, o sea, con una mayúscula.

Lo primero que hay que decir es que, efectivamente, «la cuestión del uso de letra mayúscula en la inicial de ciertas palabras es la más caótica de la ortografía», tal y como afirmó hace ya más de medio siglo la lexicógrafa María Moliner en su célebre *Diccionario de uso del español* (3168). (Esta cita la he repetido tantas veces que temo que algún día los herederos de doña María me reclamen derechos). Por su parte, el ortógrafo José Martínez de Sousa señala que «cada cual está dispuesto a defender las mayúsculas que emplea en un determinado escrito porque cree firmemente que son adecuadas por razones que solo la persona concreta conoce» (2010: 11). Y, para terminar, la *Ortografía* de la RAE nos dice que «en el uso de las mayúsculas influye, como en tantos otros aspectos de la ortografía, el peso de la tradición e intervienen otros muchos factores, como la intención de quien escribe, el tipo de texto o el contexto de aparición» (446).

Ya vemos, por tanto, que estamos ante un panorama bastante confuso. Sin embargo, la propia Academia puso orden en este asunto en la obra que acabo de citar, publicada en 2010, y tres años antes lo había hecho Martínez de Sousa con su *Diccionario de uso de las mayúsculas y minúsculas*. Una y otro comparten en esos manuales una idea que resumió bastante bien el gramático Fernando Lázaro Carreter con estas palabras: «El minusculismo es más higiénico que el mayusculismo». Aquí no añado una cita bibliográfica, ya que esta frase no la he sacado de ningún libro, sino que me la dijo el lingüista Alberto Gómez Font, quien se la había oído a Lázaro Carreter.

Las mayúsculas tienen una función concreta y, más allá de ella, si bien en contextos muy específicos se podría aplicar una pequeña dosis de tolerancia para un uso que denominaríamos *subjetivo*, no es menos cierto que abusar de ellas denota que no dominamos bien el arte de una escritura elegante. Digamos, en primer lugar, que las mayúsculas iniciales las empleamos correctamente en estos cinco contextos: al comienzo de un párrafo; después de un punto o de un signo que cumpla la misma función;[18] en el primer párrafo de una carta, tras la línea que corresponde al saludo; en una cita, después de unas comillas de apertura que van precedidas de dos puntos;[19] y en la escritura de nombres propios. Hay algunos casos más, poco usados y que no nos interesan ahora.

Y ya tenemos el primer problema, pues ¿qué es un nombre propio? La RAE nos advierte que «la categoría de nombre propio [...] engloba elementos muy heterogéneos que han sido evaluados con criterios gramaticales, semánticos e incluso filosóficos, por lo que es, aún hoy, objeto de discusión y revisión por parte de los lingüistas» (OLE10: 455). Pero finalmente hace

18. Este asunto lo trataremos con más detalle en el capítulo «Puntuación y mayúsculas» (p. 63).
19. Ver el capítulo «Una mayúscula inventada, pero muy útil» (p. 66).

una clasificación que comprende dos grupos: los «nombres propios genuinos» (*Teresa, Pedro, Rocinante, Buenos Aires, México, Europa...*) y las «expresiones o etiquetas denominativas» (*Organización del Tratado del Atlántico Norte, Ministerio de Cultura, Academia Canaria de la Lengua...*) (459). En estas denominaciones, «la mayúscula no afecta ni a los artículos ni a las conjunciones coordinantes ni a las preposiciones sin especial relevancia semántica» (483); y, si se trata de los nombres de creaciones artísticas —libros, cuadros, obras musicales, esculturas, películas...—, solo llevará mayúscula la primera palabra (*El beso*, de Rodin), a no ser que dentro de esa denominación haya alguna palabra que también deba escribirse con mayúscula (*La familia de Pascual Duarte*, de Camilo José Cela) (487, 488).

Hecho ya este ordenamiento, queda claro que los nombres comunes —o sea, los que no son propios— no llevan mayúscula inicial, a no ser que se dé en ellos alguna de las primeras cuatro circunstancias señaladas dos párrafos más arriba o que formen parte de una expresión o etiqueta denominativa. Esta es la razón por la que, por más que se empeñen algunos, no deben escribirse con esa letra destacada ninguna de las palabras que indico a continuación: *papa, rey, presidente, obispo, ministro, jefe, director, alcalde...*[20] La lista es infinita, pero todos estos sustantivos tienen algo en común: cuando les aplicamos la mayúscula inicial, a esas letras les daremos el nombre de «mayúsculas de relevancia», de las que la *Ortografía* dice que «ninguna [...] está justificada desde el punto de vista lingüístico» (515).

Dado que en el siguiente capítulo vamos a hablar con más detalle de las mayúsculas de relevancia (¡y de una carta que le escribí al rey de España!), cerremos de momento el asunto con

---

20. Los nombres de los días de la semana, de los meses y de las estaciones también se escriben con minúscula inicial: *sábado, abril, primavera.*

una frase antológica de Alberto Gómez Font, en la que el maestro nos explica con su habitual ironía cuán singular es este capricho ortográfico: «La mayúscula es muy subjetiva; los católicos se la ponen al *Papa*, los monárquicos al *Rey* y los pelotas al *Director*».[21] Naturalmente, ustedes son muy libres de emplearla en aquellos casos en los que se lo pida el alma, el estómago o el corazón (¿a quién podríamos prohibirle que escribiera *Mamá*?), pero mi recomendación es que tengan siempre en cuenta las higiénicas palabras de Lázaro Carreter y, en caso de duda, opten por la minúscula.

21. Tampoco aquí puedo remitir a obra alguna, pues la sentencia se la oí de su propia boca a Alberto Gómez Font.

9. Yo le ofrecí un curso al rey de España

Sí, yo le ofrecí un curso al rey de España (no para él, sino para un empleado suyo) y todavía estoy esperando por su respuesta. Yo sé que las cosas de palacio van despacio, pero lo cierto es que la oferta —por la que no reclamaba honorarios, que conste— se la hice hace ya cinco años, y el hombre no se da por enterado. Es posible que el tema del curso no fuera de su interés, pero yo estoy seguro de que sí lo es. Aquí les copio la carta que le hice llegar, a través de Twitter, por si ustedes creen que mi ofrecimiento estuvo de más, en cuyo caso le pido perdón a Felipe de Borbón desde estas páginas:

«Estimado rey de España:
»Le escribo esta carta para comunicarle que la persona que lleva la cuenta de Twitter de la Casa Real ha resultado ganadora de un curso gratuito sobre el uso de las mayúsculas y minúsculas iniciales, que será impartido —si acepta el premio— por esta humilde empresa dedicada a la corrección, Lavadora de textos. Todo esto tiene su historia. Días atrás leí el siguiente texto en un tuit escrito por su empleado: "Audiencia del Rey al Director General de la Organización Internacional para las Migraciones...". Me llamó muchísimo la atención que una cuenta de Twitter tan importante (tiene 578 000 seguidores y es uno de los escaparates del jefe de Estado español —o sea, de usted— en

internet)[22] fuera tan poco cuidadosa con la ortografía de nuestro idioma, así que me propuse un reto...

»Mi plan era que si lograba que un tuit mío, escrito en respuesta al antes citado, fuera retuiteado doscientas veces, le regalaría a su empleado el curso del que le hablaba antes. Y así ocurrió: la cifra propuesta fue superada con creces, por lo que le comuniqué al señor o señora que gestiona ese perfil de Twitter que había ganado el premio; pero no me contestó, así que ahora le escribo esta carta a usted con la esperanza de que algún día pueda leerla y fijar con el premiado y conmigo los detalles para la impartición de las clases (lugar, fecha, etc.).

»Me permito adelantarle desde ahora el contenido del curso, que se centrará especialmente en tres de las siete mayúsculas iniciales que se pueden leer en el texto que he copiado más arriba. De la primera (*Audiencia*) y de las tres últimas (*Organización, Internacional, Migraciones*) no hay nada que criticar. En lo que atañe a *Audiencia*, vemos que está al comienzo de un texto, y este es uno de los casos en los que la ortografía de nuestro idioma contempla el uso de mayúsculas iniciales. Concretamente, la *Ortografía de la lengua española*, de la Real Academia Española, señala que se escribirá con mayúscula inicial la primera palabra de un escrito.

»En cuanto a *Organización Internacional para las Migraciones*, también ahí las mayúsculas (y las minúsculas) iniciales están perfectamente puestas. Volviendo a la *Ortografía* de la RAE, dice esta obra que "se escriben con mayúscula inicial todas las palabras significativas que componen la denominación completa de entidades, instituciones, organismos [...], organizaciones, asociaciones...". Debo aclararle que las "palabras significativas" son todas aquellas que no son artículos, conjunciones y preposiciones. Por lo tanto, el señor que gestiona su

---

22. Guiado por el *Diccionario de uso de las mayúsculas y minúsculas*, de José Martínez de Sousa, hace años yo escribía la palabra *internet* con mayúscula inicial, pero ahora prefiero usar la minúscula.

cuenta de Twitter escribió impecablemente todas las palabras de la organización a la que se refería.

»Lo que nos ha llevado a regalarle a su empleado este curso —siempre con el afán de mejorar la imagen del jefe de Estado— ha sido el uso de otras tres mayúsculas: las que podemos ver en las palabras *Rey*, *Director* y *General*. Dejemos la primera para el final y detengámonos de momento en las otras dos. Como usted podrá comprobar, estamos hablando de una persona que ejerce un cargo; estamos, dicho de otro modo, ante un sintagma nominal cuyo núcleo es un nombre común, por lo que la mayúscula carece de toda lógica, igual que no la ponemos cuando decimos que Pedro Almodóvar es un *director* de cine. Por si le queda alguna duda, volvamos a la citada obra de la Academia, que nos dice que "los sustantivos que designan títulos nobiliarios, dignidades y cargos o empleos de cualquier rango [...] deben escribirse con minúscula inicial por su condición de nombres comunes". Esto incluye, naturalmente, el cargo de director general... y también el de rey.

»Vayamos, ahora sí, a la palabra que más me importa de las escritas en el tuit: *Rey*. Su empleado la usa con mayúscula inicial pese a que, como todos sabemos, la voz *rey* es —igual que *director*— un nombre común, por lo que el uso de letra mayúscula en este vocablo (o en otros por el estilo, como *papa*, *majestad*, *presidente*...) no tiene razón de ser. A estas inoportunas letras las denomina la Academia "mayúsculas de relevancia" y de ellas dice que "ninguna [...] está justificada desde el punto de vista lingüístico, ya que recaen sobre nombres apelativos o comunes, con independencia de la valoración social o personal asociada a sus referentes".

»Debo decir que la persona que trabaja para usted sí emplea correctamente las minúsculas iniciales en otros nombres comunes, como hace con la palabra *actor*, al referirse a Antonio Banderas, o con *empleados*, al hablar de los trabajadores de Iberdrola. Sin embargo, la Casa Real es consciente (eso lo sabemos todos) de que el trabajo de actor es igual de digno y honrado que el de rey, por lo que creo que su subordinado precisa algunas recomendaciones sobre unificación ortográfica. Esto queda nuevamente de manifiesto en el caso de *empleados*, pues, aunque podríamos pensar que usó aquí la minúscula por tratarse de un plural, se da la circunstancia de que la palabra *Reyes*, que también es un plural, sí la escribe con mayúscula.

»Como usted sabe, todos los españoles somos iguales ante la ley —así lo establece la Constitución—, y no estaría nada mal que este principio se aplicara también a las leyes ortográficas, que, como ya le he dicho, rechazan el uso de mayúsculas para los nombres comunes en función del aparente valor social que pueda tener determinada persona por razón de su cargo. Esto no lo digo yo, sino la Real Academia Española, fundada bajo el amparo y la protección de su antepasado Felipe V.

»Me gustaría, majestad, terminar esta carta con unas palabras del extraordinario ortógrafo José Martínez de Sousa. En su *Diccionario de uso de las mayúsculas y minúsculas*, este autor divide esas "mayúsculas de relevancia" de las que habla la Academia en varios grupos, uno de los cuales sería el de la "mayúscula de dignidad". Dice Sousa que hay quien cree justificada la mayúscula en palabras como *rey*, *papa*, *presidente*, *alcalde* y *obispo* "meramente por la dignidad que percibe detrás de ellas". Y concluye: "No está justificada esa mayúscula [...]. Por razones de dignidad, no debería escribirse con mayúscula la palabra *papa* si no la lleva también *bedel*". Y quien dice *papa* dice *rey*, naturalmente.

»La impartición del curso que le he regalado a su empleado queda sobradamente justificada con esta lúcida exposición del maestro gallego. Y escribo *maestro* con minúscula inicial porque, aunque el corazón me pide poner la palabra a la altura del hombre al que se la adjudico, yo soy muy respetuoso con las leyes».[23]

---

23. Habrán visto que, a partir del tercer párrafo de este capítulo, añado, al

10. Puntuación y mayúsculas

Les decía dos capítulos más atrás que usaremos la mayúscula inicial, entre otros casos, cuando una palabra va después de un punto o de un signo que cumpla su función. ¿Qué signos pueden hacer las veces de un punto? Los puntos suspensivos y los signos de cierre de exclamación y de interrogación, pero, ojo, porque no siempre tienen ese papel en la oración. Los puntos suspensivos, por ejemplo, a veces sí marcan el final de un enunciado y, en ese caso, lo que sigue irá con mayúsculas:

> Estaba tan cansado que decidió quedarse en casa... Mejor para él.

Sin embargo, otras veces no cierran el enunciado, sino que lo interrumpen, en cuyo caso, lo que viene después debe comenzar con minúscula (a no ser que se trate de un nombre propio):

---

comienzo de cada párrafo, unas comillas de cierre. No se trata de un error, sino de una marca que, aunque está un poco en desuso, a mí me parece de lo más útil. Se trata de las denominadas *comillas de seguir* y con ellas les estoy indicando a ustedes que cada uno de los párrafos que leen sigue formando parte del texto que comienza con las primeras comillas (donde dice «*Estimado rey...*). Otra manera de indicar que todo lo leído forma parte de una cita extraída de otro lugar es componer todo ese texto con más sangrado que el resto y con un tamaño de letra menor. Si se hace así, no son necesarias las comillas de seguir. Ver el capítulo «Asesor de imagen para una cita a ciegas» (p. 371).

Estaba tan cansado... que decidió quedarse en casa.

Por cierto, en ocasiones se puede escribir otro signo después de los puntos suspensivos;[24] y no solo eso, sino que a veces son obligatorios. Para saber si es así, lo que debemos hacer es puntuar la oración como si no estuvieran los signos suspensivos (podemos, por ejemplo, eliminarlos mentalmente) y, a continuación, añadirlos. Veamos esta oración:

Pensaba ir; sin embargo, he decidido quedarme.

Veamos esta otra:

Pensaba ir; sin embargo... he decidido quedarme.

¿Es correcta? ¡No! Hemos añadido unos puntos suspensivos porque nos apetece —para hacer una pausa intrigante, por ejemplo—, pero al ponerlos nos hemos olvidado de la coma que había en la primera oración, que es obligatoria. Lo correcto es lo siguiente:

Pensaba ir; sin embargo..., he decidido quedarme.

Volvamos a las mayúsculas. Con los signos de exclamación y de interrogación pasa algo parecido a lo que les ocurre a los puntos suspensivos: a veces cierran enunciado y a veces no. Solamente usaremos mayúscula después de ellos si lo cierran:

¿Qué me apetece comer? No lo tengo nada claro.

Pero no lo haremos en casos como estos:

24. De hecho, los puntos suspensivos pueden escribirse junto a cualquier signo de puntuación, excepto el punto.

¿Qué me apetece comer?, me pregunto cuando llega la hora del almuerzo.

¿Qué me apetece comer?, ¿arroz o ensalada?, ¿carne o pescado?

Sin embargo, y en relación con la última oración, también podemos considerar que cada pregunta es un enunciado diferente y que los cierres de interrogación cumplen la función de puntos. En tal caso, haremos esto:

¿Qué me apetece comer? ¿Arroz o ensalada? ¿Carne o pescado?

Por último, debemos tener en cuenta algo que es causa de dudas en muchos escribientes: decía al comienzo que después de un punto la siguiente palabra va con mayúscula inicial, pero ¿qué ocurre si entre ese punto y la palabra hay algún signo doble de paréntesis, interrogación, exclamación o comillas? Pues que ese signo nos dará igual; la palabra habrá de comenzar siempre con mayúscula. Veámoslo con cuatro ejemplos:

Estaba tan cansado que decidió quedarse en casa. (Mejor para él).

Estaba tan cansado que decidió quedarse en casa. ¡Mejor para él!

Estaba tan cansado que decidió quedarse en casa. ¿Mejor para él?

Estaba tan cansado que decidió quedarse en casa. «Mejor para él».

Dicho todo esto, pasemos al siguiente capítulo, en el que les contaré una historia que tiene como protagonistas una mayúscula inicial, unos corchetes muy feos y un libro de estilo maravilloso.

11. Una mayúscula inventada, pero muy útil

Cuando reproducimos en un texto nuestro algo que ha escrito otra persona, debemos respetar el contenido exacto de sus palabras. Las comillas que empleamos en estos casos son las que le dan al lector la garantía de que eso que está encerrado entre ambos signos lo escribió esa otra persona a la que hemos citado. Quien lee confía en nosotros —o eso se supone—, así que no debemos fallarle; por lo tanto, cuando copiamos un texto y decimos que eso lo ha dicho Fulano de Tal, no debemos engañar a nadie.

Existen varios recursos para darle al lector indicaciones sobre determinadas circunstancias que rodean a aquello que hemos extraído de otro texto. Una de ellas es el uso de puntos suspensivos entre corchetes, una combinación de signos a la que Pepe Sousa (así es como llama todo el mundo al maestro gallego) le da un nombre: *puntos encorchetados* (OOTEA: 367); la Academia, no sé si por llevarle la contraria al ortógrafo, los llama *corchetes intrapunteados* (OLEIO: 372). Los usaremos cuando queramos decir que hemos eliminado una parte de esa cita; por ejemplo:

> En el libro *Un idioma sin manchas* podemos leer lo siguiente: «Cuando reproducimos en un texto nuestro algo que

ha escrito otra persona, debemos respetar el contenido exacto de sus palabras. Las comillas [...] le dan al lector la garantía de que eso que está encerrado entre ambos signos lo escribió esa otra persona a la que hemos citado».

Otra información que se le puede dar al lector que lee una cita es aclararle que un posible error, errata o expresión extraña que hay en ese texto es cosa de quien lo escribió, no de quien lo copió. Para ello, usaremos el adverbio *sic*, que, aunque viene del latín, está registrado en el diccionario académico como voz española, por lo que debe ir en letra redonda, o sea, la misma letra que el resto del texto. La RAE dice que suele escribirse entre paréntesis, pero a mí me parece más adecuado emplear los corchetes, de modo que quede claro que no se trata de una parte de la cita. Lo haremos así:

> El periódico decía que «los niños y los biejos [*sic*] del barrio están desatendidos».

Bien, hasta aquí la introducción. Ahora vamos a hablar de otra cuestión relativa a la reproducción de citas que a mí me traía de cabeza hasta que di con el *Manual de estilo Chicago-Deusto*, una obra monumental en la que se abordan todo tipo de asuntos relacionados con la buena escritura, especialmente de textos científicos y técnicos. Les diré que la solución que ellos me dieron para el problema del que vamos a hablar era la misma que yo usaba de antemano, pero el hallar una fuente de tanta autoridad que coincidiera conmigo me dio alas y me permitió seguir haciendo lo mismo que hacía hasta entonces, pero ya sin remordimientos.

Les cuento el motivo de mis tribulaciones. Ya les decía al comienzo de este capítulo que, a la hora de reproducir una cita, hay que copiar exactamente el texto que queremos compartir, con las correspondientes aclaraciones a que hubiera lugar, como las que nos dan los puntos encorchetados y el adverbio *sic*. Pero ¿qué pasa si yo tengo que comenzar obligatoriamente una cita con mayúscula, porque así me lo pide la ortografía española,[25] y, sin embargo, la palabra con la que empieza esa cita está escrita con minúscula inicial? Para estos casos hay quien recurre a un procedimiento que a mí nunca me ha gustado y que consiste en indicar mediante corchetes que se ha cambiado la minúscula original por una mayúscula. Por ejemplo, si yo tengo esta oración: «En un lugar de la Mancha, de cuyo nombre no quiero acordarme, no ha mucho tiempo que vivía un hidalgo de los de lanza en astillero, adarga antigua, rocín flaco y galgo corredor», pero quiero usar solo una parte, tendría que hacer algo como lo siguiente:

> Todo el mundo conoce las primeras doce palabras del *Quijote*, pero pocos podrían seguir con las siguientes, que dicen así: «[N]o ha mucho tiempo que vivía un hidalgo de los de lanza en astillero, adarga antigua, rocín flaco y galgo corredor».

Este procedimiento también se puede usar a la inversa, y se haría así cuando después de las comillas lo adecuado es emplear la minúscula porque el entrecomillado se inserta en la estructura de la oración y no va precedido de dos puntos:

> El comienzo del *Quijote* nos sitúa en el centro de España al decir que «[e]n un lugar de la Mancha...».

Como ya he señalado, este recurso me parece poco estéti-

---

25. Como hemos visto tres capítulos más atrás, cuando una cita entrecomillada va precedida de dos puntos, ha de comenzar con letra mayúscula. Esto lo establece la *Ortografía de la lengua española* en la página 453.

co, y coincido con Pepe Sousa cuando afirma que «se trata de una grafía engorrosa que no es seguro que el lector entienda» (OOTEA: 456). Y aquí es donde entra en escena el *Manual de estilo Chicago-Deusto*, que nos dice que esta práctica de los corchetes es «bastante fácil de aplicar en cualquier contexto pero innecesaria en la mayoría» (596). Por ello, nos ofrece esta solución: «Si una cita que en el original solamente es parte de la oración forma una oración completa en su nuevo contexto, se puede sustituir la minúscula inicial por una mayúscula si se considera adecuado» (595). Y ya hemos visto que es adecuado usar la mayúscula inicial cuando una cita va precedida de dos puntos. Por lo tanto, haríamos esto:

> Todo el mundo conoce las primeras doce palabras del *Quijote*, pero pocos podrían seguir con las siguientes, que dicen así: «No ha mucho tiempo que vivía un hidalgo de los de lanza en astillero, adarga antigua, rocín flaco y galgo corredor».

Y viceversa: «Cuando una cita introducida en mitad de una frase realiza una función sintáctica dentro de la oración, debe comenzar con letra minúscula, aunque en el original comenzase con mayúscula» (ibídem). Veámoslo con este otro ejemplo:

> El comienzo del *Quijote* nos sitúa en el centro de España al decir que «en un lugar de la Mancha...».

En definitiva, lo que nos está proponiendo este manual es que no le demos la lata a nuestro público añadiendo unos corchetes cuyo significado es muy probable que no entienda, y que nos tomemos la pequeña libertad de cambiar la cita en un detalle tan simple —y con tan poca trascendencia— como es el uso de una mayúscula. ¿Hemos alterado —mínimamente— la cita original? Sí, pero el sacrificio lo haremos en aras de una mejor comprensión.[26] Al adoptar esta solución, no solo pondremos ante los ojos del lector un texto mucho más limpio, sino que habremos seguido a rajatabla uno de los mandamientos que guían el *Chicago-Deusto*: el sentido común.

---

26. En el capítulo «Un sacrificio inexistente» (p. 188) hablaremos de la locución *en aras de*.

12. Trabajo solo por la tarde

Si me pagaran a precio de petróleo cada litro de tinta que he derramado para hablar sobre la famosa tilde del adverbio *solo*, ahora yo sería millonario. Sin embargo, ni todas las riquezas del mundo podrían aliviar la desazón que me produce tan estéril debate, pues esa palabra jamás debió llevar tilde y las razones de esta afirmación son claras, contundentes e irrebatibles.

La RAE decía allá por 1959 que esta tilde se usaba «por costumbre», y tres años antes el gramático Félix Restrepo la calificaba de «inútil» (OOTEA: 164, 165). Estas posturas antagónicas se producían casi a la par en el tiempo y son el fiel reflejo de un debate que la Academia dio casi por cerrado en su *Ortografía* de 2010. Y digo «casi» porque la RAE no prohíbe usar la tilde, sino que recomienda no hacerlo, y, lo que es más grave, la Academia Mexicana de la Lengua «recomienda que se acentúe *sólo* cuando funciona como adverbio, para distinguirlo de su función adjetiva».[27] Esto no es baladí, pues México es el país del mundo con más hispanohablantes: ¡ciento treinta millones de almas!

Veamos, ¿por qué la palabra *solo* no debe llevar tilde?[28]

---

27. Academia Mexicana de la Lengua. Ver bibliografía.
28. En este libro únicamente verán el adverbio *solo* con tilde cuando

Para empezar, tenemos que es llana y termina en vocal, por lo que, según las reglas generales de acentuación gráfica, no la necesita. No obstante, la tilde que algunos siguen poniéndole a este adverbio pertenece al grupo de las denominadas *diacríticas*. Se trata de un procedimiento por el cual no nos interesan las reglas generales, sino diferenciar dos palabras que, pese a que se escriben de manera idéntica, cumplen funciones diferentes. «Entonces es normal ponerle tilde al adverbio si queremos diferenciarlo del adjetivo», oigo ya clamar desde el fondo. Pues no, porque para que se pueda aplicar la regla de la tilde diacrítica tiene que cumplirse una condición: que la palabra que la lleva sea tónica en la cadena hablada y la que no la lleva sea átona.

¿Y qué es eso de «tónica en la cadena hablada»? Lo explico: todas las palabras de más de una sílaba tienen acento prosódico, o sea, una sílaba que se pronuncia con más fuerza que las demás. Pero eso ocurre cuando las articulamos aisladamente; al combinarlas con otras durante el discurso (y esto es la cadena hablada), algunas de ellas pierden ese acento prosódico y pasan a ser palabras átonas. Por ejemplo, el adverbio relativo *donde* tiene acento prosódico en la sílaba *don*, pero si yo digo «Vete **don**de **quie**ras», pierde esa fuerza que tenía cuando lo pronunciaba aisladamente (he escrito en negrita las sílabas que pronunciamos como tónicas en esa oración). Ahora bien, si *donde* no es un adverbio relativo, sino un adverbio interrogativo o exclamativo, sí tiene acento prosódico y pasa a ser una palabra tónica: «¿Sabes **dón**de es**tán** las **lla**ves?».

Esa es la razón por la cual le ponemos tilde al segundo *donde* y no al primero. Esta regla también se aplica a muchas palabras monosílabas, pues, si bien estas enanitas no tienen acento prosódico al pronunciarlas aisladamente —ya que están for-

---

copio textos de autores que la usan, como María Moliner, Fernando Lázaro Carreter y Álex Grijelmo.

madas por una sola sílaba—, se vuelven a veces tónicas en la cadena hablada. Así, tenemos que *mi* (posesivo) es átona, pero *mí* (pronombre) es tónica: «A **mí** me en**can**ta mi **ca**sa».

Pues bien, resulta que las dos manifestaciones gramaticales de la palabra *solo*, que son como adverbio («Eso solo lo arregla un médico») y como adjetivo («Me siento muy solo»),[29] son tónicas en la cadena hablada, de tal modo que una de las condiciones para aplicar la regla de la tilde diacrítica, que es, como hemos dicho, que uno de los gemelos sea tónico y el otro átono, no se cumple. Pronuncien en voz alta esta oración y ustedes mismos lo comprobarán: «**Pe**dro **so**lo **pue**de concentrar**se** en los estudios cuando es**tá so**lo en **ca**sa».

Una vez que hemos llegado a esta conclusión, los autodenominados «solotildistas» —cuyo adalid es el escritor y académico de la RAE Arturo Pérez-Reverte, al que le trae sin cuidado llevarle la contraria a la casa a la que pertenece, aun cuando esta tiene toda la razón— saldrán con aquello de que la eliminación de esta tilde da lugar a innumerables confusiones; por ejemplo, la que vemos en esta oración: «Trabajo solo por la tarde». Lo cierto es que esas *innumerables* confusiones son tan escasas y rebuscadas como el anacrónico empecinamiento de los solotildistas; además, el contexto en el que está dicha la oración siempre nos ayudará a resolver la duda. Por si esto fuera poco, resulta que en nuestro idioma se dan constantemente este tipo de problemas de confusión (*anfibologías* los llaman los expertos) que no podemos resolver con el uso de una tilde. Por ejemplo, ¿qué quiero expresar cuando digo «Si arreglas los frenos, iré **seguro** en tu coche»? ¿Se me ocurriría usar una tilde para indicar que quiero decir 'sin lugar a dudas' y no 'sin riesgo de tener un accidente'? Por supuesto que no, y, sin embargo, aquí tenemos dos posibilidades: que *seguro* sea adverbio y que sea adje-

---

29. También funciona a veces como sustantivo, y en estos casos nadie duda de que no lleva tilde: «Violeta interpretó un estremecedor solo de violín».

tivo, exactamente lo mismo que ocurre con *solo*. ¿Por qué no le ponemos tilde a uno de ellos? Porque en ambos casos —adverbio y adjetivo— la palabra es tónica, que es lo mismo que ocurre con *solo*.

Y, por último, ¿los sobreatildadores se han parado a pensar que esa tilde que tanto aman no sirve de nada en la lengua oral —por ejemplo, al leer en voz alta la oración «Trabajo solo por la tarde»—, pues a la hora de pronunciar el adverbio *solo* este tiene exactamente el mismo tono que el adjetivo? No, no se han parado a pensarlo, y no lo han hecho por una razón muy sencilla: ellos no se aferran a un argumento ortográfico, sino a otro, respetable pero absurdo, llamado costumbre.[30]

30. Todo lo dicho aquí también sirve para las palabras *este*, *ese* y *aquel* (y sus femeninos y plurales), que, según la costumbre, llevaban tilde cuando funcionaban como pronombres demostrativos («Me gusta ésta») y no la llevaban cuando funcionaban como determinantes demostrativos («Me gusta esta bici»). La razón para la eliminación de las tildes de estos pronombres es la misma que la aplicada al adverbio *solo*: tanto cuando son pronombres como cuando son determinantes, estas palabras son tónicas en la cadena hablada.

13. Cuarenta razones para dejar de ponerle tilde a *solo*

Acabamos de ver por qué no debemos acentuar gráficamente el adverbio *solo*, y creo que han quedado claras las razones de índole tonal que hacen de esa tilde diacrítica un disparate. Lamentablemente, la respuesta que me dan una y otra vez aquellos que siguen defendiendo tan anticuado uso siempre es la misma: argumentan estas personas que la tilde es imprescindible para romper la ambigüedad en frases como la que da título al capítulo anterior: «Trabajo solo por la tarde» (p. 71).

«Es que si no pones la tilde no sé si quieres decir que trabajas *sin compañía* por la tarde o que *solamente* trabajas por la tarde...», repiten estos sobreatildadores como quien recita un mantra monótono y ancestral. Olvidan —lo repito— que al pronunciar esa frase, la palabra *solo* tiene la misma intensidad tonal tanto si es un adjetivo ('en soledad') como si es un adverbio ('solamente'), de tal manera que, si empleamos la tilde diacrítica, no solo nos saltamos una de las reglas por las que se rige este procedimiento acentual, sino que ese acento gráfico no nos servirá de nada en la lengua hablada.

Pero como sé que dar argumentos ortográficos a quienes se aferran a la famosa tilde es lo mismo que predicar en el desierto, he pensado que tal vez podría demostrarles de otra manera que lo suyo no es más que una inocente ceguera producida por la costumbre. Para ello, me he tomado la molestia de construir cuarenta oraciones (o frases, o expresiones, como quieran llamarlas) en las que se dan otros tantos fenómenos de ambigüedad, idénticos o muy parecidos al de la pareja *solo/solo* y que no podemos resolver mediante el empleo de tildes diacríticas, pues no está contemplado para esos casos (al final de algunas de estas expresiones verán un asterisco; más abajo sabrán por qué).

Si después de leer estas cuarenta frases alguno de los defensores de la tilde de *solo* se ha pasado a mi bando, me daré por satisfecho. Ahí van:

El de la cola es mi primo.
Encima puso el aparato de música.
El castaño es mi preferido.
¿Qué traje del escaparate?
Di lo que tenía.
¿Viste tu ropa?
Grita la muchedumbre, la turba.[31]
Sienta a su lado a un compañero.
Así no puedes jugar al tenis: ¿por qué botas?
El agua de la lluvia cae sobre la manada de la fuente.
Necesito dos botones para estas mochilas.
Le leeremos al público lo que cree Manuel.
Cuando la siembra, la cebada es solamente una semilla.
En las iglesias hay curas para todos los males del alma.

31. En esta oración, la homografía (o sea, la existencia de una palabra que se escribe de manera idéntica a otra) es doble: no solo hay homografía en *turba* (que puede ser un sustantivo y una forma verbal), sino en el *la* que la precede (que puede ser un artículo, pero también un pronombre de complemento directo). El mismo fenómeno ocurre en otras oraciones de esta lista: «Cuando la siembra, la cebada es solamente una semilla», «Siente su voz y la calma», «Cuando la llama se esconde, no hay manera de encontrarla» y «La esposa a la silla».

Estaba tan asustado que nada más llegar pidió algo de beber, vino blanco.

Demasiado camino para mi lesión de rodilla.

Siente su voz y la calma.

¿Asiste la americana?

Con esos celos, acabará separándose.

Arriba el barco, y en el mar las olas no dan tregua.

Cuando la llama se esconde, no hay manera de encontrarla.

Si vas al restaurante, para arriba.*

La esposa a la silla.

Como un elefante.*

¡Tamaño imposible![32]

La reunión se ha cancelado, luego me voy.*

Entre la gente, se han abierto las puertas.*

¿Qué marcas?

Poco castigo a los culpables.

Para sacarle una sonrisa basta con un mimo.

Ojalá fuera haya verde.[33]

El tribunal rechaza que se aporte esa imagen como prueba, es especular.

No me gusta la rosa.[34]

---

32. También aquí hay doble homografía: *tamaño* puede ser un sustantivo, pero también un adjetivo; y lo mismo ocurre con *imposible*. De esta manera, «¡Tamaño imposible!» puede significar que ese tamaño es imposible o que me están pidiendo un imposible muy grande.

33. Aquí la homografía es triple: *fuera* (forma del verbo *ser*, pero también adverbio), *haya* (un árbol, pero también una forma del verbo *haber*) y *verde* (adjetivo o sustantivo). Así, se puede interpretar que deseo ser un árbol verde, pero también que espero encontrar fuera de mi casa un bote de pintura de ese color.

34. Este es un caso en el que el contexto es fundamental. Si estoy en una conversación en la que se habla de flores y digo que no me gusta la rosa, todo el mundo sabrá a qué me refiero; por el contrario, si estoy en una tienda de ropa y mi hermana me pide que elija entre dos faldas de diferentes colores, sería muy extraño que pensara que hablo de una flor si le digo «No me gusta la rosa».

Una lima y una fresa.[35]
¿Por qué río cuando me dices que prefieres el mar?
La mora es menor de lo que pensábamos.
Ve a lo lejos.
¿Y si está bajo la lámpara?*
El error que nos ha llevado hasta aquí no es tuyo, sino nuestro.*
Enfermo de locura, te olvido.

Como habrán podido comprobar, en todas estas frases existen dos interpretaciones (a veces más, como en «El de la cola es mi primo» y en «La mora es menor de lo que pensábamos»), y en ningún caso es posible emplear la tilde diacrítica para acabar con la ambigüedad. Solamente en aquellas oraciones seguidas de un asterisco la duda se resuelve en la lengua hablada (pero nunca en la escrita), pues en uno de los significados la palabra de la discordia es tónica y en la otra es átona. Por ejemplo, en «Entre la gente, se han abierto las puertas», la palabra *entre* es tónica cuando estamos usando el verbo *entrar* y es átona si lo que estamos empleando es la preposición *entre*; lo mismo ocurre con *luego*: es átona cuando significa 'por lo tanto' y es tónica cuando significa 'después'. En las que no hay un asterisco —casi todas las de la lista—, la duda jamás puede resolverse, ni en la escritura ni en el habla.

Ahora algunos estarán pensando que varios de los ejemplos que he puesto son forzados. Ya me parece oír comentarios como este: «Podía haber usado la palabra *retraso* en lugar de *mora*, y *atraca el barco* en lugar de *arriba el barco*, y *remedios* en vez de *curas*, y *trozos de cinta adhesiva* antes que *celos*, y *cogiste* en lugar de *asiste*...». Tienen razón: mis ejemplos

35. Por si alguien no entiende dónde está aquí la doble interpretación, aclaremos que *lima* y *fresa* no solo dan nombre a dos frutas, sino que son formas de los verbos *limar* y *fresar*.

—no todos— son un poco forzados, pero ¿no lo son también los que ponen aquellos que defienden la tilde del adverbio *solo*? Si tan difícil es comprender la oración «Trabajo solo por la tarde», ¿no les parece que sería mejor decir «Trabajo solamente por la tarde» y «Por la tarde trabajo solo», según el caso? ¿No creen que «Trabajo solo por la tarde» podría ser la oración número cuarenta y uno de esta lista?

Queridos amigos, la escritura es un simple código; no es perfecto y nunca lo será. Pero como nuestro afán de comunicarnos nunca cesa, siempre tenemos soluciones para estos problemas, que son mucho más frecuentes de lo que pensamos, aunque algunos se conformen con el de *solo*. Concretamente, disponemos de dos remedios: cambiar un poco el enunciado —algo que hacemos cada dos por tres en la lengua oral cuando alguien no nos entiende y que debería hacer todo buen redactor si su intención es no ser ambiguo— o dejarnos ayudar por el contexto, esa atmósfera mágica que todo lo resuelve; no olvidemos que una simple oración no es más que un trocito de información, pero siempre suele estar rodeada de otros trocitos, que, junto con el entorno en el que se emplean (una conferencia científica, una novela de terror, una charla entre amigos...), son los que crean el contexto.

A los niños ya no se les enseña que el adverbio *solo* lleva tilde, pero se comunican tan bien como nosotros, porque usan espontáneamente esas dos herramientas: el enunciado y el contexto. Por eso, cuando les hablamos de esta polémica —que para ellos es prehistoria—, nos responden que es tan absurda que solo podía ser cosa de adultos.

14. Barbarismo acentual enfático

El título de este capítulo es un concepto que hasta ahora, que yo sepa, no se ha usado en lingüística. Si alguien lo ha hecho ya, le pido perdón por el plagio involuntario; si nadie lo ha utilizado, he de considerarme el padre de esta denominación, que es una variante de otra que he leído en obras del ortógrafo José Martínez de Sousa, aunque él no es el único que usa la palabra *barbarismo* para hablar de lo que vamos a hablar.[36] El concepto que él emplea es *barbarismo acentual*, y la idea de usar la expresión *barbarismo acentual enfático* se me ocurrió durante uno de los interminables debates que he mantenido sobre la famosa tilde del adverbio *solo*, un asunto que acabamos de abordar en los dos capítulos anteriores.

Esta, no obstante, es la primera ocasión en la que me detengo a explicar detalladamente en qué consiste la criatura a la que yo le he dado un nombre y a justificar el propio nombre escogido.[37]

---

36. La RAE define así la voz *barbarismo*: «Incorrección lingüística que consiste en pronunciar o escribir mal las palabras, o en emplear vocablos impropios». El uso de este sustantivo para designar errores en el habla y la escritura es común en el ámbito de la gramática, la ortografía y la lexicografía.

37. Después de decidir que llamaría *barbarismo acentual enfático* al fe-

Para empezar, veamos qué es un barbarismo acentual. Sousa dice que los barbarismos son «varios fenómenos incorrectos del lenguaje» que afectan «a muchos aspectos fonéticos y ortográficos» (OOTEA: 43). Entre esos fenómenos, el maestro incluye aquellos que consisten en «pronunciar mal las palabras» (ibídem). Y una de las formas de pronunciar mal las palabras tiene que ver con la acentuación; a esta incorrección la llama Sousa *barbarismo acentual*. Hablamos tanto de la acentuación prosódica (o sea, de la que se produce al hablar) como de la gráfica; y esto, que no lo dice Sousa, resulta evidente si buscamos varios ejemplos que pone el autor. Uno de ellos es la palabra *cónsola* (DUDEA: 214), que no es otra cosa que *consola*, pero mal escrita y también mal pronunciada, pues si la escribimos con tilde debemos decir [kónsola], cuando lo correcto es [konsóla]. Otros barbarismos acentuales son *líbido* por *libido* y *périto* por *perito*.

Pues bien, ahora que ya sabemos qué es un barbarismo acentual, repasemos los dos capítulos anteriores. Decíamos que tenemos, por ejemplo, el posesivo *mi*, que es una palabra átona en la cadena hablada, y el pronombre *mí*, que es tónica, y que esa diferencia de tono a la hora de pronunciarlas es la que nos permite ponerle tilde diacrítica a la segunda. Cuando he explicado la existencia de este contraste tonal para dejarle claro a todo el mundo que la palabra *solo* nunca debe llevar tilde, ha sido muy habitual entre los solotildistas emplear argumentos en mi contra como el siguiente: «Eso que dices de palabras idénticas átonas y tónicas no es cierto, porque a veces decimos

---

nómeno que voy a describir, me pasé bastante tiempo buscando alguna fuente que ya lo hubiera hecho, pero fue en vano. Lo más parecido que he encontrado está en la *Ortografía* de la RAE, que habla de un «acento enfático, expresivo o de insistencia» (195) y, en términos generales, lo describe del mismo modo que yo, aunque en ningún momento dice que se trate de un barbarismo (de hecho, la palabra *barbarismo* no se usa ni una sola vez en esa obra).

cosas como "¡Estoy en **mi** casa y hago lo que me da la gana!", y le damos más fuerza a ese *mi*, que debería ser átono pero pasa a ser tónico».

El argumento no se sostiene, pues esa pronunciación tónica, que no es la normal, tiene una sola función: enfatizar en el habla la palabra *mi*, o sea, dejarle claro al oyente que lo más importante de la oración es indicar que el emisor del mensaje está en una casa que le pertenece, que está en su territorio, en su guarida; y que, por lo tanto, en ella puede hacer lo que le salga de las narices. El hecho de que en este contexto específico convirtamos una palabra átona en tónica no significa que se haga siempre; simplemente estamos recurriendo a una infracción de manera más o menos consciente, pero no lo haremos cuando no queramos darle énfasis a esa palabra átona. De este modo, la misma persona que dice «¡Estoy en **mi** casa y hago lo que me da la gana!» no destaca ese posesivo en un contexto menos enardecido, como podría ser «Voy un momento a mi casa, que se me quedó el teléfono».

Este uso no se da exclusivamente con parejas de palabras en las que interviene la regla de la tilde diacrítica: ocurre también cuando se convierte cualquier otro vocablo átono en tónico o cuando se cambia de sílaba el acento dentro de una palabra. Un gran aficionado al empleo de esta acentuación prosódica destartalada era José Luis Rodríguez Zapatero, presidente del Gobierno de España entre 2004 y 2011, que recurría a ella para darles más fuerza a determinadas ideas, como en «... la lucha por **sus** derechos...», donde convirtió en tónico el posesivo *sus*, que es átono. Esto lo oí en un vídeo de YouTube, y creo recordar que a Zapatero también le gustaba pasar a esdrújulo el pronombre *nosotros* cuando el hombre estaba entusiasmado.

En los tres ejemplos que he puesto (*mi casa*, **sus derechos**, *nosotros*) estamos ante un fenómeno incorrecto del lenguaje, o sea, ante un barbarismo. Y este barbarismo es acentual porque consiste en darle a una palabra un acento prosódico que no le corresponde. Pero, por otro lado, esta incorrección, que es puntual, no permanente, y que no obedece a ignorancia del hablante, tiene un objetivo concreto, que es darle énfasis a determinada palabra en un contexto muy definido y con fines meramente expresivos; de tal manera que, aun siendo una incorrección, quien la comete puede acogerse a una circunstancia atenuante de la que ya hemos hablado, que no es otra cosa que ese mismo énfasis, esa intención de remarcar una idea, una palabra. En definitiva, aunque lo que tenemos delante es, sin lugar a dudas, un barbarismo acentual, se trata, según mi tesis, de un *barbarismo acentual enfático*.

Sé que esta denominación despierta escaso o nulo interés en ámbitos ajenos a la lingüística, pero ustedes no se pueden imaginar la emoción que me causa ser el padre que ha puesto sobre la pila bautismal a este fenómeno para darle un nombre tan contundente.

15. Dos prefijos y un guion inesperado

Ya hemos hablado de la excelente solución adoptada hace unos años por la RAE y el resto de las academias de la lengua española para resolver el problema de la prefijación en nuestro idioma. Aun así, todavía hay quien escribe cosas como *súper interesante*, cuando, como hemos dicho, los prefijos[38] —salvo raras excepciones— van soldados a la palabra a la que afectan; pero es que, además, son átonos, de tal manera que esa tilde de *súper* está de sobra. Lo correcto en este caso es escribir *superinteresante*. La sílaba tónica de una palabra prefijada es, por lo tanto, la de la palabra a la que se le ha añadido el prefijo, de modo que, si en *interesante* esa sílaba es *san*, también lo será en *superinteresante*.[39] Y, dado que *interesante* no lleva tilde por ser una palabra llana terminada en vocal, tampoco la llevará la palabra *superinteresante*.

---

38. En realidad, debemos decir que *super-* no es un prefijo, sino un elemento compositivo, como lo son *hiper-*, *bio-* y *mega-*, entre otros muchos. Pero los elementos compositivos se comportan del mismo modo que los prefijos, de tal manera que aquí los consideraremos como tales.

39. Hay una excepción para esto: «Si la base [o sea, aquello a lo que le vamos a añadir un prefijo] es una raíz léxica de origen grecolatino, el acento puede recaer en la sílaba previa, perteneciente al prefijo», nos dice la *Ortografía* en la página 531. Y pone este ejemplo: *antígeno*, cuya base es -*geno*.

Sin embargo, hay quienes, pese a respetar la regla de la prefijación —esa que dice que el prefijo se escribe pegadito a la palabra que va a modificar—, se saltan a la torera las reglas de acentuación una vez creada la nueva palabra. Esto ocurre con las palabras monosílabas, que, como todos sabemos, no llevan tilde (salvo que se aplique la atildación[40] diacrítica). ¿Qué pasa, por ejemplo, si a la palabra *tren* le añadimos el prefijo *mini-*? Pues que obtendremos la palabra *minitrén*, que es polisílaba, aguda y terminada en -*n*. ¿Por qué es aguda? Porque ya hemos dicho que los prefijos son átonos, de tal manera que jamás diremos [mínitren] o [minítren]. Lo mismo ocurre con *super-* + *bien*: el resultado es *superbién*, no *superbien* ni *súperbien* ni, por supuesto, *súper bien*.

Como habrán visto, a la hora de escribir aisladamente los prefijos —para hablar de ellos, no para añadirlos a una palabra—, les pongo un guion al final. Es una cuestión meramente técnica y lo hago «para indicar que no se trata de palabras, sino de segmentos afijos» (OLE10: 531). Sin embargo, aunque esto solo se suele hacer «en obras de contenido lingüístico» (ibídem), lo cierto es que ustedes, escribientes normales, libérrimos y ajenos a las manías de personas como yo y a los criterios que aplico en mis libros, también están obligados a usar un guion a la hora de escribir un prefijo en un caso muy concreto, y no se trata en absoluto de un contexto *técnico*. Vamos a verlo.

Este caso se da cuando usamos no uno, sino varios prefijos. Este escenario nos plantea dos posibilidades; la primera es aquella situación en la que una palabra resulta modificada por la carga de significado de dos prefijos. Por ejemplo, si quiero decir que algo es muy muy muy guay, puedo escribir que es

---

40. No creo que encuentren esta palabra en ningún diccionario general, pero Martínez de Sousa la usa a menudo en *Ortografía y ortotipografía del español actual*.

supermegaguay. Como ven, los tres elementos que conforman la nueva palabra (los prefijos *super-* y *mega-* y la palabra *guay*) van unidos, sin guion ni nada de nada.

Pero ¿qué ocurre si lo que quiero no es combinar varios prefijos, sino coordinarlos? Me explico: ¿qué hago si quiero decir, por ejemplo, que para mañana se han convocado sendas manifestaciones de antitaurinos y protaurinos, pero no quiero usar dos veces la palabra *taurinos*? Ahí es donde entra en acción el inesperado guion del que les quería hablar: lo que tendremos que hacer es escribir lo siguiente: «Para mañana se han convocado sendas manifestaciones de anti- y protaurinos». O sea, el primer prefijo irá separado y con guion, y el segundo, soldado a su base léxica.

Queda raro, ¿verdad? Pero así lo manda la ley ortográfica, y las leyes están para ser cumplidas; siempre y cuando —claro está— sean justas y útiles, como ocurre en este caso.

16. ¿Y por qué *guion* se escribe sin tilde?

Antes de llegar al título que ven aquí arriba, ustedes han leído diecinueve veces la palabra *guion* en este libro, si no he contado mal. A algunos les habrá resultado algo normal porque conocen las últimas reglas de acentuación y otros no han reparado en la ausencia de acento gráfico, pero otros muchos se habrán preguntado —al llegar al capítulo anterior y comprobar que lo de las páginas precedentes no eran erratas, sino que yo me empeño en escribir esa palabra tal y como la ven— si ese sustantivo no ha llevado toda la vida tilde en la *o*. Así es: hasta 2010 podíamos escribir *guion* o *guión*, pero desde ese año tenemos prohibido ponerle tilde a esta palabra si no queremos cometer una falta de ortografía. ¿Por qué?

La Real Academia Española y la Asociación de Academias de la Lengua Española pusieron toda la carne en el asador a la hora de elaborar la *Ortografía de la lengua española* publicada en 2010. La anterior, de 1999, era un manual modesto que no llegaba al fondo de muchos asuntos que debían ser regulados. Así que en 2010, la RAE y la ASALE entraron de lleno en una cuestión que había quedado abierta en la obra precedente: qué hacer con palabras como *guión*, *fió*, *rió*, *lié* y otras en las que aparece una secuencia formada por una vocal abierta y una vocal cerrada átona. (Las vocales cerradas son /i/ y /u/, y les aclaro que en las palabras *guión*, *fió*, *rió* y *lié* la vocal /i/ es átona; en cambio, es tónica en *fío*, *río* y *lío*, donde el uso de la tilde no se discute).

No podré continuar con mi explicación si antes no hago una introducción importantísima, relacionada con los principios por los que se rige el sistema de acentuación gráfica del español. Según la *Ortografía* de 2010, dos de ellos son los siguientes:

- El sistema de reglas de acentuación no tiene como función indicar si una secuencia vocálica[41] se articula en una sola sílaba o en sílabas distintas.
- El sistema ha establecido convenciones para determinar la naturaleza de las secuencias vocálicas a efectos ortográficos (218).

Esta información es de sumo interés, pues ahí se encuentra la razón de que *guion* y otras palabras hayan perdido la tilde. Vayamos al primero de los principios citados y expliquémoslo: al sistema de acentuación gráfica le trae sin cuidado que unas personas, al ver la palabra *piano*, digan [piá.no] (separo las sílabas con un punto) y otras digan [pi.á.no] (OLEIO: 224, 225); lo que le importa es que el acento prosódico está en el fonema /a/ y, por tanto, en ambos casos este se sitúa en la penúltima sílaba. En consecuencia, es intrascendente que la secuencia de vocales /i/-/a/ se pronuncie en una sílaba o en dos: la palabra siempre es llana y, por lo tanto, no lleva tilde, pues termina en vocal.

El segundo principio nos dice que para hacer posible que todos los hispanohablantes usemos un mismo sistema de acentuación gráfica es necesario establecer unos acuerdos que ig-

---

41. Una secuencia vocálica es aquella situación en la que pronunciamos seguidas dos o más vocales, como en *piano*, *rocío*, *roció*, *guion*, *fieis*, etc.

noren las múltiples diferencias que se producen a la hora de pronunciar secuencias vocálicas (como la que se da en *piano*), unas diferencias que tienen su origen en «la procedencia geográfica de los hablantes, [...] la posición que la secuencia ocupa dentro de la palabra, la velocidad de emisión» y algunos factores más (OLE10: 225).

Y es ahora cuando entramos de lleno en lo que nos interesa, pues uno de los acuerdos adoptados en la última *Ortografía* —una de las convenciones de las que se habla en el segundo principio— fue considerar que toda secuencia formada por una vocal abierta y una vocal cerrada átona (da igual el orden en el que se presenten) es un diptongo a efectos de acentuación gráfica, independientemente de cómo los pronuncie cada cual. Por esa razón, la palabra *guión*, que muchos habíamos escrito siempre con tilde porque ahí sentimos que hay un hiato —lo que yo pronuncio es [gi.ón], pero otros hispanohablantes dicen [gión], en una sola sílaba—, resulta que tiene una secuencia vocálica consistente en una vocal cerrada átona, que es /i/, y una abierta, que es /o/. De este modo, esa secuencia pasa a ser siempre un diptongo cuando la vayamos a escribir. Y, si es un diptongo, eso quiere decir que la palabra es monosílaba y, en consecuencia, no lleva tilde. También pasan a ser monosílabas *truhan*, *fio*, *rio*, *lie* y algunas otras.

Como decía al comienzo, este asunto ya había sido abordado en la *Ortografía* de 1999, pero en aquella obra «se admitía que los hablantes que [...] pronunciasen [las palabras *guion*, *truhan*, *fio*, *rio*, *lie*, etc.] como bisílabas [...] pudiesen seguir acentuándolas gráficamente» (OLE10: 236). Esto, naturalmente, es un disparate, pues si por algo se caracteriza la ortografía española es por su rigor en la aplicación de principios de unificación y de claridad. Esa es la razón por la que, once años después, la RAE y la ASALE dictaron esta orden: «A partir de este momento, la convención que establece qué secuencias vocálicas se consideran diptongos [...] a efectos ortográficos debe aplicarse sin excepciones y, en consecuencia, las palabras antes mencionadas se escribirán obligatoriamente sin tilde, sin que resulten admisibles, como establecía la *Ortografía* de 1999, las grafías con tilde» (ibídem).[42]

Son muchos los que han puesto el grito en el cielo con esta regla, más por tener que cambiar de hábito que por otra cosa. Entretanto, los niños que en la actualidad están aprendiendo esta norma sin conocer lo que se hacía antes escriben la palabra *guion* sin maldecir a la RAE, del mismo modo que yo, que nací en 1966, escribo también sin tilde palabras como *fluido*, algo que no siempre se ha hecho. No es que tenga un interés especial en que ustedes sepan cuándo nací, pero resulta que en 1959 se acordó que la secuencia de fonemas /u/-/i/ siempre sería considerada un diptongo a efectos de acentuación gráfica, sin que hubiera que tener en cuenta que, por ejemplo, muchos pronunciamos [flu.í.do], con hiato, y no hacemos lo mismo con [kuí.do], donde articulamos un diptongo. Pese a ello, a mí me enseñaron, allá por los años setenta del siglo pasado, que ni *fluido* ni *cuido* llevan tilde, y me pareció algo sensato, pero tal vez a mi padre y a mi madre no.

Sin embargo, no todas las críticas que ha recibido la regla de la que hemos hablado en este capítulo obedecen a la liviana molestia de tener que cambiar la forma de escribir la palabra *guion*: dos voces autorizadísimas también mostraron en su momento un feroz rechazo a esta modificación. Se trata nada más y nada menos que del recientemente fallecido Manuel Seco —extraordinario gramático y miembro de la RAE, por cierto— y de José Martínez de Sousa. Sus razones son de peso, pero no vamos a entrar en el asunto porque nos daría para otro

---

42. Esta orden también se aplica a los triptongos, que, según las convenciones ya mencionadas, son las secuencias formadas por una vocal abierta que tiene, antes y después, sendas vocales cerradas átonas. Por eso, la palabra *fieis* tampoco debe llevar tilde desde 2010, pues también se considera monosílaba a efectos de acentuación gráfica.

libro.[43] Quedémonos con que ha habido una reforma legislativa para que en ese acuerdo entre iguales que es la ortografía española todos nos sometamos a las mismas reglas, y esta a mí me parece razonable y la cumplo a rajatabla.

43. «Medio siglo de lupa sobre el español», *El País*, 13 de enero de 2012. Ver bibliografía. «José Martínez de Sousa: ¿Quién nos va a guiar de verdad?», vídeo de YouTube, https://www.youtube.com/watch?v=Ux7eor6 tyTA.

17. La i latina y su prima griega

Les comentaba en un capítulo anterior que la ortografía española es maravillosa. Lo es. Es casi perfecta, pero tiene algunas irregularidades que, aunque a los hispanohablantes pueden pasarnos casi desapercibidas —pues cuando nos enseñaron a leer y a escribir lo hicieron incluyendo esos *poltergeists* ortográficos como si fueran lo más normal del mundo—, estarían mucho mejor en la papelera.

Hace dos siglos, el gramático venezolano Andrés Bello propuso una reforma ortográfica que habría hecho posible esa limpieza y con la que, entre otras medidas, le daba pasaporte al uso de la i griega para representar el sonido /i/. No obstante, la RAE impuso su criterio, de tal modo que hoy seguimos escribiendo «El rey y la reina», cuando sería mucho más lógico escribir «El rei i la reina», o incluso «El rrei i la rreina»... Pero de eso hablaremos en otro momento;[44] lo que nos importa ahora es saber cuáles son las funciones de la i griega, una letra tan curiosa que a veces funciona como vocal y otras como consonante. Antes de pasar a su uso vocálico —el más complejo—, digamos que funciona como consonante para representar el sonido /y/ en palabras como *payo*, *yema*, *poyo*, *boya*...

---

44. Ver el capítulo «Andrés Bello, libertador ortográfico» (p. 342).

Y ahora, vayamos a uso como vocal. ¿Por qué usamos a veces la i griega para esta función, cuando nos bastaría con la i latina? Viajemos nuevamente a Venezuela para escuchar a otro gran lingüista de ese país: Ángel Rosenblat. En su obra *Nuestra lengua en ambos mundos*, este autor nos cuenta lo siguiente: «En los siglos XVI y XVII se escribía frecuentemente *yr, ysla* [...]. Era prolongación de una vieja tendencia: la *y* penetró con los helenismos del latín clásico [...]. Cuando Colón desembarcó en Guanahani, el 12 de octubre de 1492, sus capitanes llevaban dos banderas [...] con una F y una Y. Las dos letras representaban a Fernando e Ysabel» (71).

Después llegó la Academia para poner un poco de orden, pero no tanto como habría sido deseable: si bien el sonido /i/ pasó a ser representado por la letra i latina, su prima la griega no perdió todos sus poderes, y hoy la podemos seguir viendo con esa función en varios casos. El primero, y el más común, es el de la conjunción copulativa *y*: «Pedro y María se casan mañana». El segundo lo vemos en aquellas palabras que terminan con el sonido /i/ cuando este es átono y forma parte de un diptongo o un triptongo: *buey, rey*... Lo del sonido átono y lo del diptongo o triptongo es importante, pues esas circunstancias son las que nos obligan a escribir *sexi*, no *sexy* (ya que el sonido /i/, aun siendo átono, no forma parte de un diptongo o de un triptongo) o *caí* (pues aquí el fonema /i/ es tónico).

También es importante no olvidar lo que hemos dicho unas líneas más arriba: «... aquellas palabras que terminan con el sonido /i/...». Tomemos la palabra *gay*. ¿Es correcta? Sí, puesto que tenemos el fonema /i/ átono al final de una palabra y formando parte de un diptongo. Pero ¿qué ocurre si no hablamos de un gay, sino de varios? ¿Escribiremos *gays*? ¡No! El fonema vocálico ya no está al final de la palabra, sino en su interior, y en estos casos solo podremos usar la i latina. Por lo tanto, el plural de *gay* es *gais*, del mismo modo que escribimos *soy* y *sois*. Ninguna palabra de estos dos ejemplos lleva tilde, pues son monosílabas, pero no ocurre lo mismo con *espray/espráis*. ¿Por qué la primera no lleva tilde? Muy sencillo: a efectos acentuación gráfica, la letra i griega se considera siempre una consonante, independientemente de que a veces funcione como vocal; por lo tanto, dado que *espray* es una palabra aguda que termina en consonante que no es -*n* ni -*s*, no lleva tilde. En cambio, sí la lleva *espráis*, pues es una palabra aguda que termina en -*s*.

Nos faltan todavía otros tres casos en los que la i griega puede representar el fonema /i/. Lo haremos cuando a determinadas formas verbales se les añade un pronombre enclítico; por ejemplo, si a *voy* le añadimos el pronombre *me*, tendremos *voyme*, no *voime*.[45] También se conserva la i griega en algunos nombres y apellidos cuya forma de escritura ha permanecido invariable a lo largo de los siglos, como en *Goytisolo*. Por último, la RAE considera normal que usemos la i griega en las siglas lexicalizadas (hablaremos de las siglas en el siguiente capítulo), de tal manera que la sigla PYME (*pequeña y mediana empresa*), al lexicalizarse (o sea, al convertirse en un nombre normal y corriente y pasar a escribirse con letras minúsculas), conserva la i griega (OLE10: 80). Desde mi modesto punto de vista, esto es un criterio no muy acertado de la Academia, pues lo lógico en este caso sería escribir *pime*, del mismo modo que de *corre, ve* y *dile* obtenemos el sustantivo *correveidile*, y la expresión *pan y agua* nos ha dado el apellido *Paniagua*. Yo pensaba que estaba solo en esta batalla, pero José Martínez de Sousa está de acuerdo conmigo: en su obra *Ortografía y ortotipografía del español actual*, el maestro gallego afirma que esta grafía es impropia del español (94). Amén.

45. Ver la nota al pie número 49.

18. Un ovni, un módem y una sociedad anónima

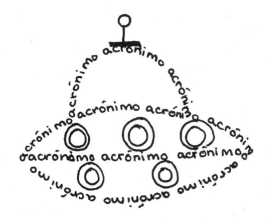

Cuando a los jóvenes les dio por recurrir a la abreviación en sus mensajes electrónicos por aquello de ahorrar dinero a la hora de enviar textos a través de los recién aterrizados teléfonos móviles —esto ocurrió hace algo más de veinte años—, inmediatamente crearon unos códigos particulares y, pobres de ellos, pensaron que estaban inventando la pólvora, o sea, descubriendo «como novedad algo conocido de todos», según la definición que da el extraordinario *Diccionario fraseológico documentado del español actual* de la locución verbal *inventar la pólvora* (818).

Lo cierto es que hace ya dos mil años los romanos recurrían a la abreviación, y ahí tenemos, para demostrarlo, la inscripción *INRI* sobre la cabeza de Jesucristo o el misterioso *SPQR* de las legiones romanas, que yo leía, sin saber qué quería decir, cuando empecé a disfrutar de las aventuras de Astérix. En ambos casos estamos ante dos usos de un sistema de abreviación que empleaban los romanos: la sigla. La primera está abreviando la expresión *Iesus Nazarenus Rex Iudaeorum*) (Jesús nazareno, rey de los judíos), y la segunda, *Senatus Populusque Romanus* (el Senado y el pueblo romano). Por si a aquellos jóvenes de hace veinte años, o a los que hoy usan el WhatsApp y las redes sociales, les quedaba alguna duda sobre la poca originalidad de sus tijeretazos, escuchemos al maestro José Martínez de Sousa (ya les dije que lo íbamos a nombrar cada dos por tres en este libro): «La abreviación se ha utilizado desde tiempos remotos en todo tipo de escritos. Egipcios, griegos y romanos, sobre todo, usaron fórmulas abreviativas» (OOTEA: 185).[46]

La abreviación es una herramienta útil y a la vez compleja. Al usar la palabra *abreviación* estamos recurriendo a «una voz genérica, aplicable a todas y cada una de las formas de abreviar (es decir, abreviatura, abreviamiento, símbolo, signo, sigla, cruce, acrónimo)» (OOTEA: 184). En este capítulo nos vamos a detener en la sigla.

¿Qué es una sigla? La respuesta a esta pregunta es difícil, así que nos vamos a quedar con lo que dice la RAE en su *Ortografía*: se trata de «un signo lingüístico» creado con las iniciales de una expresión formada por varias palabras, pero también

46. También habla del asunto Alberto Tamayo en la obra *Historia de la escritura latina e hispánica*: «El hecho de acortar las palabras, de simplificar su grafía, se convirtió desde antiguo en un hábito, en una costumbre, que respondía a una especie de acuerdo común tácito de reducir a unas cuantas letras, o incluso a una sola, la representación gráfica de ciertas palabras, haciéndolo conforme a un determinado criterio o sistema, más o menos uniformemente aceptado» (19).

podemos llamar *sigla* a cada una de esas iniciales (577). Por ejemplo, OTAN es una sigla, pero también son siglas las cuatro letras que conforman esa sigla. Hagamos inmediatamente una aclaración: en realidad, la sigla no tiene que estar formada solamente por las letras iniciales de la expresión, sino que «para conseguir una estructura pronunciable como palabras, muchas siglas incorporan no solo la inicial, sino una o varias letras más» (579). Por ejemplo, la sigla AEMET está formada por las iniciales de *Agencia* y de *Estatal* y por las tres primeras letras de *Meteorología*. Cuando la sigla se puede leer sílaba a sílaba, como ocurre con AEMET (y con OTAN, UNICEF, ASALE...), la podemos llamar *acrónimo*.

¿Y para la sigla usamos todas las palabras que aparecen en la expresión completa? No, solamente aquellas con «carga semántica» (OLE10: 579). Esta carga semántica la tienen sustantivos, adjetivos y adverbios, según la RAE, pero lo cierto es que a veces también podemos ver preposiciones, como en MSF (*Médicos Sin Fronteras*). Terminemos esta introducción con cuatro cuestiones más: primera, las siglas se escriben con letras mayúsculas;[47] segunda, las siglas no tienen plural en la escritura, por lo que no son correctas las formas *las ONGS*, *las ONGs* y *las ONG's* (aunque al hablar digamos [las óénejés]);[48] tercera, las siglas no se acentúan gráficamente; cuarta, las siglas se escriben

47. En este libro uso las versalitas, en lugar de las mayúsculas, para la escritura de siglas y de números romanos (excepto cuando el número romano forma parte de una expresión que incluye mayúsculas: *Carlos III*, *Felipe VI*...). Las versalitas son letras con forma de mayúsculas y tamaño parecido al de las minúsculas, y yo las empleo para que esas siglas y esos números romanos no destaquen de manera antiestética sobre las minúsculas.

48. Algunas siglas pueden someterse a un fenómeno por el cual, al deletrearlas, se convierten en una nueva palabra. A estas voces las llapa Pepe Sousa *alfónimos* (OOTEA: 219). Son alfónimos las palabras *elepé* (de LP), *oenegé* (de ONG), *dedeté* (de DDT), etc. En estos casos sí tienen plural, por lo que, aunque tengamos que escribir *las ONG*, también podemos emplear esta otra forma: *las oenegés*.

sin puntos y sin espacios. ¿Y por qué la expresión EE. UU. lleva puntos y un espacio? Muy sencillo: porque no es una sigla, sino una abreviatura, pero de eso hablaremos en otro momento.

Ahora, vayamos al título de este capítulo, en el que he mezclado al tuntún un ovni, un módem y una sociedad anónima. Lo he hecho para hablarles de varias cuestiones relacionadas con las siglas, para lo cual empezaré por la palabra *ovni*. Como ustedes saben, esta voz está formada por las iniciales de la expresión *objeto volador no identificado*, de modo que se trata de una sigla y, por lo tanto, debería estar escrita con letras mayúsculas, según lo que hemos dicho hasta ahora. Pues bien, resulta que algunos acrónimos (ya hemos explicado lo que son) pasan de forma tan exitosa a la lengua cotidiana que se convierten en sustantivos normales y corrientes, en un fenómeno al que denominamos *lexicalización*. Cuando eso ocurre, estas palabras pierden todos los atributos de las siglas, de modo que se escriben con minúsculas, tienen plural y se someten a las reglas de acentuación gráfica, como cualquier otro vocablo de nuestro idioma. Esa es la razón por la cual, si lexicalizamos el acrónimo MODEM, lo haremos así: *módem*, con tilde, pues se trata de una palabra llana terminada en -*m*.[49] Este fenómeno también se

49. Este es el motivo por el que creo que la sigla PYME, al lexicalizarse, debe pasar a escribirse *pime*, como señalaba en el capítulo anterior, pues, dado que ahora ha de someterse a todas las reglas de escritura de un sustantivo normal y corriente (acentuación gráfica, plural...), no hay motivo alguno para que se salte esa regla que dice que el sonido /i/ no puede representarse con la letra *y*, sino con la *i*, cuando está en posición interna de una palabra. Si me diera por hacer de abogado del diablo (o sea, por ser 'contradictor de buenas causas', según la definición de la RAE), podría decir que habría que hacer algo parecido con OVNI: al lexicalizar esta sigla, tendríamos que escribir *obni*, pues nuestra ortografía no contempla representar el sonido /b/ con *v*, sino con *b*, cuando va antes de una consonante (*abril*, *objeto*, *hablar*, *obstruir*, *obnubilar*). Sin embargo, este caso, que también es una irregularidad, me parece menos grave, pues la letra *v* siempre se usa para representar el sonido /b/, aunque no sea normal escribirla antes de otra consonante, pero la letra *y* puede representar dos sonidos, y para colmo uno es vocálico y el otro es consonántico (/i/, /y/), de tal manera que aquí me pare-

puede dar en acrónimos de nombres propios, con la única diferencia de que han de comenzar con letra mayúscula. Es lo que ocurre con *Fundéu* (acrónimo que se usa para nombrar a la Fundación del Español Urgente, una institución de la que también hablaremos en este libro por su magnífico trabajo de cuidado de la lengua española).

Y terminamos con la abreviación de la expresión *sociedad anónima*. Ustedes se habrán dado cuenta de que a veces la vemos así: S.A. y otras veces así: SA. Pues bien, ambas formas son correctas (también la podemos ver así: S.A., pero la ausencia de espacio es un error de escritura). Para empezar, digamos que cuando vemos una abreviatura, lo normal es leer la expresión completa, no la abreviación. Por ejemplo, si yo veo EE. UU. en un texto, lo que digo al leerlo es «Estados Unidos», y si leo S.A., digo «sociedad anónima». Sin embargo, no es nada raro que, en determinados casos, la costumbre nos haya llevado a deletrear esas expresiones, de tal manera que al ver S.A. digamos «ese a». En estos casos, lo que ocurre es que la abreviatura se ha metamorfoseado en sigla y, por lo tanto, nadie nos podrá castigar si escribimos SA. Al menos, no lo hará la Real Academia Española.

---

ce imperativo respetar la regla que dice que al fonema /i/ le corresponde la letra *i* cuando está dentro de una palabra.

Sobre formas como *voyme* (de *voy* + *me*), de las que también he hablado en el capítulo anterior, el asunto es más complejo, pues algunos autores ven cierta independencia entre el verbo y el pronombre, aunque se escriban en una sola palabra (OOTEA: 94).

19. Abreviaturas, abreviamientos y símbolos

Bien, ya sabemos lo que es una sigla, pero esta es tan solo una de las formas que tenemos de representar palabras y expresiones de manera acortada. En el capítulo anterior expliqué lo que es una abreviatura, pero ahora voy a contarles algunos secretos más sobre este fenómeno ortográfico. Es tanto lo que podemos decir sobre el asunto que no me queda más remedio que resumir (o abreviar).

Para empezar, es conveniente que la abreviatura elimine al menos dos letras (aunque eso no siempre ocurre); además, es obligatorio que termine con punto (a veces, muy pocas veces, se usa una barra en su lugar); y la forma resultante debe conservar la tilde de la palabra original si esta la tenía y la vocal correspondiente se mantiene en la abreviatura: *página → pág.*

Existen dos maneras de formar una abreviatura. La primera es por truncamiento, o sea, eliminando letras desde la parte final de la palabra. En estos casos, debe terminar en consonante. Sobre este último aspecto, hay que decir que si lo último que conservamos es un dígrafo, o sea, un conjunto de dos letras que sirven para representar un solo sonido (en español tenemos cinco: *ch, gu, ll, qu, rr*), este debe quedar intacto; por lo tanto, la abreviatura de *carreta* puede ser *carr.*, pero no *car.*

Cuando el truncamiento consiste en la eliminación de todas las letras excepto la primera, hablamos de *truncamiento extremo*. En estos casos, obviamente, no siempre podremos respetar la regla de que la abreviatura termine en consonante: si hacemos un truncamiento extremo de la palabra *aleación*, el resultado será *a*. Como han visto justo al lado de estas palabras, si el punto abreviativo (así se llama este punto) coincide con un cierre de enunciado, no se añadirá un segundo punto.

La otra forma de hacer una abreviatura es por contracción, «conservando solo las letras más representativas, aquellas que resultan suficientes para que pueda identificarse sin dificultad la palabra abreviada» (OLEIO: 571). En estos casos lo más normal es no eliminar las letras inicial y final: *teléfono* → *tfno.*

Cerremos el capítulo de las abreviaturas con los plurales: por lo general, se forman añadiendo -*s* al singular: *pág.* → *págs.*, *tfno.* → *tfnos.* Sin embargo, cuando se trata de un truncamiento extremo, el plural se hace duplicando la letra: si decidimos que la abreviatura de *página* no sea *pág.*, sino *p.*, el plural no será *págs.*, sino *pp.* Esa es la razón por la que la abreviatura de *Estados Unidos* es EE. UU.[50] Como verán, añado un espacio entre ambas parejas de letras, y solo escribo punto tras cada duplicación, no después de cada letra.

Vayamos ahora con los abreviamientos. Aquí el asunto es mucho más fácil: se trata del acortamiento de una palabra, ya sea por el principio o por el final. Este tijeretazo consiste, como nos aclara José Martínez de Sousa, en «la reducción del cuerpo fónico» de esa palabra (OOTEA: 200). Eso significa que, a diferencia de las abreviaturas, en las que leemos la expresión completa que hemos abreviado, aquí leeremos solo lo que vemos. Cuando el abreviamiento se obtiene eliminando la parte

---

50. No olvidemos lo dicho en el capítulo anterior sobre la lectura de las abreviaturas: si yo veo EE. UU. en un texto, lo que digo al leerlo es «Estados Unidos», no «eeuu».

final de la palabra, el fenómeno es una apócope: *boli, profe, metro* (de *metropolitano*), *subte* (de *subterráneo*), *Santi, Asun, Rafa...*[51] Y cuando cortamos por el comienzo estamos ante una aféresis: *chelo* (de *violonchelo*).

Terminemos con los símbolos, y hagámoslo rápido, que se me están aburriendo. Dice la *Ortografía* de la RAE que «son representaciones gráficas estables y normalizadas de conceptos o realidades pertenecientes, en general, al ámbito científico-técnico» (586). Estamos hablando, por tanto, de una forma de pasar a la escritura los nombres de magnitudes físicas —como masa, longitud, velocidad, densidad—, elementos y compuestos químicos, monedas, países, constelaciones... Los símbolos no tienen plural en la escritura pero sí en la lectura (si leo *40 £*, diré «cuarenta libras», no «cuarenta libra») ni van acompañados de punto; además, cuando siguen a un número van separados de este por un espacio o por un espacio fino[52] (ojo: esto también se aplica al símbolo de porcentaje, aunque casi nadie lo hace). Por último, su escritura con mayúscula o minúscula está perfectamente ordenada por organismos como el Comité Internacional de Pesas y Medidas y la Organización Interna-

---

51. A estos nombres propios acortados, que suelen usarse en contextos informales y familiares, casi siempre con un matiz cariñoso, los llamamos *hipocorísticos*.

52. El espacio fino, algo más pequeño que el normal, se aplica de diferentes maneras según el programa de edición que se emplee. Por ejemplo, en Word existe el *espacio fino de no separación*, que sirve no solo para añadir ese pequeño espacio, sino para que los caracteres o las palabras que hay a ambos lados de él no puedan quedar en líneas diferentes. Para obtener el espacio fino de no separación en Word, se pulsa la tecla Alt y, sin soltarla, se teclea la combinación numérica 8201 en la parte derecha del teclado (la que es conocida como *teclado numérico*). Al escribir un espacio fino de no separación en la expresión *5 m*, podremos estar seguros de que cuando el texto pase de Word al programa de maquetación, el número y el símbolo no quedarán en líneas diferentes, pues ahora forman un todo inseparable. Si lo que queremos usar en Word es un espacio de no separación, pero de tamaño normal, debemos pulsar simultáneamente las teclas Ctrl, Mayús y barra espaciadora.

cional para la Estandarización, de tal manera que el símbolo del metro siempre será *m* y nunca *M*, porque sí, porque lo han dicho los señores que mandan en esos organismos, y sus razones tendrán.

20. Las variantes de la covid-19

Si hay una sigla que ha entrado en nuestras vidas de manera arrolladora, esa es *COVID*, que es una manera abreviada de decir *corona-virus disease*, o sea, *enfermedad del coronavirus*. El número 19 que aparece al final está referido al año 2019, que fue cuando se detectó en China el virus SARS-COV-2, causante de la pandemia que tiene el mundo patas arriba. Una prueba de su éxito es que la Real Academia Española no ha tardado nada en incluirla en su diccionario; lo hizo en noviembre de 2020, en la actualización anual de la versión en línea de esa obra. Pero, a mi juicio, la RAE no lo hizo del todo bien, pues decidió escribir la palabra enteramente con letras mayúsculas. (Antes de seguir, les aclaro que a partir de aquí usaré el nombre de la enfermedad sin añadir el guion y el número. De este modo, hago lo que hacemos todos: considerar que cuando oímos hablar de covid se está hablando de la covid-19).

Como dije unas páginas más atrás, la lexicalización es un fenómeno por el cual una sigla que es acrónimo (o sea, que se puede leer silábicamente) pasa a convertirse, debido al uso, en una palabra normal y corriente y a someterse a las reglas comunes de escritura: utilización de letras minúsculas, acentuación gráfica si procede y adopción de plural cuando se dé el caso. Pues bien, ¿a alguien le cabe la menor duda de que la covid supone un hito en la historia contemporánea? Y, en relación con esto, ¿no está claro a estas alturas que la palabra con la que le damos nombre a la enfermedad la usamos diariamente y que probablemente lo seguiremos haciendo en los próximos años?

Desde mi punto de vista, la Academia debió considerar que esta sigla ya está lexicalizada y, en consecuencia, habría sido más lógico haberla incorporado al diccionario con letras minúsculas. Lo que hizo no es un error, por supuesto, pero el uso de minúsculas habría supuesto darle a esta palabra la categoría de sustantivo de andar por casa, como lo son desde hace años los acrónimos lexicalizados *ovni*, *láser* y *sida*, por poner tres ejemplos.

La escritura de esta palabra con letras minúsculas presenta un problema, que tiene que ver con su pronunciación. ¿Ustedes dicen [kóbid] o [kobíd]? Si hacen lo primero, deberían escribirla con tilde, pues sería llana y terminada en -*d*: *cóvid*. No tendrían que ponerla si la pronuncian como aguda, y ese es mi argumento —único pero poderoso— para quedarme con la forma aguda. El segundo problema, que también se da si la seguimos considerando una sigla, guarda relación con el género: ¿ustedes dicen «el covid» o «la covid»? Ambas formas se consideran correctas, pero yo me decanto por el femenino, pues la sigla, como hemos visto, contiene la palabra *disease*, que es *enfermedad* en inglés, y *enfermedad* es una palabra femenina. En definitiva, mi posición es que lo más adecuado es decir y escribir «la covid», de tal modo que desecho las variantes «el covid», «la cóvid» y «el cóvid».

Y ahora vayamos con la tercera característica de las siglas lexicalizadas: ¿cuál debería ser el plural de *covid*? Lo primero que hay que decir es que, si bien no parece habitual usar los nombres de enfermedades en plural, sí que lo tienen: el de *cáncer* es *cánceres*, y el de *gripe* es *gripes*, aunque seguramente está más asentado el uso de construcciones como «tres tipos de cáncer» que «tres cánceres». En todo caso, para saber cuál es el plural de *covid* nos bastará con ir al *Diccionario panhispánico de dudas*, de la RAE y la ASALE. Ahí veremos que el plural de los sustantivos y adjetivos que terminan en -*d* precedida de vocal y que no son esdrújulos se hace añadiendo -*es* (506); por lo tanto, el plural de *covid* es *covides*. Eso sí, esperemos, por el bien de todos, que jamás tengamos que emplear ese plural, o al menos que las siguientes covides, si vienen, no causen un nuevo terremoto mundial.

21. Comillas para todos los gustos

Si ustedes le echan un vistazo a cualquier ordenador,[53] verán que en la tecla en la que está el número 2 tenemos las comillas, que escribiremos pulsando en primer lugar la tecla de mayúsculas y, a continuación, la del número 2. Podemos decir que es una manera relativamente sencilla de escribir un carácter, pues solo hay que hacer dos pulsaciones. Sin embargo, cada vez que un hispanohablante hace esa simple maniobra le está dando una pequeña patada a nuestra ortografía.

Las comillas que aparecen en la pantalla cuando hacemos esa maniobra son estas: " ". El programa de edición, que de tonto no tiene un pelo, sabrá cuándo tendrá que poner las de apertura y cuándo las de cierre. Pero ¿por qué salen esas comillas, y no otras? Por ejemplo, estas: « ». Seguramente porque en el mundo de la tecnología la voz cantante la llevan países del ámbito anglosajón o que están o estuvieron en su órbita en el pasado, de tal modo que, a la hora de colocar unas comillas en el teclado, colocarán las suyas, las inglesas. Efectivamente, esas comillas se llaman así, *comillas inglesas*, y, pese a que son las

53. España es el único país hispanohablante en el que está generalizado el uso de esta palabra. En América prefieren llamar *computador* o *computadora* a estos aparatos.

que vemos en la inmensa de la mayoría de los textos que leemos a diario, las que deberían estar en los escritos en español son las otras, que se llaman *comillas españolas* o *comillas latinas*.[54]

Como el universo de las comillas es complejo, extenso y a veces enrevesado, ya que las hay de muchos tipos y sus usos varían dependiendo del idioma en el que se empleen, aquí nos vamos a fijar solamente en los dos tipos ya citados —españolas e inglesas— y en un tercero, al que llamamos *comillas simples*: ' '. Sobre su uso, veremos especialmente lo que dice la Real Academia Española en su *Ortografía*. En esta obra, que es del año 2010, la RAE propone por fin unas reglas más o menos aceptables, después de haberse pasado bastantes años dando palos de ciego (OOTEA: 330-331).

Lo primero que debemos saber es que las comillas que tienen preferencia en un texto escrito en español son las españolas. En caso de que dentro de un entrecomillado hubiera que usar otras comillas, seguiríamos con las inglesas, y si esta circunstancia se repite continuaríamos con las simples. Lo haríamos de este modo:

> «Cuando Pedro dijo: "Nos vemos donde 'tú ya sabes', donde siempre", se refería a mi casa».

Y si las diferentes comillas de apertura o de cierre deben ir necesariamente pegadas, no dejaremos de emplear ninguna de ellas, como hacen algunos. Lo haremos así:

> «Pedro dijo: "Nos vemos donde 'tú ya sabes' "».

Si se fijan bien, verán que he dejado un pequeño espacio

---

54. Estas comillas se pueden escribir del siguiente modo: para las de apertura se pulsa la tecla Alt y, sin soltarla, se teclea la combinación numérica 174 en el teclado numérico. Para las de cierre ha de hacerse lo mismo, pero con la combinación numérica 175.

entre las comillas simples de cierre y las comillas inglesas de cierre. Esto lo hacemos para que se puedan ver con facilidad, y para ello empleamos un espacio fino, del que ya hemos hablado dos capítulos más atrás.

La principal función de las comillas es indicar que lo que está escrito dentro de ellas es una cita textual, o sea, que no pertenece a la misma persona que escribió el resto del texto. Además, se usan, en novelas y otras obras, para indicar que lo que encierran es el pensamiento de un personaje. Su tercer cometido es indicar «el carácter especial de una palabra o expresión» (OLE10: 382). ¿Y qué es una palabra o expresión especial? Pues aquella que se usa de manera irónica, o la que hemos escrito mal adrede, o una voz de otro idioma, o cualquier otra que queramos resaltar por razones que tal vez solamente nosotros mismos conozcamos. Por ejemplo, en la oración que yo escribí más arriba encerré entre comillas la expresión *tú ya sabes* como dando a entender que esas palabras escondían cierto misterio. Por último, dice la RAE que también podemos emplear las comillas para usos metalingüísticos, esto es, cuando escribimos una palabra para hablar de esa misma palabra, no de aquello que designa, como en este ejemplo:

La palabra «casa» es un sustantivo.

En las dos últimas funciones citadas —indicar el carácter especial de una palabra y usos metalingüísticos—, se puede emplear la cursiva en lugar de las comillas, y mi opinión es que en ambos casos debemos preferir la cursiva a las comillas:

La palabra *casa* es un sustantivo.

Sobre este asunto, la *Ortografía* académica señala que, cuando escribimos los términos extranjeros en cursiva, esta se puede sustituir por comillas simples en los títulos de prensa, y este uso yo lo he ampliado a cualquier palabra que vaya a ir en cursiva (no solo las extranjeras) y a cualquier contexto tipográfico en el que no sea posible emplear la cursiva (no solo los títulos de prensa);[55] por ejemplo, en Twitter. O sea, lo que yo hago en esa red social es esto:

La palabra 'casa' es un sustantivo.

Esto me valió en su día la reprimenda de un seguidor de Twitter, porque yo, al hacer usos metalingüísticos, empleaba comillas simples —ya que no podía usar la cursiva— en lugar de comillas españolas, que es otra de las opciones que, como hemos visto, nos da la Academia. Yo le contesté que esto lo hacía como regla autoimpuesta para esa red social y que, una vez establecida tal regla, la aplicaba a rajatabla, no de manera caprichosa. Al seguidor no le bastó mi explicación y me dijo que no era normal que una persona que se dedica a difundir el buen uso del español se inventara sus propias normas y no le hiciera caso a la RAE. Yo, por concluir el estéril debate, le repliqué que toda regla es aceptable si es coherente y no supone una transgresión radical de las ya establecidas.[56] ¿Ustedes qué opinan?

55. En otras publicaciones mías siempre había empleado las comillas simples en los títulos si el contexto me pedía cursiva; sin embargo, para este libro me he tomado la libertad de usar la cursiva. Por eso, en los títulos de algunos capítulos verán con ese tipo de letra palabras como *solo, guion, ambos, sendos, prever, doceavo...*

56. Como he explicado, la RAE también considera aceptable sustituir la cursiva por comillas simples en ciertos contextos. Por otra parte, los autores del *Libro de estilo* del diario español *El País* hacen exactamente lo mismo que hago yo cuando no puedo utilizar la cursiva: emplean comillas simples en lugar de cursiva para usos metalingüísticos, y eso que en un libro sí se puede usar la cursiva (este tipo de letra aparece en otras partes de esa obra). Además, en el primer libro que publiqué, titulado *Lavadora de textos*, también usé comillas simples en lugar de cursiva para el metalenguaje, aunque ahora me arrepiento, pues ahí sí que pude haber utilizado la cursiva, y todavía me estoy preguntando por qué no lo hice. Sobre este asunto vuelvo a hablar en el siguiente capítulo.

22. La cursiva es sexi

Les contaba en una nota al pie del capítulo anterior que en el primer libro que publiqué, titulado *Lavadora de textos*, empleé las comillas simples en lugar de la cursiva para usos metalingüísticos. Aquello fue una decisión precipitada de la que hoy me arrepiento, aunque, a decir verdad, todo en aquel libro fue una locura, desde la decisión de publicarlo hasta la distribución, pasando por la corrección, la maquetación... Así es como tienen que ser las buenas aventuras: disparatadas, y eso es lo que fue aquel librito, que ya tiene diez años.

Una de las mayores alegrías que me dio esa aventura fue que un ejemplar del libro llegó a manos de José Martínez de Sousa, una persona a la que, como ustedes ya deben de haber notado, admiro muchísimo. A él le llamó la atención ese uso que yo hacía de las comillas simples y en cierta ocasión me lo hizo saber: «Con lo sexi que es la cursiva, ¿por qué usaste las comillas?», me dijo, y tenía toda la razón. Sí, la cursiva es un tipo de letra muy sensual: llama la atención sobre sus compañeras de texto, nos mira con ojos seductores y nos dice: «Léeme». Para eso está, para brillar entre las demás, y por esa misma razón no es conveniente abusar de ella. En todo caso, el comentario de Sousa estaba justificadísimo.

¿Cuándo debemos usar la cursiva? Como decía unas páginas más atrás, podemos emplear este tipo de letra, en lugar de las comillas, para palabras de otros idiomas,[57] para denotar ironía o énfasis, para dejarle claro al lector que hemos escrito mal adrede una expresión y, por último, para usos metalingüísticos. En este último caso, la cursiva se usa para escribir una palabra cuando queremos hablar precisamente de esa palabra, pero, si a continuación añadimos su significado, este irá entre comillas simples. Así:

La palabra *entrada* significa 'espacio por donde se entra a alguna parte'.[58]

Pero la cursiva tiene otros muchos usos, algunos de los cuales, o bien están regulados de manera diferente por distintos guardianes de la lengua, o bien dependen de los gustos de cada cual. En todo caso, digamos que escribiremos con esta letra los títulos de obras de creación artística, sean de la índole

57. Aquí hay que diferenciar entre extranjerismos crudos, o sea, aquellos que no se han acomodado a nuestro sistema ortográfico, como *jazz*, *sheriff* o *sorpasso*, que debemos escribir en cursiva, y extranjerismos adaptados, que ya se han incorporado plenamente a nuestro modo de escritura, como cruasán (del francés *croissant*), atrezo (del italiano *atrezzo*) o máster (del inglés *master*), que escribiremos en letra redonda, es decir, igual que el resto del texto. Si aquí he escrito *cruasán*, *atrezo* y *máster* en cursiva es porque estoy haciendo un uso metalingüístico de esas palabras. Tampoco se usa la cursiva para aquellas expresiones —extranjeras o españolas— que designen instituciones, organismos, empresas, monedas, etnias y razas de animales.

58. En este libro uso comillas simples cuando cito una definición de un diccionario (o una que elaboro yo), como he hecho en el ejemplo de la palabra *entrada* (en este caso la definición es del diccionario de la RAE). Sin embargo, cuando esa definición consiste en una explicación más o menos compleja, lo que utilizo son las comillas españolas. Por ejemplo, más adelante me verán decir que, según el diccionario académico, el *queísmo* consiste en el «uso, normativamente censurado, de la conjunción *que*, en lugar de la secuencia *de que*, como expresión introductoria de ciertos complementos oracionales», donde el texto entrecomillado, que he extraído del diccionario, es una definición compleja de la palabra *queísmo*.

que sean: cuadros, esculturas, dibujos, novelas, obras de teatro, películas..., y los nombres de programas y series de radio y televisión, así como los de periódicos, revistas, tesis doctorales, blogs...

Hay un punto en el que Sousa y la Academia no se ponen de acuerdo, y yo, sin que sirva de precedente, me pongo esta vez del lado de la RAE: señala el maestro gallego que los nombres propios de animales deben escribirse en cursiva, pero la Academia dice que no, y yo estoy de su parte («Rocinante era el caballo del Quijote»). En cambio, me pongo del lado de Sousa cuando dice que usaremos la cursiva para escribir los nombres de naves (barcos, aviones, naves espaciales...: «El *Titanic* se hundió en 1912»), pese a que la RAE diga que no es necesario hacerlo.

También debemos usar la cursiva para los nombres científicos, escritos en latín, de géneros, especies y subespecies animales y vegetales. En estos casos, solo la primera de las palabras que conforman la denominación se escribe con mayúscula inicial: «El *Homo sapiens* es el mayor depredador de la Tierra». Y, por último, emplearemos la cursiva en apodos, seudónimos y alias cuando aparecen después del nombre propio: «Ernesto *Che* Guevara murió en Bolivia». Según la Academia, aquí también se pueden emplear las comillas en lugar de la cursiva: «Ernesto "Che" Guevara murió en Bolivia».

Ustedes habrán podido comprobar que no es fácil delimitar los usos adecuados de esta letra tan sexi, pues, como nos han hecho ver las posturas de la RAE y de Sousa, a veces existen criterios contrarios para determinados contextos. El asunto se pone peor cuando de lo que se trata es del uso de la cursiva para indicar ironía o para destacar una palabra por la razón que sea. Pero, como ustedes también saben, los placeres sensuales —lo mismo que ocurre con el chocolate y con el vino— hay que disfrutarlos sin excesos; además, la moderación es una virtud que debemos tener siempre a mano a la hora de escribir.

En el caso que nos ocupa, tal virtud ha de consistir en no abusar de este tipo de letra, y para ello nos guiaremos por una de las enseñanzas del extraordinario lingüista Álex Grijelmo, que nos dice que un texto inundado de palabras en cursiva considera tonto al lector.[59]

59. Ver el capítulo «El genio es Álex Grijelmo» (p. 367).

23. Los números no llevan punto

Más de uno de ustedes se va a quedar patidifuso cuando lea lo que les voy a contar, pues lo que viene a continuación es una regla que choca tanto tanto[60] contra nuestra costumbre que muchos no se la van a creer. La regla es muy sencilla: a la hora de escribir números de más de cuatro cifras que hagan referencia a cantidades, no debemos poner un punto, sino un espacio, para agrupar esas cifras de tres en tres. En otras palabras, estos dos números que van a ver a continuación están mal escritos: *12.875, 325.875.650.* Lo correcto habría sido escribir *12 875* y *325 875 650.*

Esta orden sobre la escritura de los números no viene de ninguna academia de la lengua, sino que es una unificación paulatina que se ha hecho de modo universal para evitar los problemas a que podrían dar lugar, en un planeta cada vez más globalizado, las dos maneras que existían hasta ahora de escribir las cantidades: mientras los anglosajones solían usar una coma para separar los números enteros en grupos de tres y marcaban los decimales con un punto, en otros países, como España, se hacía justo al revés.

60. Cuando repetimos una palabra con intención enfática, no se escribe coma entre la primera y la segunda.

Para acabar con estos problemas, «las normas establecidas por la Oficina Internacional de Pesos y Medidas, así como por la ISO [...] y las entidades correspondientes en cada nación, han resuelto que solo se emplee un espacio en blanco para separar los grupos de tres dígitos en los números de más de cuatro cifras» (OLEIO: 664). Una vez adoptada esta regla, los decimales podremos separarlos indistintamente con punto o con coma, ya que no quedará duda de que cualquiera de esos dos signos se estará usando para eso y no para separar grupos de la parte entera del número.[61] El espacio que usaremos será el fino de no separación, del que ya hemos hablado en el capítulo «Abreviaturas, abreviamientos y símbolos» (p. 100).

¿Y por qué a los números de cuatro cifras, que tampoco llevarán punto, no hay que añadirles un espacio? Muy sencillo: si los separamos de tres en tres es porque a nuestro cerebro le cuesta una barbaridad leer del tirón los números muy largos, de tal modo que hay que presentárselos a trocitos, como si nuestra mente fuera un párvulo que está aprendiendo a leer. Pero, según José Martínez de Sousa, «las cantidades de solo cuatro cifras [...] no ofrecen dificultades para su lectura» (OOTEA: 278), por lo que aquí no es necesario el espacio. En todo caso, el uso de espacios para números de más de cuatro cifras es opcional, según la *Ortografía*: podemos prescindir de ellos, pero no usar puntos (664).

Para todo lo dicho hay una excepción: incluso aunque sean difíciles de leer, los números de más de cuatro cifras tampoco se escriben con espacios (ni con punto ni con nada de nada) cuando de lo que nos hablan no es de cantidades, sino de páginas, normas, códigos postales, números de calles y cualquier otro identificador, como los del documento nacional de identidad, además de los nombres de los años. ¿Por qué se hace esta excepción? Sinceramente, ni lo sé ni me parece racional, pues a

61. Ver el capítulo «El apóstrofo se usa mucho, pero mal» (p. 146).

nuestro cerebro, al que le da igual que un número esté referido a una cantidad, a un año o a un número de página, le costará lo mismo leer uno que otro si no añadimos el espacio. Yo me he limitado a decirles lo que nos ordena la Real Academia Española en su *Ortografía*, pero a continuación les expongo —mediante un ejemplo— mis razones para creer que este mandato no es muy coherente:

Encuentran un cráneo humano del año 11000 antes de Cristo, o sea, de hace 13 000 años.

Como pueden ver, escribo el nombre del año (*11000 antes de Cristo*) sin espacio, pero la cantidad de años que tiene el cráneo (*13 000*) la escribo con espacio. ¿Les parece lógico? A mí tampoco.

24. Una raya no es un guion

En cierta ocasión me encontraba con un cliente al que le estaba corrigiendo una novela —la teníamos impresa en papel, pues se trataba de la corrección ortotipográfica—[62] y andaba yo dándole algunos detalles del trabajo cuando nos tropezamos con un diálogo. Ahí le comenté que había hecho las correcciones oportunas en las rayas que marcan las intervenciones de los personajes, y el cliente me contestó más o menos con estas palabras: «Ramón, por favor, parece mentira que seas corrector: no digas *raya*, que eso tiene un nombre. Di *guion*». Pensaba este buen hombre que yo había usado la voz *raya* porque no sabía cómo llamar a los signos de los que estábamos hablando; pero se equivocaba, pues la palabra que yo quería decir no era otra que *raya*, y no *guion* ni ninguna otra.

Son muchas las confusiones que generan las rayas y los guiones, no solo en lo que respecta a su uso, sino en cuanto al propio nombre: algunos llaman *guion largo* a la raya, y otros, *guion corto* a lo que deben llamar simplemente *guion*. Es cierto que ambos signos son un pequeño trazo horizontal en la parte media de la altura del renglón, pero la raya, que es un signo de

---

62. Hablaremos de la corrección de estilo y de la corrección ortotipográfica en el capítulo «¿Por qué se corrige dos veces un mismo texto?» (p. 323).

puntuación, es más larga que el guion, que es un signo auxiliar.[63] No entraremos aquí a hablar del tamaño exacto de la raya, pues a lo largo del tiempo ha variado y en la actualidad la mayoría de las rayas son bastante más pequeñas que las que se empleaban en el pasado. Nos conformaremos con decir que es claramente más larga que el guion (aproximadamente el doble).

En cuanto a sus funciones, nos interesan especialmente tres. La primera es la de señalar incisos, como en este ejemplo, en el que este signo es doble, con apertura y cierre:[64]

> Cuando termine la pandemia —y creo que ya va siendo hora—, me voy a ir de vacaciones al Caribe.

Como podemos ver, aquí las rayas cumplen una función similar a la de las comas o los paréntesis, si bien la *Ortografía* nos aclara que «los incisos entre rayas suponen un aislamiento mayor [...] que los que se escriben entre comas, pero menor que los que se escriben entre paréntesis» (374). También se

63. En su *Ortografía y ortotipografía del español actual*, Sousa dice que la raya es un signo auxiliar (345), pero la *Ortografía* académica la considera un signo de puntuación. Según la RAE, los signos auxiliares son aquellos que cumplen funciones distintas de las que les corresponden a la tilde, la diéresis y los signos de puntuación (400); y destaca, entre ellos, el guion, la barra, la diple (< >), la llave, el apóstrofo, el asterisco, la flecha, el calderón y el signo de párrafo.

64. Tengo un amigo (poeta excelente) al que no le gusta poner la raya de cierre si esta queda al final de un párrafo, y no es el único que lo hace. Se trata de un error: cuando las rayas funcionan como signo doble para encerrar un inciso, siempre se debe escribir la de cierre, esté donde esté colocada. En todo caso, cuando alguien conoce una regla ortográfica y no la respeta, podría estar aplicando un principio denominado *heterografía*. Según Martínez de Sousa, la heterografía «no constituye, en sentido estricto, falta de ortografía, por cuanto no responde a ignorancia de las reglas, sino a la superación de estas cuando, a juicio de un escritor, son anticuadas, incoherentes o no responden a la actualidad del idioma» (OOTEA: 44). Un célebre heterógrafo fue el escritor español Juan Ramón Jiménez, que usaba grafías como *colejio* y *espresar*.

usan rayas como signo doble cuando el inciso es un comentario que hace el autor de un texto dentro de una cita entrecomillada:

> En su último discurso a la nación, el presidente chileno Salvador Allende se despedía de sus compatriotas por radio. «Estas son mis últimas palabras y tengo la certeza de que mi sacrificio no será en vano —decía Allende—; tengo la certeza de que, por lo menos, será una lección moral que castigará la felonía, la cobardía y la traición».

En el segundo uso que nos interesa, la raya es un signo simple. Hablamos de enumeraciones en forma de lista, en cuyo caso añadiremos un espacio después de la raya:

> Ingredientes para el bizcochón de limón:
> — 250 gramos de harina
> — 250 gramos de azúcar
> — 250 gramos de margarina
> — cinco huevos
> — ralladura de un limón

Como hemos visto, los elementos de la lista comienzan con letra minúscula y no van seguidos de coma o punto y coma, pero también es correcto usar esos signos. En tal caso, el último elemento de la lista iría seguido de un punto. Por otra parte, se recomienda usar mayúscula inicial y punto en cada elemento de la lista si estos son oraciones largas, más que simples ideas sueltas:

> Para dejar de fumar, estos dos pasos son esenciales:
> — Empiece el proceso solamente cuando tenga la clara convicción de que está preparado para hacerlo; de lo contrario, fracasará.

— Acuda a su médico de cabecera, que lo asesorará y le ofrecerá ayuda profesional.

Y ahora vamos con la tercera función de la raya que nos interesa: los diálogos en las novelas (los «parlamentos», según la terminología de José Martínez de Sousa [OOTEA: 347]). Tal vez este sea el contexto más complejo de todos, así que trataré de resumirlo. Para empezar, la raya se usa como signo simple al comienzo de la intervención de cada personaje en un diálogo, sin espacio. Si tras las palabras del personaje hay un comentario del narrador, este empezará con minúscula —después de un espacio y una raya— si comienza con alguno de los llamados *verbos declarativos* o *verbos de lengua* (*decir, añadir, replicar, contestar, preguntar, afirmar*...). Les pongo tres ejemplos, y fíjense en que tras las palabras del personaje no va un punto y en que usaremos la minúscula aunque esta intervención termine con exclamación, con interrogación o con puntos suspensivos:

—Se nos hace tarde —dijo el capitán.
—¡Se nos hace tarde! —dijo el capitán.
—Se nos hace tarde... —dijo el capitán.

Habrán visto que tras las palabras del narrador no añadimos una nueva raya; pero, si después de ese comentario sigue hablando el personaje, sí cerraremos el inciso con este signo, y a continuación podremos escribir un punto, una coma, dos puntos o un punto y coma:

—Se nos hace tarde —dijo el capitán—, debemos partir ya.
—Se nos hace tarde —dijo el capitán—. Debemos partir ya.
—Se nos hace tarde —dijo el capitán—: debemos partir ya.
—Se nos hace tarde —dijo el capitán—; debemos partir ya.

La cosa cambia cuando el inciso no empieza con un verbo declarativo, sino que el narrador expone algún aspecto de la escena que no guarda relación directa con lo dicho por el personaje. En este caso, la intervención de este personaje se cierra con un punto o con algún otro signo que pueda cumplir la misma función (exclamación, interrogación y puntos suspensivos) y las palabras del narrador comienzan con mayúscula:

—Se nos hace tarde. —El capitán se levantó y dejó la copa sobre la mesa.

—¡Se nos hace tarde! —El capitán se levantó y dejó la copa sobre la mesa.

—Se nos hace tarde... —El capitán se levantó y dejó la copa sobre la mesa.

Y si tras el inciso continúa hablando el personaje, cerramos este inciso con una raya, a la que le seguirá un punto:

—Se nos hace tarde. —El capitán se levantó y dejó la copa sobre la mesa—. Debemos partir ya.

Sousa aporta un caso parecido (OOTEA: 348), en el que no usaríamos un punto, sino dos puntos (fíjense en la importancia que tiene aquí la presencia de un verbo declarativo —*advertir*—), y la intervención del personaje se reanudaría con mayúscula:

—Se nos hace tarde. —El capitán se levantó, dejó la copa sobre la mesa y advirtió a todos los oficiales—: Debemos partir ya.

También puede ocurrir que el inciso del narrador interrumpa una oración, en cuyo caso ese comentario ha de comenzar con minúscula:

—Se nos hace tarde —el capitán parecía muy preocupado— y aquí no tenemos nada que hacer.

Creo que les he dado demasiada información, así que termino este capítulo con un diálogo intrascendente para que relajen las neuronas:

—No olvides que la raya debe ir pegada a la palabra con la que comienza el diálogo —dijo el corrector.

—Pero, Ramón, por favor, parece mentira que seas corrector: no digas *raya*, que eso tiene un nombre. Di *guion* —repuso el cliente.

—¿En serio? O sea, que tú crees que debo llamar *guion* a ese signo... —El corrector empezaba a prepararse para darle una lección al cliente.

—En serio —repuso el cliente—. En realidad, parece un poco más largo que un guion, pero eso da igual, ¿no?

—Me encanta tu libro de cocina —dijo el corrector—, me parece fantástico lo que ofreces y sería incapaz de alterar mínimamente tus recetas. ¿Sabes por qué?

—¿Por qué? —preguntó el cliente.

—Porque yo no soy cocinero, sino corrector de textos. Por eso, si me pones delante un manojo de cilantro y otro de perejil, lo más probable es que a los dos manojos los llame *hierbajos*; lo reconozco... —Miró un momento al cliente, volvió a la página que tenían delante y continuó—: Pero, igual que el perejil se llama *perejil* y el cilantro se llama *cilantro*, esto que tenemos aquí, que no es un guion, se llama *raya*. ¿Seguimos?

25. El punto siempre va al final

Cuando escribí por primera vez algo sobre el asunto que viene a continuación —dos lustros atrás—, dije que se trata de una cuestión ortográfica que ha sido objeto de discusión desde hace años, y añadí lo siguiente: «No soy quién para restarles importancia a debates como ese: si tienen lugar es porque sus promotores buscan acercarse a la perfección en el uso del lenguaje escrito. Pero no deja de ser verdad que al común de los mortales no le interesan lo más mínimo» (2011: 43).

Hoy sostengo lo dicho e insisto en que vamos a hablar de algo en lo que la mayoría de las personas no reparan, y las que lo hacen toman una decisión basada por lo general en su gusto particular. Vamos ya con el problema: ¿dónde debemos poner el punto de cierre de un enunciado cuando este coincide con el signo de cierre de comillas, paréntesis y corchetes? Como decía, esta cuestión, que parece una tontería, ha sido tema de debate durante años. Según José Martínez de Sousa, varios son los expertos que se han pronunciado sobre el asunto, «generalmente con opiniones diversas» (OOTEA: 336).

¿Y cuál es el problema?, se preguntarán ustedes. Pues bien, resulta que algunos autores, entre ellos el propio Sousa, consideran que el punto de cierre de enunciado debe ir antes del signo de cierre «si el texto entrecomillado comienza a princi-

pio de párrafo o después de punto o signo que haga sus veces»
(OOTEA: 338). Como ven, Sousa habla de comillas, pero este
posicionamiento es válido también para paréntesis y corchetes. Veamos dos ejemplos:

> El profesor estaba sorprendido. «Esto no lo había visto en
> mi vida.» Esas fueron sus palabras.
> El profesor estaba sorprendido. (Y todos sus compañeros
> también.) No había visto algo así en su vida.

Habrán visto que el punto está colocado antes del cierre de
comillas y de paréntesis, pues, dado que sirve para indicar el
final de una oración que ha empezado después de otro punto,
es ahí, y no después del cierre de comillas y paréntesis, donde
debe ir (según quienes defienden esta puntuación, claro está).
Si, por el contrario, no se da esta circunstancia, los defensores
del *punto adelantado* (por llamarlo de alguna manera) no ven
ningún problema en ponerlo donde casi todos solemos colocarlo, o sea, después del cierre de comillas y paréntesis:

> El profesor estaba sorprendido: «Esto no lo había visto en
> mi vida». Esas fueron sus palabras.
> El profesor estaba sorprendido (y todos sus compañeros
> también). No había visto algo así en su vida.

Sin lugar a dudas, esta postura es coherente, aunque, desde
mi punto de vista, no es menos cierto que es causa de sorpresa
para muchos leyentes[65] —si bien no lo es para otros tantos— y,
además, da lugar a una duplicidad ortográfica que me inquieta.

---

65. El diccionario académico no registra el adjetivo *leyente*, pero sí
lo hacen el *María Moliner* (1770) y el *Diccionario del español actual* (2789).
A mí me gusta usarlo en este contexto, en lugar de *lector*, porque me imagino a quien lee como un ratoncillo de laboratorio al que contemplo con curiosidad, no como una persona que disfruta apaciblemente de la lectura.

Por eso me parece muy bien que la Academia haya decidido lo siguiente: «Cuando los signos de cierre de estos signos dobles[66] concurren en la cadena escrita con un punto —indicador de que el discurso principal también se cierra—, este debe escribirse detrás de aquellos, del mismo modo que se escriben los otros signos delimitadores principales (coma, punto y coma o dos puntos)» (OLE10: 301). Lo que nos está diciendo la RAE es que, en los ejemplos que vimos más arriba, esta es la puntuación que debemos emplear:

> El profesor estaba sorprendido. «Esto no lo había visto en mi vida». Esas fueron sus palabras.
> El profesor estaba sorprendido. (Y todos sus compañeros también). No había visto algo así en su vida.

Volviendo a aquel lejano texto en el que hablé por primera vez de este asunto, cierro este capítulo con una idea que ya expuse entonces: la Academia, cuyas decisiones causan más de un dolor de cabeza a ilustres y expertos disidentes, optó en esta ocasión por la sencillez, aun a riesgo de dejar a un lado el sentido común, y mi opinión es que hizo bien al zanjar la cuestión del modo en que lo hizo.

---

66. La Academia se refiere a comillas, paréntesis, corchetes y rayas, pero lo cierto es que con las rayas no se produce este problema, pues nunca veremos una raya de apertura al comienzo de un párrafo o después de un punto, salvo en un caso específico de inciso de narrador que vimos en el capítulo anterior. En ese caso concreto, no obstante, los defensores del *punto adelantado* (o al menos Martínez de Sousa) también están de acuerdo en colocar el punto después de la raya.

26. A ti te encanta esa tilde

Hablaba yo el otro día con un amigo sobre la famosa tilde del adverbio *solo*, y me contaba este hombre sus cuitas por la eliminación de este acento gráfico (eliminación que, como ya les he explicado, está plenamente justificada). La conversación derivó después al pronombre *ti*, sobre el cual le advertí que no lleva tilde. «Ah, ¿tampoco la lleva ya?», me preguntó. Mi respuesta, claro está, fue que *ti* nunca ha llevado tilde, aunque, a decir verdad, la ha llevado muchas veces (dado que son muchos los que se la ponen), pero siempre en contra de las reglas de la ortografía española. Efectivamente, eso de ponerle tilde a *ti* es uno de los errores más comunes —más geniales—[67] de nuestra lengua, y todo tiene su explicación.

Como ya hemos visto unas páginas más atrás, la tilde diacrítica es un signo que se salta olímpicamente las reglas de acentuación gráfica de nuestro idioma, pero lo hace con una función: su cometido es indicarnos, ante una pareja de palabras que se escriben de manera idéntica, cuál de ellas es tónica en la cadena hablada. Hace poco vi en Facebook una forma tan buena de explicar la atildación diacrítica que no me resisto a repro-

---

67. Eso de llamar *genial* a un error lo veremos en el capítulo «Un plural muy singular» (p. 170).

ducirla aquí (pido perdón al amigo feisbuquero que publicó el ejemplo, pues ahora no recuerdo quién fue y no puedo citarlo):

El té relaja.
Él te relaja.

Pronuncien ambas oraciones en voz alta. Está clara la diferencia, ¿verdad? Lo único que distingue a una de la otra es la ausencia o la presencia de tilde en las palabras *el* y *te*. Esas tildes, que no tienen nada que ver con las reglas de acentuación —ya que ambas voces son monosílabas y no deberían llevar acento gráfico—, están ahí para decirnos que en la primera oración la palabra *té* es tónica en la cadena hablada, y lo mismo ocurre con *él* en la segunda. Y, por el contrario, *te* es átona en la segunda y *el* lo es en la primera. Además —y esto es importantísimo—, se da la circunstancia de que no solo cambia la entonación, sino que el significado de ambas palabras es radicalmente diferente en cada oración: en la primera, la palabra *el* es un artículo, mientras que, en la segunda, *él* es un pronombre; en cuanto a *té*, es un sustantivo, mientras que *te* es un pronombre.

Veamos ahora que ocurre con *ti*: ¿tiene alguna palabra gemela pero que se pronuncie con distinta entonación? ¡No! Por lo tanto, carece de sentido ponerle tilde, aunque sea tónica en la cadena hablada, pues no existe en nuestro idioma otro *ti*, un *ti* átono del que hubiera que diferenciarlo. ¿Por qué, entonces, a tantas personas les encanta ponerle tilde? La respuesta es que lo hacen porque los humanos somos impresionables, sugestionables, dados a la comparación, a encorsetar, igualar y clasificar... Así, al ver que el pronombre *mí* lleva tilde y que es hermanísimo de *ti*, muchos llegan a la conclusión de que este último, como el primero, también debe llevar tilde.

Pero ocurre que el pronombre *mí* la lleva porque sí tiene

un alma gemela (aunque de tono suave), que es el posesivo *mi*; sin embargo, al pronombre *ti* le corresponde el posesivo *tu*, que no es idéntico a él, por lo que *ti* no necesita una marca diacrítica que lo diferencie. Veamos estos dos ejemplos, en los que lo único que hago es cambiar la primera persona del singular por la segunda:

> A **mí** no me han dicho cuál es **mi** asiento.
> A **ti** no te han dicho cuál es **tu** asiento.

Creo que con estos dos ejemplos la cuestión ha quedado bastante clara. Ahora bien, si ustedes van a seguir poniéndole tilde a este discreto y sencillo pronombre, sepan que, aunque lo hacen mal, forman parte de un abrumador ejército de sobreatildadores. Eso sí, que muchos piensen lo mismo no significa que tengan razón.

27. Las mayúsculas, las tildes y la ley

Lo primero que les voy a decir es que las palabras escritas con letras mayúsculas deben someterse a las reglas de acentuación gráfica del idioma español del mismo modo que lo hacen aquellas escritas con minúsculas. Con esto podría dar por concluido el capítulo, pero no lo haré porque también quiero que sepan por qué está tan consolidado en nuestro sistema de escritura hacer lo contrario y, sobre todo, por qué muchas personas siguen creyendo que no usar las tildes en estos casos es algo aceptable.

Vayamos, antes que nada, con la regla. La *Ortografía* de la Academia lo deja bien claro: «Puesto que la mayúscula y la minúscula son únicamente distintas realizaciones de un mismo grafema,[68] no existe motivo alguno por el que las palabras escritas en mayúsculas deban recibir distinto tratamiento en lo que al uso de la tilde o la diéresis se refiere» (448).[69] Evidentemente, la regla también es aplicable a aquellas palabras en las que solo la primera letra está escrita con mayúscula, ya sea

68. Aunque ya hemos hablado de esta palabra, digamos que los grafemas «vienen a coincidir con lo que llamamos letras en el habla común» (OLE10: 8).

69. El uso o no de tildes en las siglas lo trato en el capítulo «Un ovni, un módem y una sociedad anónima» (p. 95).

porque se trate de un nombre propio o de un apellido (*Álvaro, Álvarez*), porque sea la denominación de una organización, de un colectivo... (*Asociación de Vendedores de Ébano*) o porque esté al comienzo de un párrafo o después de un punto o de otro signo que haga sus mismas funciones.

Esta regla, que, como hemos leído, afecta tanto a las tildes como a las diéresis, también debemos cumplirla cuando usamos letras versalitas, que, como vimos unos capítulos más atrás, son aquellas que tienen forma de mayúsculas y tamaño parecido al de las minúsculas; por ejemplo, CAÍDA, ÁRBOL, PINGÜINO (en mayúsculas tendríamos este otro tamaño: *CAÍDA, ÁRBOL, PINGÜINO*).

Ya conocemos la regla; ahora sepamos por qué somos tan descuidados con su cumplimiento. El primer responsable de esta mala costumbre podría ser nada más y nada menos que la propia Academia, que apenas le prestó atención al asunto durante años. Por ejemplo, en el *Diccionario de autoridades*, que es el primero elaborado por esa institución, en el siglo XVIII —el actual diccionario de la RAE es hijo de esa obra primitiva—, todas las palabras que se definen las vemos escritas enteramente con mayúsculas, y en ningún caso se usan tildes. Hubo que esperar hasta el año 1969 para que la *Ortografía* publicada ese año por la Docta Casa se limitara a recomendar el uso de tildes en las mayúsculas que pudieran aparecer «en las publicaciones que incluyen listas de términos [...], con el propósito de evitar confusiones en la interpretación de vocablos» (OOTEA: 156). En la siguiente *Ortografía*, del año 1974, la Academia ordena —«por fin», apostilla Martínez de Sousa— el uso de tildes cuando así lo establezcan las reglas (ibídem).

Cuarenta y un años después, en su última *Ortografía*, la RAE nos viene a decir que la culpa no era solo de ella, sino que estábamos ante una costumbre que se pudo haber extendido como consecuencia de ciertas limitaciones técnicas: «En la composición tipográfica antigua muchos juegos de caracteres no contaban con mayúsculas acentuadas y no había un espacio reservado para la tilde, lo que obligaba a empequeñecer el tamaño de la letra [...]. Además, la mayor parte de las máquinas de escribir convencionales no incorporaban la posibilidad de escribir con tilde las mayúsculas sin herir el cuerpo de la letra» (OLEIO: 448). Por su parte, Martínez de Sousa explica que «los editores, en general partidarios de la tilde en las mayúsculas, en muchos casos tuvieron que renunciar a ella, especialmente durante el período de composición manual, debido a que en la impresión se rompían los acentos» (OOTEA: 156).

Por supuesto, todo eso es historia —nunca fue excusa, por cierto, para los textos escritos a mano, como acertadamente puntualiza la RAE— y en la actualidad no solo no se usan máquinas de escribir (bueno, alguna quedará...), sino que todos los sistemas de edición de textos y de impresión garantizan una armoniosa convivencia entre tildes y mayúsculas. Usemos las tildes, pues, siempre que lo ordene la ley ortográfica.

28. Microrrelato sobre la erre

En español tenemos una letra, la *r* (la llamamos *erre*, según la *Ortografía* académica), que sirve para representar dos sonidos: /rr/ cuando está al comienzo de una palabra (*ramo*) o al comienzo de una sílaba y precedida de otra consonante (*alrededor*), y /r/ cuando sigue a una consonante de su misma sílaba (*dron*), cuando está entre dos vocales (*pero*) y cuando está al final de una sílaba (*martes, amor*). Por otra parte, tenemos un dígrafo al que llamamos *erre doble* o *doble erre* y que usamos para un solo caso: representar el fonema /rr/ cuando está entre dos vocales (*perro*).

Ya vimos en uno de los primeros capítulos de este libro que, salvo algunas excepciones, los prefijos se escriben soldados (o sea, pegados) a la palabra a la que afectan. Pues bien, cuando en la escritura se vienen a encontrar dos circunstancias —el uso de *r* o *rr* y la prefijación—, muchos hispanohablantes tienen la mala costumbre de armarse un lío tremendo y no saber cuál es la forma correcta de escribir aquellas palabras que empiezan con la letra *r* y a las que se les añade un prefijo. Así que vamos a resolver el asunto de una vez por todas.

Cuando yo escribo la palabra *relato*, empleo la letra *r*, pues, como hemos dicho más arriba, el fonema /rr/ se representa con esta letra cuando está al comienzo de una palabra. A nadie se le ocurriría escribir *rrelato*, ¿verdad? En realidad, sí se le ocurrió a alguien: al gramático venezolano Andrés Bello, pero de eso hablaremos más adelante;[70] aquí lo que importa es que nuestro sistema ortográfico señala que se escribe *relato*. Pero ¿qué ocurre si a esa palabra le añadimos un prefijo? Tomemos, por ejemplo, el prefijo *micro-*. El resultado será *microrrelato*, no *microrelato*, que es lo que yo veo cada dos por tres en publicaciones de las redes sociales, entre las que se incluyen algunas de editoriales que convocan premios de microrrelatos... ¿Por qué debo escribir *rr* en lugar de *r*? Porque el sonido /rr/, que antes estaba al comienzo de la palabra, ahora está entre dos vocales, y ya hemos visto que en estos casos ese fonema se representa con *rr*.

Esta regla es válida para cualquier palabra que comience con la letra *r* a la que se le añada un prefijo que termine en vocal. Algo parecido ocurre si el prefijo termina en *r*, y este contexto da lugar a una situación un tanto peculiar en lo que respecta a la pronunciación. Vamos a verla: si yo tengo la palabra *realidad* y le quiero añadir el prefijo *super-*, el resultado tendrá que ser *superrealidad*; o sea, jamás emplearé una erre o tres —que es algo que algunos podrían pensar—, sino dos. Lo que obtenemos es una palabra que podremos pronunciar de dos maneras: la primera de ellas es [su.pe.rre.a.li.dád], en la que a la sílaba [pe] le sigue la sílaba [rre], y la segunda es [su.per.rre.a.li.dád], en la que a la sílaba [per] le sigue la sílaba [rre].

Estamos, por tanto, ante una misma escritura —*superrealidad*— para dos pronunciaciones: si lo hacemos de la primera manera, tenemos el fonema /rr/ entre dos vocales, que se representa con el dígrafo *rr*; y si optamos por la segunda forma, tenemos el fonema /r/ al final de una sílaba, que representamos con la primera letra *r*, y el fonema /rr/ detrás de una consonan-

70. Ver el capítulo «Andrés Bello, libertador ortográfico» (p. 342).

te y al comienzo de una sílaba, que representamos con la segunda *r*.

Tenía la intención de que este capítulo no pasara de microrrelato, pero con la explicación final la cosa ha pasado a la categoría de extraño relato de misterio (ortográfico). Les pido disculpas.

29. Marcas de la casa

A riesgo de repetirme, debo empezar este capítulo diciendo una vez más que la ortografía española es un invento fantástico. No es perfecta, claro está (¿qué obra humana lo es?), pero presenta un grado de minuciosidad que es consecuencia de los esfuerzos que durante los últimos siglos se han hecho para convertirla en un código claro para toda la comunidad de hispanohablantes. Eso ha dado lugar a dos características que son casi exclusivas de nuestro idioma, dos marcas de la casa de la escritura hispánica que todos reconocemos sin esfuerzo: el uso de la letra *ñ*, por un lado, y la existencia de signos de apertura de exclamación y de interrogación, por el otro.

Sobre la letra *ñ* hablaremos un poco más adelante; ahora vamos a quedarnos con las aperturas de exclamación y de interrogación, que parecen haber entrado en la categoría de especie en peligro de extinción por culpa de los teléfonos inteligentes. Curiosamente, la democracia lingüística —la más perfecta de las democracias—, que está siendo en estos tiempos tecnológicos la causa de su paulatina desaparición, fue en el pasado el motivo de su triunfo, pues si de algo podemos presumir los hispanohablantes es de que la consolidación de estos dos signos de apertura, cosa que ocurrió en el siglo XIX, fue obra del pueblo.

Lo primero que hay que decir es que el uso de signos de apertura de interrogación fue una recomendación de la Real Academia Española para oraciones largas, y todo ello por una razón muy clara: en nuestro idioma, a diferencia de lo que ocurre en otros, una oración enunciativa puede ser idéntica a una interrogativa sin que haya ninguna variación sintáctica. Me explico con un ejemplo. Si yo digo «Vas a venir mañana», esa oración, que es enunciativa, podría pasar a ser interrogativa simplemente añadiéndole los signos de interrogación: «¿Vas a venir mañana?». Esto no ocurre, por ejemplo, en inglés, una lengua en la que el orden de las palabras puede cambiar cuando la modalidad también lo hace. Si traducimos a ese idioma lo anterior tendremos «You are coming tomorrow» y «Are you coming tomorrow?». Como ven, las palabras *you* y *are* se han cedido mutuamente sus puestos. De este modo, si alguien lee *are* nada más empezar la frase, ya puede deducir que se trata de una pregunta, pero esto no ocurriría en español si no ponemos el signo de apertura, y menos aún si la oración es larga.

En el libro *Ortografía para todos*, el lingüista Juan Romeu nos explica que la Real Academia Española aconsejó en 1754 el uso de signos de apertura de interrogación cuando la oración fuera larga, de tal manera que a quien la leyera le quedara claro desde el comienzo que se trataba de una pregunta.[71] «Curiosamente —añade este autor— en 1815 la RAE celebraba que se hubiera acogido bien la decisión, pero se quejaba del abuso, pues la gente empezó a poner signos de apertura hasta "en preguntas de una o dos palabras en que no se necesita"» (121). El entrecomillado interno de esta cita son palabras de la Academia, que, como ven, no estaba del todo contenta con que se usaran siempre los signos de apertura. Sin embargo, fue tal el éxito del garabatillo que en 1870 esa institución convirtió la

71. La *Ortografía* de la RAE señala que esta recomendación era tanto para los signos de interrogación como para los de exclamación (387).

recomendación en regla, señala Romeu. Cabe deducir que la obligatoriedad del signo de apertura de exclamación fue consecuencia de un modesto efecto dominó.

Con esto de usar signos de apertura de interrogación y de exclamación estamos ante una de las marcas de la casa hispánica, pues, como señala José Martínez de Sousa, el español es la única de las «lenguas de cultura» que emplea signos dobles para abrir y cerrar estos enunciados (OOTEA: 327). La Academia confirma esta idea y nos dice que este uso es un «rasgo exclusivo de la lengua española» (OLE10: 387). Romeu, en cambio, hace esta aclaración: «En gallego se puede utilizar en frases largas y a veces se ha propuesto en catalán. También parece que se utiliza en asturiano para todos los casos» (2017: 122). De cualquier modo, la influencia del español sobre estas otras tres lenguas peninsulares queda aquí clara, desde mi punto de vista.

Antes de terminar con este capítulo, les voy a hablar de varios contextos en los que se duda a la hora de colocar en un sitio o en otro el signo de apertura de interrogación o de exclamación. En primer lugar, tenemos que si un vocativo[72] está antes de una pregunta, este quedará fuera del signo de apertura de interrogación: «Pedro, ¿vas a cenar conmigo?», pero irá dentro si se coloca al final: «¿Vas a cenar conmigo, Pedro?». Por otra parte, cuando una afirmación va seguida de lo que denominamos *apéndices confirmativos* (por ejemplo, *¿verdad?*, *¿no?*, *¿ves?*, *¿eh?*), solamente esos apéndices van entre signos de interrogación. Por eso es incorrecta esta puntuación: «¿Nos vamos ya, verdad?»; lo correcto es «Nos vamos ya, ¿verdad?» (fíjense en la coma, que es obligatoria). Tampoco van dentro de una pregunta las «expresiones de valor introductorio» (OLE10: 390), de tal modo que lo correcto es escribir esto: «En relación con tu encargo, ¿para cuándo lo quieres?» en lugar de «¿En relación con tu encargo, para cuándo lo quieres?». Lo

---

72. Ver el capítulo «Y una coma que siempre está de menos» (p. 41).

mismo cabe decir de los denominados *conectores discursivos* (*sin embargo, por otra parte, a pesar de todo, en otro orden de cosas...*). Por último, también quedan fuera de la secuencia encerrada por estos signos todas aquellas partes de una oración que no forman parte de manera clara de la interrogación o de la exclamación, como cuando un adverbio antecede a lo que se va a decir después: «Sinceramente, ¡me trae sin cuidado!», «Si deja de llover, ¿vamos a la playa?». Pero aquí ocurre lo mismo que con los vocativos: sí quedan dentro de los signos si alteramos el orden de las oraciones: «¡Me trae sin cuidado, sinceramente!», «¿Vamos a la playa si deja de llover?».

Me falta hablarles de un contexto muy específico en el que tampoco queda muy claro dónde debemos colocar los signos de apertura; se trata de aquellas oraciones en las que se aparece la conjunción *pero*. Lo veremos a continuación.

30. No hay pero que valga

Aunque la palabra *pero* es un sustantivo en el título que acaban de leer,[73] funciona casi siempre como conjunción adversativa, o sea, 'que denota oposición o contrariedad', según el diccionario de la RAE. En el capítulo anterior nos faltó explicar uno de los casos de duda más comunes en lo que tiene que ver con la colocación de los signos de apertura de interrogación y de exclamación, así que vamos a cerrar el asunto. Cuando *pero* precede a una pregunta o a una exclamación, ¿debemos incluirla dentro de esa secuencia o será mejor dejarla fuera? Echemos mano una vez más de la *Ortografía* académica para aclararlo. Según esta obra, «es igualmente correcto que [...] preceda a la secuencia interrogativa o exclamativa, o que se incluya en ella» (391). Por lo tanto, las cuatro oraciones que van a ver a continuación están bien puntuadas:

> Pero ¿por qué lo hiciste?
> ¿Pero por qué lo hiciste?

---

73. Cuando *pero* es un sustantivo, significa 'objeción', de tal modo que el título de este capítulo podría ser «No hay objeción que valga». Al emplearlo como sustantivo, no es necesario marcar este uso de ninguna manera: ni con comillas ni con cursiva. Y tiene plural: «Le estás poniendo muchos peros a mi idea».

> Pero ¡qué buena noticia!
> ¡Pero qué buena noticia!

Un error muy común cuando la palabra *pero* queda fuera de la interrogación o de la exclamación es añadir después una coma, que es incorrectísima, y no hay pero que valga para esta afirmación. No me vengan con que a veces hacen una pausa antes de comenzar la pregunta o la exclamación, porque ya nos ha quedado claro que la función de la coma no es necesariamente marcar una pausa. Ustedes no tienen por qué creerme, pero para eso recurro yo nuevamente a la *Ortografía*, que nos advierte lo siguiente: «Las conjunciones coordinantes adversativas [...] forman un grupo sintáctico con la secuencia que introducen [...], de ahí que [...] no pueda escribirse un signo de puntuación tras ellas» (327-328). Y ahí no queda la cosa; seguimos: «No escapan a esta regla las oraciones en las que *pero* va seguido de una oración interrogativa o exclamativa» (328). Por lo tanto, las siguientes oraciones están mal puntuadas:

> Pero, ¿por qué lo hiciste?
> Pero, ¡qué buena noticia!

Tampoco se escribe coma, claro está, si lo que sigue no está encerrado entre signos de exclamación o de interrogación:

> Queríamos ir a la playa, pero no encontramos las toallas.

Solamente hay una excepción para esta regla: sí irá coma después de *pero* cuando lo que sigue funciona a modo de inciso, o sea, cuando es algo que contiene una información añadida y que podría eliminarse de la oración sin que esta perdiera sentido. En estos casos, el inciso funciona como esas aclaraciones que escribimos entre paréntesis, pero lo que haremos será usar dos comas: una después de *pero* y otra cuando termina el inciso. Veámoslo con tres ejemplos:

Pero, por el amor de Dios, ¿por qué lo hiciste?
Pero, querida María, ¡qué buena noticia!
Queríamos ir a la playa, pero, por más que buscamos, no encontramos las toallas.

Una vez resuelto este asunto, que en realidad ha sido un apéndice del capítulo anterior, vayamos, por fin, con la historia de la letra *ñ*.

31. La madrina de la eñe

Buena parte de la información que aparece a partir del segundo párrafo de este capítulo ha salido de la mente extraordinaria de una lingüista española que posee uno de los cerebros más sobresalientes del planeta Tierra. No exagero. Se llama Lola Pons y es historiadora de la lengua, y también una de las personas que mejor conocen todos los secretos sobre el origen de la letra ñ, a la que aquí llamaremos con su nombre entero: *eñe*. En la parte de este libro que dedico a los que llamo *guardianes de la lengua* podrán leer algo más de esta investigadora; ahora, lo único que haré será resumir todo lo que he leído y visto, de boca de Lola Pons, sobre tan españolísima letra, que es, como dijimos en páginas anteriores, una de las marcas de la casa de nuestro idioma, junto con los signos de apertura de interrogación y de exclamación.

Lo más fascinante de Lola Pons no es solo todo lo que sabe, sino cómo lo comparte con los demás. Lo hace a través de artículos, libros y programas de radio y televisión, en los que nos cuenta historias fascinantes sobre el pasado de nuestro idioma. Yo creo que esa labor divulgativa la ha hecho merecedora de ser nombrada madrina de la letra eñe, pues la conoce como nadie y la defiende a capa y espada. Lo primero que nos cuenta Pons es que esa letra existe porque alguien, un buen día, necesitó representar en la escritura un sonido que no se usaba en latín y que empezó a introducirse en idiomas como el español, el catalán, el portugués y el francés. En esos otros idiomas se fueron por el camino fácil y crearon un dígrafo, o sea, un grupo de dos letras, para señalar, en los textos, que al verlo teníamos que pronunciar un fonema nasal palatal que se acababa de incorporar a los sistemas fonológicos de esas lenguas. Así, en catalán se usa el grupo *ny*; en portugués, *nh*; y en francés, *gn*. Pero en España no: en la cuna del español alguien decidió que ese nuevo sonido se merecía una letra propia.

Ya les expliqué, en el capítulo «Un ovni, un módem y una sociedad anónima» (p. 95), que la abreviación es un recurso que ha sido empleado desde antiguo. Pues bien, resulta que la letra eñe es el resultado de una abreviación. Nos dice Lola que en el pasado fue común acortar la escritura de infinidad de maneras, incluido un método que consistía en añadirle una rayita horizontal a una vocal si después venía una *n*; de este modo, la palabra *ante* se podía escribir así: *āte*.[74] Y aquí es donde entra en juego el nacimiento de ese nuevo sonido que no existía en latín, pues el fonema /ñ/ que empezaron a usar esos primeros hispanohablantes tenía su origen en diferentes transformaciones, pero una de las más importantes era la del doble sonido /n/ que se pronunciaba en latín en palabras como *pannus*.

¿Qué ocurrió? El cambio fue doble: por un lado, las personas pasaron de usar ese doble fonema /n/ a pronunciar el nuevo sonido; y, por otra, decidieron abreviar la escritura de esa doble *n* usando solo una, a la que se le añadió una rayita encima (aunque la *n* no es una vocal). «Fue una especie de acuerdo tácito derivado del uso: no todas, pero sí muchas de las palabras que se escribían y pronunciaban con nn en latín dieron el nuevo sonido para el que se buscaba representación (*canna* >

---

74. «La aventura del saber», TVE, vídeo de YouTube, https://www.you tube.com/watch?v=GGl9hxzhIQk.

caña). Y como una doble n se podía abreviar con n y una línea encima... Ahí tenemos el origen de la ñ», explica Lola Pons en uno de sus artículos.[75] En el siglo XIII ya era común el uso de la nueva letra, cuya rayita se estilizó hasta obtener la forma que tiene en la actualidad y recibió el nombre de *virgulilla*.

Y esta es la historia de un grafema que, según Lola Pons, «en España se tiene como una letra simbólica, casi emblemática [...]. En un país como España, cuyo himno no tiene letra, se abraza a la eñe como un símbolo patriótico».[76] Evidentemente, no somos los españoles los únicos que amamos esta presumida letra repeinada: también lo hacen todos nuestros hermanos hispanoamericanos; pero ¿es exclusiva la eñe del idioma español? No: según la *Ortografía* académica, el gallego y el vasco nos la pidieron prestada (67), y Pons añade el aimara, el filipino, el guaraní y el mapuche a esa lista de lenguas que también la han adoptado.

Ustedes acaban de leer una crónica del nacimiento de la letra eñe contada por Lola Pons y transcrita por un servidor. Si les ha picado la curiosidad y ahora desean saber más sobre el español, sobre su infancia y su adolescencia, busquen en internet a la madrina de la eñe; no los defraudará.

75. «Desde el latín hasta Fañch: breve historia de la letra eñe», *Verne*. Ver bibliografía.

76. «La aventura del saber», TVE, vídeo de YouTube, https://www.you tube.com/watch?v=GGl9hxzhIQk.

32. El apóstrofo se usa mucho, pero mal

Me hace mucha gracia leer, en libros de ortografía y también en las redes sociales, que el apóstrofo casi no se emplea en nuestro idioma. Uno de esos libros es ni más ni menos que la *Ortografía* de la Real Academia Española, que señala que se trata de un signo «que apenas se usa en el español actual» (433). ¿Quién puede ser capaz de afirmar tal cosa? Por supuesto que se usa, lo que ocurre es que casi siempre se hace mal. Lo adecuado sería decir que el apóstrofo solo debe usarse en un contexto y que es incorrecto en todos los demás. De uno y de otros les voy a hablar a continuación.

Lo primero que vamos a hacer es ver en qué casos sí es apropiado emplear este signo ortográfico auxiliar, que tiene forma de coma y va colocado en una posición elevada respecto al resto de las letras. Su función es «reflejar en la escritura la supresión de sonidos que se produce en la pronunciación de palabras sucesivas en la lengua oral» (OLE10: 433). Eso significa que usaremos este signo en oraciones como esta: «Me voy p'arriba», en la que las palabras *para* y *arriba* se han fundido en un abrazo y por el camino han perdido algunos de sus fonemas.

Y aquí nos asalta la primera duda: ¿debí haber escrito *p'arriba* o *pa'rriba*? Según el lingüista Juan Romeu, la mejor solución es la primera, pues «cuando las dos vocales [que se pierden] son iguales se prefiere considerar que la que se ha perdido es la final de la primera palabra» (2017: 166). Es importante tener en cuenta que no se usa el apóstrofo cuando solo una de las palabras pierde algún sonido, ya sea por apócope o por aféresis,[77] de tal modo que escribiremos «Me voy pa mi casa», no «Me voy pa'mi casa», o «Carlos ta enfadado», no «Carlos'ta enfadado». Por cierto, tampoco usaremos apóstrofo en caso de síncopa, o sea, de pérdida de un sonido dentro de una palabra; por lo tanto, escribiremos «Estoy enfadao», no «Estoy enfada'o».

Y aquí terminan los usos correctos del apóstrofo.[78] Ahora vamos con los incorrectos, y empezaremos por uno de los más habituales, que es marcar los plurales de las siglas, lo que nos lleva a escribir «las ONG's», por ejemplo. Como ya hemos dicho en este libro, las siglas no tienen plural en la escritura, así que tanto el apóstrofo como la *s* están de más. También es incorrecto indicar la separación entre números enteros y decimales con un apóstrofo («Me costó 9'20 euros»); lo adecuado es emplear la coma o el punto. Dice la RAE que en los países hispanohablantes el uso de coma y de punto «se distribuye geográficamente casi a partes iguales», por lo que recomienda que vayamos hacia la unificación y nos quedemos con el punto (OLEIO: 666). Yo pienso seguir usando la coma, por supuesto («Me costó 9,20 euros»).

Otro uso tremendamente habitual, y también incorrecto, es marcar con un apóstrofo la eliminación de las dos primeras cifras de un año: «Por culpa de la pandemia, las Olimpiadas de Tokio '20 se celebraron en 2021». Lo correcto es «Por culpa de la pandemia, las Olimpiadas de Tokio 20 se celebraron

---

77. Ver el capítulo «Abreviaturas, abreviamientos y símbolos» (p. 100).
78. Por supuesto, también usaremos el apóstrofo en la escritura de aquellas palabras de otros idiomas que lo llevan: *D'Artagnan, o'clock*.

en 2021».[79] Esto también es aplicable a las décadas, que algunos representan así: «La Movida madrileña tuvo lugar en los 80's». De hecho, la Academia recomienda que los nombres de las décadas los escribamos con letras —y siempre en singular—, y yo estoy totalmente de acuerdo: «La Movida madrileña tuvo lugar en los ochenta».

Para terminar, debemos saber que tampoco se separan con un apóstrofo las horas de los minutos cuando escribimos esta información con números. La *Ortografía* académica dice que la norma ISO 8601[80] ordena emplear aquí los dos puntos: «La reunión empieza a las 18:30», aunque «en el uso común, fuera de textos técnicos, es también válido el empleo de punto» (690): «La reunión empieza a las 18.30». José Martínez de Sousa, que conoce esta norma internacional, cree que «parece lo más oportuno reservar esta escritura para los relojes digitales, tanto de pulsera como públicos, y en los textos, sean impresos, manuscritos o mecanografiados, seguir puntuando las horas con un punto» (OOTEA: 278). ¡Oh, maestro Sousa, siempre atento al más mínimo detalle!

Perdonen que termine el capítulo con esa frase tan apasionada, pero no quería quedarme con las ganas de explicarles qué es un apóstrofe, que no guarda ninguna relación con un apóstrofo. La oración entre signos de exclamación que acaban de leer es eso, un apóstrofe. Se trata de una figura retórica por la que «el hablante se dirige con vehemencia a un ser ausente o presente, animado o inanimado, por medio de una invocación, una exclamación o una pregunta» (Platas Tasende, 2011: 47). No confundan, pues, un signo ortográfico con una llamada exaltada, aunque la única diferencia entre uno y otra la marque una vocal.

79. Ver el capítulo «Un olímpico y errado tirón de orejas» (p. 223).
80. La ISO, de la que ya he hablado en el capítulo «Abreviaturas, abreviamientos y símbolos» (p. 100), es la Organización Internacional para la Estandarización.

Tropezaderos lingüísticos

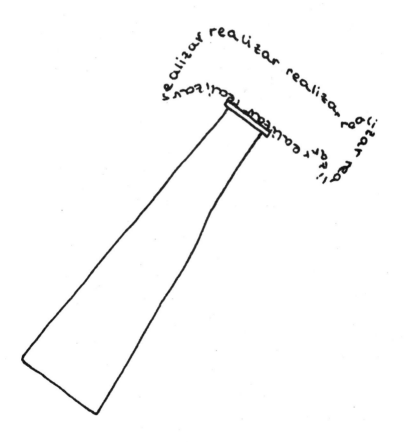

33. Guía breve para confundidores de *ambos* y *sendos*

Antes de ir al grano, permítanme explicarles por qué esta parte del libro se llama «Tropezaderos lingüísticos». Si vamos al diccionario de la Real Academia Española, veremos que *tropezadero* es un sustantivo que significa 'lugar donde hay peligro de tropezar', de tal modo que de lo que vamos a hablar en las páginas que siguen es de los múltiples baches, ramas y piedras que nos van saliendo al paso en el vasto sendero por el que transitamos a diario cuando hacemos uso de la lengua española. Empecemos.

Hay palabras que suenan tan bien que más de uno suele estar tentado de usarlas a la menor oportunidad, sin pararse a pensar si lo está haciendo bien o no. Me temo que una de ella es *sendos*, un adjetivo de lo más sonoro y que parece dar un brillo especial a la oración en la que lo metemos; pero lo cierto es que en algunas ocasiones lo único que hace es estropearla por completo. Esto ocurre cuando el temerario lingüístico usa *sendos* en un sitio en el que debió emplear *ambos*. ¿Cuándo se debe usar uno y cuándo el otro? Lo veremos a continuación.

Lo primero que hay que decir es que los dos adjetivos funcionan siempre en plural, de tal modo que sería incorrecto decir *sendo* y *ambo*, aunque dudo que alguien lo haya hecho alguna vez, pues siempre que empleamos estos adjetivos

—incluso aunque los usemos mal— lo hacemos en un contexto en el que aparecen varias personas o cosas. Voy a ponerles un ejemplo de un mal uso de *sendos* para ir entrando en materia: «Pedro y Juan son hijos de María, y sendos hermanos están enfadados». En esta oración debió decirse *ambos*, no *sendos*, pues lo que se quiso decir es que *los dos* hermanos están enfadados, y precisamente eso es lo que significa *ambos*: 'Los dos'. Tiene variación de género, por lo que, si las personas o cosas citadas son de género femenino, usaremos *ambas*: «Ambas obras, el *Quijote* y las *Novelas ejemplares*, son de Cervantes». Además, puede funcionar como pronombre: «Pedro y Juan son hijos de María, y ambos están enfadados».

Aunque es habitual oír la expresión *ambos dos*, debemos tener en cuenta que se trata de una redundancia, pues si *ambos* significa 'los dos', *ambos dos* significa 'los dos dos'. Sobre esta locución, el *Diccionario panhispánico de dudas* señala que también se usa la forma *ambos a dos*, y de ellas dice lo siguiente: «Por su carácter redundante, está en retroceso en el habla culta y se desaconseja su empleo» (44). Por su parte, el gramático Manuel Seco consideraba incorrecta *ambos dos*, pero aclaraba que no lo es *ambos a dos*, aunque esta es «puramente literaria» (DDD: 41).

Y ahora vamos con *sendos*: el diccionario académico nos dice que este adjetivo significa 'uno cada uno o uno para cada uno de dos o más personas o cosas'. Dicho de otro modo, tiene carácter distributivo, de tal modo que cuando lo veamos en una oración, obligatoriamente habrá varias personas o cosas a las que les corresponde un número idéntico de personas o cosas. Por ejemplo, sería correcto decir «Pedro y Juan llegaron en sendos coches»: tenemos dos coches que se distribuyen entre dos personas.

Además, y para que podamos comprobar una vez más que *sendos* y *ambos* no tienen nada que ver, resulta que las personas o cosas a las que afecta la distribución que viene señalada por *sendos* no tienen por qué ser dos, que es el número que le da sentido a la palabra *ambos*; pueden ser tres, cuatro, veinte mil o las que queramos: «Los trescientos empleados despedidos de la fábrica recibirán sendas indemnizaciones». Como acabamos de ver, también *sendos* tiene variación de género.

Espero que con esta breve guía haya quedado resuelto el problema de confundir *ambos* con *sendos*, dos adjetivos que, por cierto, apenas se usan en la lengua oral, en la que *ambos* se sustituye por *los dos*: «Pedro y Juan son hijos de María, y los dos están enfadados» y *sendos* se diluye para ser reemplazado por otras formas o por ninguna: «Pedro, Juan y Pepa llegaron en tres coches», «Los trescientos empleados despedidos de la fábrica recibirán indemnizaciones».

34. Eres quesuista, aunque no lo sepas

Ustedes no se me vayan a enfadar,[81] pero les puedo asegurar que una inmensa mayoría de quienes leen este libro son quesuistas; de hecho, yo también lo soy, pero solamente cuando hablo, nunca cuando escribo. Antes de que empiecen a ponerse nerviosos, les cuento que el quesuismo es un fenómeno gramatical por el cual, en lugar de usar el sublime adjetivo relativo posesivo *cuyo*, empleamos una fórmula en la que aparecen las palabras *que* y *su*. Al igual que ocurre con *ambos* y *sendos*, *cuyo* es una palabra de lo más refinada, de tal manera que, aunque la solamos encontrar en textos escritos (también existen textos orales, que conste),[82] rara vez se la oiremos a alguien, a no ser que esté leyendo uno de esos textos.

Esta etérea evanescencia de *cuyo* en la oralidad es la que hace que en una conversación usemos oraciones como «Mi hijo, que su profesora está enferma, no tuvo clases hoy» en lugar de «Mi hijo, cuya profesora está enferma, no tuvo clases hoy». El gramático Manuel Seco era más exigente que otros

81. En la parte dedicada a la gramática veremos a qué viene ese pronombre *me* en la oración. El capítulo en el que lo hago se titula precisamente «No se me vayan a enfadar» (p. 281).
82. Un texto es un 'enunciado o conjunto coherente de enunciados orales o escritos', según el diccionario académico.

guardianes de la lengua y afirmaba que esta construcción «no se admite» en la lengua escrita, pero tampoco «en la lengua oral cuidada» (DDD: 143). En cambio, la lingüista Lola Pons sostiene que *cuyo* «nació agonizando [...], porque desde los propios orígenes del castellano tuvo un competidor muy preparado, que lo rebasaba constantemente: la combinación de *que* con *su*», una fórmula que «ha sido siempre más usada que el propio *cuyo*: muchas obras medievales no emplean jamás *cuyo* y sí *que* con *su*. Por ejemplo, en el propio *Poema de mio Cid* se dice "Maravilla es del Cid, que su honra crece tanto" y no "cuya honra"». Pese a ello, Pons concluye que «donde habita el olvido de las palabras, de momento, no está *cuyo*, aunque lleve siglos como farolillo rojo de la competición lingüística».[83]

Lamentablemente, la ausencia de este querido adjetivo es algo que, al parecer, también está llegando a la escritura. Según José Martínez de Sousa, «la desaparición del *cuyo* en la redacción del español es lenta pero incesante» (DUDEA: 236). Por cierto, Sousa pone un ejemplo en el que podemos ver que las palabras *que* y *su* no tienen por qué aparecer seguidas cuando le quitan su lugar a *cuyo*; es este: «Alfonso XIII, del **que** el próximo año se cumple un siglo de **su** llegada al trono...», para el que el maestro gallego propone esta redacción: «Alfonso XIII, de cuya llegada al trono se cumple un siglo el próximo año...» (ibídem). Como ven, Sousa no solo emplea *cuyo*, sino que altera un poco el orden de la oración para ayudar al adjetivo a encajar bien en ella.

Otras veces ocurre que sí le hacemos sitio a este adjetivo, pero lo hacemos mal. Se trata de los casos en los que lo usamos sin valor posesivo. Volvemos a Seco, que nos explica que «es impropio el empleo de *cuyo* como puro relativo, sin sentido

83. «"Cuyo", el pronombre que lleva siglos resistiéndose a morir», *Verne*. Ver bibliografía.

posesivo», y nos pone este ejemplo: «Hay que asumir la defensa de la sociedad, cuya defensa ha de ser firme». En este caso, concluye el gramático, debió decirse «Hay que asumir la defensa de la sociedad, defensa que ha de ser firme» (DDD: 143). Yo les pongo otro ejemplo, de mi cosecha, para que vean una oración rocambolesca fruto de este mal uso: si yo digo «Me encontré con Juan y con su padre, cuyo padre estaba muy enfadado», lo que en realidad quería decir es esto otro: «Me encontré con Juan y con su padre, que estaba muy enfadado», pero, al usar *cuyo*, lo que dije —sin querer decirlo— es que era el abuelo de Juan quien estaba enfadado.

Termino con una curiosidad: ¿sabían ustedes que *cuyo* también puede ser interrogativo? Sí que puede, y en esos casos lleva tilde —*cúyo*— y significa 'de quién': «¿Y tú cúyo eres?». En realidad, habría que decir que *podía* ser interrogativo, pues este uso prácticamente ha desaparecido, según nos aclaran Pons, Seco y Sousa. Uno de los últimos lugares que habitó este sorprendente interrogativo son las islas Canarias, donde un conocido mío llegó a escucharlo de boca de algún anciano.

35. Y a lo mejor también eres queísta

Que todos, en mayor o menor medida, somos quesuistas es algo que ya ha quedado claro en el capítulo anterior, y no debemos preocuparnos por ello, ya que, como dije, *cuyo* es un adjetivo al que no le gusta presentarse a menudo en la lengua hablada. No pasa nada. Asunto diferente es el del queísmo, que es un error de tomo y lomo, ya sea en la oralidad o en la escritura, y aquí no hay perdón que valga: aquel que caiga en este mal uso de la lengua debe ser reprendido; cariñosamente, eso sí, que hoy todo el mundo se ofende por nada.

Unos capítulos más adelante veremos lo importantes que son las preposiciones para la construcción de oraciones que tengan sentido, pero ahora nos vamos a detener simplemente en el error de eliminar una de ellas, por lo general *de*, antes de la conjunción *que*. Según el diccionario académico, el queísmo consiste en el «uso, normativamente censurado, de la conjunción *que*, en lugar de la secuencia *de que*, como expresión introductora de ciertos complementos oracionales». Esta definición no es acertada, pues aquí la RAE se olvida de que no siempre eliminamos la preposición *de* antes de *que*: otras veces la que suprimimos es *en*. El mismo error comete el diccionario *Clave*, pues lo define de manera similar: «En gramática, ausencia de la preposición *de* en la construcción de verbos que la requieren».

Para evitar el queísmo, debemos desterrar de nuestro discurso oraciones como «¿Te das cuenta que lo estás haciendo mal?», «No te olvides que nos vamos a las ocho», «Insístele que venga» y «No te has fijado que dejaste la puerta abierta», pues lo que hay que decir es «¿Te das cuenta **de** que lo estás haciendo mal?», «No te olvides **de** que nos vamos a las ocho», «Insístele **en** que venga» y «No te has fijado **en** que dejaste la puerta abierta».[84]

Es posible que cuando la preposición que se esfuma es *de* (que son casi todos los casos de queísmo; los que afectan a *en* son menos) nos encontremos ante un fenómeno que se denomina *ultracorrección*. Este mal consiste en cometer un error por pasarnos de la raya en nuestro afán de usar bien la lengua. Por ejemplo, las personas que dicen *bacalado* en lugar de *bacalao* lo hacen porque han oído a otras censurar los participios *acabao*, *comprao* y otros. «Si no se dice *acabao*, sino *acabado*, se dirá *bacalado*, no *bacalao*», piensan los ultracorrectos. En el caso del queísmo, lo que hacen es atender, pero mal, a la recomendación de evitar el dequeísmo, que consiste en usar una *de* antes de *que* cuando no tiene que hacerse, como en «Le dije **de** que viniera» y «Creo **de** que te estás equivocando».

El *Diccionario panhispánico de dudas* nos da una lista de casos en los que debemos emplear obligatoriamente una preposición antes de la conjunción *que*: lo haremos con verbos que se construyen con un complemento de régimen (*arrepentirse de* algo, *insistir en* algo); con sustantivos y adjetivos que llevan complementos preposicionales (*en el supuesto de*

---

84. Aunque el verbo *fijar* como pronominal (*fijarse*) con el significado de 'atender, reparar, notar' debe ir seguido de la preposición *en* («Me fijé en sus ojos cuando no me miraba»), hay un caso en el que la preposición se elimina sin que estemos cometiendo queísmo: se trata del uso de este verbo en modo imperativo y con función de interjección «para llamar la atención del interlocutor o ponderar lo que se expone a continuación» (DPD: 295): «Fíjate que ni me había dado cuenta», «Fíjense qué bonita es la puesta de sol».

que, estar seguro de que); en las locuciones *a pesar de que, a fin de que, a condición de que, en caso de que* y otras; en las locuciones verbales *caber duda, haber duda, caer en la cuenta* y *darse cuenta de* algo que va introducido por la conjunción *que* («Date cuenta de que vas por el camino equivocado»); y en la construcción *hasta el punto de que* (DPD: 548, 549).

Sobre la construcción *hasta el punto de que*, hay que decir que el gramático Manuel Seco, que era miembro de la RAE —institución coautora del *Panhispánico*—, no era partidario de condenar la forma *hasta el punto que*. En su *Diccionario fraseológico documentado del español actual*, Seco y sus dos colaboradores, Olimpia Andrés y Gabino Ramos, le dan entrada a esta expresión (845). Al hacerlo, no nos dicen que pertenezca a un registro «semiculto», que es lo que hacen los autores de ese diccionario cuando nos quieren aclarar que un uso es «rechazado como incorrecto o impropio por las personas cultas, pero [...] goza de cierta difusión en la lengua escrita» (XXXII). En otras palabras, para Seco y compañía, decir *hasta el punto que* no constituye un queísmo y no hay nada que censurar en él. Una vez más, comprobamos que, en lo que al cuidado de la lengua atañe, no hay un punto de vista único ni una ley inmutable, y eso es algo de lo que todos nos debemos alegrar.

36. La libido me deja lívido

Algunos errores en el habla y la escritura son tan comunes que todo diccionario de dudas y manual de estilo que se precie les concede el honor de incluirlos en sus páginas. Es el caso del mal uso del sustantivo *libido*, palabra llana que algunos escriben como esdrújula (*líbido*) e incluso le cambian la letra *b* por la *v* (*lívido*), aunque este error no se aprecia en el habla, pues ambas letras representan el mismo sonido.

Todas las fuentes que tratan este asunto coinciden en el diagnóstico: quienes dicen y escriben *líbido* para hablar del deseo sexual lo hacen influidos por su parecido con el adjetivo *lívido*, que significa 'amoratado'. Lo cierto es que, más allá de su evidente semejanza gráfica y sonora, la única relación que yo encuentro entre ambas palabras es que la libido puede tener como consecuencia, en casos extremos, un amoratamiento general de los apasionados cuerpos que han caído en sus dulces redes.

El desplazamiento de la sílaba tónica en esta palabra es lo que José Martínez de Sousa denomina «barbarismo acentual» (DUDEA: 419). ¿Qué es un barbarismo acentual? Ya lo vimos unos capítulos más atrás,[85] pero les refresco la memoria: el pro-

85. Ver el capítulo «Barbarismo acentual enfático» (p. 80).

pio Sousa señala en su *Ortografía y ortotipografía del español actual* que los barbarismos son «varios fenómenos incorrectos del lenguaje», entre los que se encuentra el «pronunciar mal las palabras» (43). Otros barbarismos acentuales citados por el maestro son *périto* por *perito*, *cónsola* por *consola* y *nóvel* por *novel*.

Sigamos. Como decía antes, la palabra *libido* es un sustantivo y es llana —por eso no lleva tilde—, pero nos falta añadir que es femenina, de tal manera que no debemos decir «el libido». Esta condición gramatical es otro de los rasgos que diferencia a *libido* de *lívido*, pues el adjetivo sí tiene variación de género, de tal modo que podemos decir que un hombre está lívido y que una mujer está lívida. Y, al decirlo, lo que estamos haciendo es indicar que esas personas están amoratadas, pero también podríamos estar diciendo que están intensamente pálidas, ya que ese es otro de los significados de este adjetivo.

La conclusión es que, independientemente de la concentración de estrógenos y de testosterona que haya en nuestra sangre, debemos escribir correctamente la palabra *libido*. Si la cantidad de ambas hormonas es tan elevada que nos lleva a terminar sobre la cama amoratados o intensamente pálidos, ese es otro cantar.

37. Tal vez, quizás (talvez, quizá)

Tal vez (o talvez) se han preguntado ustedes en alguna ocasión qué diferencia hay entre *quizás* y *quizá*, aparte de que una tiene una *s* de la que la otra carece. La respuesta es que no hay ninguna diferencia, pese a que circula por ahí una recomendación de lo más absurda sobre un uso u otro, de la que hablaremos a continuación. Tampoco existe diferencia alguna —salvo un espacio— entre *tal vez* y *talvez*, aunque esta última, si bien es normal en América, no lo es tanto en España. Para completar esta introducción de semejanzas, también podemos decir que no hay ninguna diferencia en cuanto al significado de *quizá* y de *tal vez* (y sus variantes gráficas): en ambos casos estamos ante adverbios que denotan duda, probabilidad, supuesto, incertidumbre...

Empecemos por *quizá/quizás*. Las redes sociales han propagado en los últimos años una aberrante recomendación sobre el uso de estas dos grafías. Tal recomendación, que en realidad es muy anterior al nacimiento de internet, viene a decir que usaremos *quizá* cuando lo que sigue comienza con un sonido consonántico, y nos quedaremos con *quizás* cuando lo que viene después es un sonido vocálico. Como les ocurre a los chistes, este disparate es de autor desconocido y se ha extendido a gran velocidad, aunque espero que no con mucho éxito.

La única verdad sobre este adverbio es que una forma y otra se pueden usar indistintamente en cualquier contexto ortográfico, sin tener en cuenta qué sonido viene después. Eso sí, los lingüistas coinciden en que la más común es *quizá*, y esa es la que yo empleo en mis textos.

Veamos ahora qué pasa con *tal vez* / *talvez*.[86] La primera de las grafías, la que está formada por dos palabras, no es en sentido estricto un adverbio, sino una locución, o sea, un grupo de varias palabras «que funcionan como una sola pieza léxica con un sentido unitario y cierto grado de fijación formal», según el diccionario académico; pero significa exactamente lo mismo que *talvez*. Ambas formas se pueden usar indistintamente en cualquier contexto, pues en ningún caso cambia el contenido de nuestro mensaje. Lo que ocurre es que, mientras la forma *tal vez* es la más usada en España, en América es bastante común escribirla en una sola palabra, de tal modo que pasa de ser una locución adverbial a ser un adverbio.

Yo reconozco que estoy muy acostumbrado a escribir *tal vez*, pero creo que el invento americano —como casi todo lo que hacen los hispanohablantes al otro lado del Atlántico— es interesante y no hay nada que censurar en él, pues no hace otra cosa que seguir el mismo camino que el de otras expresiones pluriverbales (o sea, formadas por varias palabras) que han terminado por fundirse en un abrazo, tales como *arcoíris*, *medioambiente*, *comoquiera*, *sintecho* o *simpapeles*.[87]

La RAE le da su visto bueno a esta grafía soldada, pero en su

---

86. Aquí he dejado un espacio antes y después de la barra, cosa que no he hecho con *quizá/quizás*. Esto se debe a que en este segundo caso lo que contrapongo no son dos palabras, sino una palabra y un grupo formado por dos palabras. Si no dejara ese espacio, se podría interpretar que la relación que indica la barra se da solamente entre *vez* y *talvez*, no entre *tal vez* y *talvez*.

87. Las dos últimas palabras citadas no aparecen aún en el diccionario de la Academia, pero sí en el *Clave*. La voz *sintecho* también la registra el *María Moliner* (2731).

diccionario especifica que, escrito de esa manera, es forma americana, no europea. Y, como era de esperar, José Martínez de Sousa tiene algo que decir al respecto. Según el lexicógrafo, esa advertencia en el diccionario, según la cual la escritura *talvez* es solo propia de nuestros hermanos trasatlánticos, está de más, «pues si un latinoamericano puede escribir *talvez*, ¿acaso no podría hacerlo también un español? Cuestión distinta es que, permitiendo la Academia ambas grafías, uno se incline o no por la forma *talvez*» (DUDEA: 610). Por comentarios como este, por su precisión milimétrica y su extraordinaria capacidad de observación y de análisis, es por lo que me postro día tras día a los pies de Pepe Sousa, y espero que ustedes, con la lectura de este libro, lleguen a venerarlo tanto como yo.

38. Dolorosa infracción

La lengua española es hermosa, pero también complicada, y a veces nos tiende trampas, como si fuera manejada por un duendecillo malvado o por un genio —el genio de la lengua, del que hablaremos más adelante—, para dejarnos en mal lugar en el momento menos pensado. Uno de sus trucos más habituales es la creación de palabras que suenan tan pero tan parecidas entre sí que a veces no sabemos cuándo usar una y cuándo la otra. Estamos hablando de los *parónimos*, o sea, de vocablos que son extremadamente semejantes, ya sea por su origen, por cómo suenan o por cómo se escriben.

En el podio de los parónimos tenemos la pareja formada por los verbos *infringir* e *infligir*, que, aunque son casi idénticos, no tienen nada que ver en cuanto a su significado. Del error de usar el que no toca no se salva nadie, ni políticos ni periodistas ni cualquier hijo de vecino.

La diferencia entre *infringir* e *infligir* es que el primero de estos verbos significa 'quebrantar una ley, una prohibición', mientras que el segundo significa 'causar un daño o imponer un castigo'. Veamos esta oración: «El Barcelona le infringe una paliza al Liverpool». Lo que les quiero transmitir es que el Barcelona le causó un daño al Liverpool en forma de paliza, o sea, metiéndole una goleada de mucho cuidado; sin embargo, al usar el verbo *infringir*, lo que realmente estoy diciendo —por buscarle algún sentido a ese disparate— es que una paliza es una norma y que el Barcelona la incumplió... Lo que debí haber dicho fue esto: «El Barcelona le inflige una paliza al Liverpool».

Además de confundir estos dos verbos, algunos van más allá y se inventan otros dos, que son una rara combinación de los originales: *inflingir* e *infrigir*, que no significan nada y que siempre están de más. Este error, que no es nada nuevo, ya fue detectado por Manuel Seco, quien, en su *Diccionario de dudas y dificultades de la lengua española*, nos contó que «aparte del uso de un verbo por otro [*infringir* por *infligir*], no raro en los medios informativos, se presentan ocasionalmente formas híbridas, como *inflingir*, *infrigir*, utilizadas para cualquiera de los dos sentidos» (259).

Ya lo saben ustedes: si no quieren infligirle un doloroso daño a nuestro idioma, no infrinjan sus normas y, sobre todo, no se dejen llevar por ese duendecillo que trata siempre de dejarnos en mal lugar. Para evitar sus travesuras, tenemos una herramienta de extraordinario valor: los diccionarios. Úsenlos y siéntanse bien cada vez que lo hagan, pues para eso están.

39. *Prever* es *ver* con un prefijo

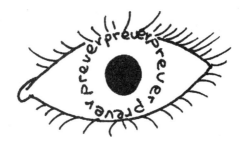

Hablaremos en este capítulo de otro célebre tropezadero lingüístico, uno en el que caemos cada dos por tres: consiste en inventarnos una versión ampliada del verbo *prever* añadiéndole una *e* para dar lugar a *preveer*, que ni está en los diccionarios ni se le espera.[88]

Por cierto, eso de que «ni está ni se le espera» es tal vez la frase más famosa de todas las pronunciadas el 23 de febrero de 1981, ese día en el que España sufrió un golpe de Estado que ha pasado a la historia con el nombre de 23-F.[89] La dijo Sabino

---

88. Sobre la secuencia *se le espera*, ver el capítulo «Lo cortés no quita lo leísta» (p. 249).

89. Habrán visto que no he escrito «intento de golpe de Estado», como se hace siempre a la hora de hablar del 23-F, pues lo que ocurrió ese día no fue otra cosa que un golpe de Estado, no un intento; asunto diferente es que

Fernández Campo, mano derecha del rey Juan Carlos de Borbón, en circunstancias que ahora no vienen al caso; y lo hizo en el Palacio de la Zarzuela, el mismo en el que, treinta y nueve años después, el hijo de Juan Carlos I, ya coronado como Felipe VI, se dirigió a la nación en medio de la pandemia de la covid para hablar, según sus propias palabras, de «las medidas adoptadas tras la declaración del estado de alarma que nuestro sistema democrático prevee en la Constitución».

Ya lo ven ustedes: eso de decir *preveer* en lugar de *prever* no tiene nada que ver con el color de la sangre que circula por nuestras venas, y la palabra se cuela lo mismo en una conversación de taberna que en el solemne discurso de un rey. Estamos ante otra jugarreta de ese genio de la lengua que ya nombré en el capítulo anterior y del que nos ocuparemos en el próximo capítulo.

Al usar este verbo tan estrambótico, quienes lo emplean lo conjugan como *leer*, de tal modo que dicen *preveído*, *preveyeron* y *preveyendo*, del mismo modo que decimos *leído*, *leyeron* y *leyendo*. Es tan normal usar esa forma con la e duplicada que no hay diccionario de dudas ni manual de estilo que no se detenga a advertirnos sobre este error, que Manuel Seco calificó en su día de «vulgarismo frecuente» (DDD: 360).

Algunas de esas obras consideran que el error proviene de relacionar este verbo con *proveer*; sin embargo, José Martínez de Sousa cree que en el pasado sí pudo ser normal el uso del verbo *preveer*, y lo explica de este modo: «Si el latín *vĭdēre* dio primero *veer*, que evolucionó posteriormente a *ver*, no es arriesgado suponer que en tiempos pasados existió la forma *preveer*, que hoy es *prever*», aunque después aclara que «eso

---

saliera mal. Si no me creen, miren cómo define el diccionario académico esta expresión: «Actuación violenta y rápida, generalmente por fuerzas militares o rebeldes, por la que un grupo determinado se apodera o *intenta apoderarse* de los resortes del gobierno de un Estado, desplazando a las autoridades existentes» (la cursiva es mía).

no quiere decir que *preveer* sea actualmente forma correcta» (DUDEA: 528). Por cierto, el diccionario de la Real Academia Española y el *María Moliner* (3009) siguen recogiendo el verbo *veer* con el significado de 'ver', aunque ambos nos advierten que se trata de una antigualla.

La forma más fácil de recordar cómo debemos usar este verbo la tenemos en el título del capítulo: el verbo que nos ocupa no es otra cosa que *ver* con el añadido del prefijo *pre-*, de tal manera que lo único que tenemos que hacer es pegarle ese trocito por la izquierda y conjugarlo igual que su padre; de este modo, *ver* nos da *prever*, *visto* nos da *previsto*, *viendo* nos da *previendo* y *verás* nos da *preverás*. Eso sí, tengamos en cuenta que algunas formas del verbo *ver* son monosílabas —y, por tanto, no llevan tilde—, pero no lo serán aquellas a las que se les añada el prefijo, y algunas de estas tendrán que llevar acento gráfico. Por ejemplo, de *vio* obtenemos *previó* y *ves* nos da *prevés*. Sencillo, ¿verdad?

40. Un plural muy singular

Qué maravillosas eran las Navidades cuando uno era pequeño... Mi abuelo paterno, raíz y tronco de una familia que él mismo levantó con más voluntad que medios, tenía veintitantos nietos y, ya desde noviembre, nos advertía que Jerú nos estaba vigilando y que debíamos portarnos bien porque este ser, que era un paje de los Reyes Magos,[90] podía estar escondido en cualquier parte, ya que adquiría forma de animales como moscas o lagartos, de tal manera que, si nos veía haciendo trastadas y peleándonos, se lo contaría a los Reyes y nos quedaríamos sin regalos. Con esta artimaña el abuelo conseguía que, al menos durante dos meses, sus nietos fueran mansos y obedientes. Algo es algo.

Dejando a un lado la historia de Jerú, lo más apasionante de

90. A mí me caen mucho mejor los Reyes Magos que los reyes de carne y hueso, pero esa no es la razón por la que he escrito el nombre *Reyes Magos* con mayúscula inicial. Lo he hecho porque «algunos personajes reciben un nombre especial que se les aplica por antonomasia», de tal modo que un nombre común se convierte en propio, como «el Redentor», que es un nombre que los cristianos le dan a Jesucristo; «los Reyes Católicos», que es el nombre de los reyes que le financiaron a Colón su viaje a Japón por el poniente; o «los Reyes Magos», que es como llamamos a esos tres reyes que me siguen causando insomnio el 5 de enero por la noche (Martínez de Sousa, 2010: 43).

aquellas fiestas era la espera por la mañana del día 6 de enero y, antes de eso, la famosa pregunta «¿Qué le pides a los Reyes?», una auténtica promesa de regalos que había que reclamar a través de una carta que nunca supe a dónde iba a parar. De esa época —y concretamente de esa pregunta— viene también uno de los primeros regalos que me hizo la lengua española, un regalo que en realidad es un error de concordancia, pero que se viene cometiendo desde hace siglos por ricos y pobres, por ignorantes y doctos; por plumas tan sublimes como las de Cervantes, Tirso de Molina, Góngora, Azorín, Valle-Inclán, Juan Ramón Jiménez, Pablo Neruda, Benito Pérez Galdós y Camilo José Cela (DDD: 178).

El error del que les hablo es decir «¿Qué **le** pides a los Reyes?» en lugar de «¿Qué **les** pides a los Reyes?». Los Reyes Magos —que en esta oración son el complemento indirecto— son tres, ¿verdad?; por lo tanto, el pronombre que anuncia ese complemento indirecto debe ir en plural, no en singular. El mismo error lo podemos ver en oraciones que nos parecen tan correctas como «**Le** voy a decir a mis padres que me marcho de casa», «**Cómprale** unas golosinas a mis sobrinos» o «Hay que **prestarle** más atención a los vecinos de la periferia». Esta anomalía se da más cuando el pronombre de complemento indirecto está colocado antes que el propio complemento. Por eso, aunque no nos suena mal decir «**Le** voy a decir a mis padres que me marcho de casa», la discordancia resulta más evidente si decimos «A mis padres **le** voy a decir que me marcho de casa».

Este error es tan común en nuestro idioma que hace más de un siglo el gramático Rufino José Cuervo dijo de él lo siguiente: «Entre los hechos que los gramáticos califican de errores, pocos hay que sean más geniales de nuestra lengua» (DDD: 179). Al usar el adjetivo *genial*, el lingüista colombiano no quería darle el significado de 'sobresaliente' o de 'estupendo'; lo que quería decir es que se trata de «un rasgo peculiar» de nuestro idioma, o sea, que forma parte de su «naturaleza», nos aclara Manuel Seco, que es quien cita a Cuervo en su *Diccionario de dudas y dificultades de la lengua española* (ibídem).

Me parece oportuno hacer una pausa para hablar, por fin, de ese genio al que ya he nombrado en capítulos anteriores. La sexta acepción de la palabra *genio* del diccionario de la RAE es 'índole o condición peculiar de algunas cosas'. Tras esa definición, el manual pone este ejemplo: «El genio de la lengua». O sea, el genio de algo es aquello que le es consustancial. El lingüista Álex Grijelmo le saca mucho jugo a la expresión *genio de la lengua*: en un interesante juego de palabras, Grijelmo convierte ese genio —esa índole— en un 'ser fabuloso con figura humana, que interviene en cuentos y leyendas orientales' (novena acepción de *genio* en el diccionario académico) para componer el libro *El genio del idioma*, en el que nos presenta a ese genio no como un hecho abstracto, sino como un ser sobrenatural, caprichoso, que hace posible que nos entendamos unos a otros en un mismo idioma, pero que también nos pone trampas y nos hace caer constantemente en errores que los hispanohablantes de uno y otro lado del Atlántico repetimos y propagamos sin necesidad de haberlos escuchado de boca de otras personas, pues es el genio quien nos los susurra.

Por lo tanto, usar *le* donde debería usarse *les* es un capricho de los hablantes, un capricho inconsciente, que obedece a razones que no podemos entender pero que asaltan la mente de los hispanohablantes desde hace siglos. Por ello, Manuel Seco —personificación de la transigencia y de la comprensión— nos dice en la obra citada que, aunque no debemos olvidar que la norma es escribir *les*, no *le*, hay que adoptar en este asunto (como en tantos otros que tienen que ver con el buen uso de la lengua) «una postura de amplia tolerancia» (179). Gracias, don Manuel.

41. ¿Qué significa *doceavo*?

Álex Herrero es lingüista, editor, corrector de textos y asesor —actualmente en excedencia— en la Fundación del Español Urgente. Además de todo eso, es un tipo fantástico: discreto, educado, amable y empático.[91] Tal vez por eso, cuando hace un tiempo quiso decir públicamente que no comparte las ideas de Esperanza Aguirre lo hizo con suma elegancia y sin necesidad de hablar de política o del particularísimo carácter de esta madrileña —exministra, expresidenta de la Comunidad de Madrid y expresidenta del Senado español—, conocida por una arrogancia y un carisma con los que se ha ganado merecidamente el apodo de *la Lideresa*.

Como espero que este libro lo estén leyendo tanto dentro como fuera de España, no daré muchos detalles de todo lo que rodea al episodio del que les voy a hablar ni de sus protagonistas; simplemente les cuento que Álex escribió este texto en Twitter: «Jamás pensé que coincidiría en algo con Esperanza Aguirre», acompañado de un brevísimo vídeo en el que otro político, Gabriel Rufián, le decía a la Lideresa: «Doceava pregunta», a lo que Aguirre, casi cantando y con aires de maestra de otros tiempos, le respondía: «Decimosegunda...». ¿Tenía razón? Por supuesto. Y por partida doble.

91. Ver el capítulo «Álex Herrero, joven y sabio» (p. 385).

Para hablar de números, tenemos en español unos vocablos a los que vamos a llamar, de modo general, *numerales*. Según la *Nueva gramática de la lengua española*, de la RAE y la ASALE, «no constituyen una clase gramatical unitaria», pero «todos establecen algún cómputo basado en el sistema de los números naturales» (NGLEM: 391). Lo traduzco: los numerales son a veces sustantivos, otras veces se nos presentan como adjetivos, también como pronombres..., pero todos tienen en común que nos sirven para hablar de cosas contables. Entre los numerales, tenemos los cardinales (*uno, doce, treinta y cinco...*), los ordinales (*tercero, duodécimo, vigésimo, octogésimo octavo...*) y los fraccionarios (*tercio, doceavo, cuarentaiochoavo...*).

Sin entrar en detalles farragosos de carácter gramatical, digamos simplemente que los cardinales indican cantidad: «Mi novia tiene ocho hermanos», «Se han descubierto cincuenta planetas habitables»; los ordinales nos hablan del lugar que ocupa cierta cosa dentro de una serie de cosas similares: «Mi casa está en la segunda planta», «La quinta enmienda es la más famosa de la Constitución de Estados Unidos»; y los fraccionarios nos indican una o varias partes de un todo que ha sido dividido: «Me toca la doceava parte del premio, ya que jugábamos doce personas»; «Dos tercios de los españoles tienen problemas para llegar a fin de mes».

Y ahora vamos con la reprimenda de Esperanza —también conocida como Espe— a Gabriel Rufián. Empecemos por decir que en nuestro idioma es normal sustituir los ordinales por los cardinales, y este uso «es tanto más frecuente cuanto mayor es el número de orden que debe expresarse» (DPD: 121). Por eso yo nunca diré que, de estar vivo, mi padre habría celebrado en 2021 su octogésimo octavo cumpleaños, sino que habría celebrado su ochenta y ocho cumpleaños. Pero ¿se corresponde esto que acabo de decir con lo que hizo Rufián? No: él empleó la palabra *doceava*, en lugar de *duodécima*, para indicar que iba a plantear una pregunta que ocupaba el número doce de su lista de cuestiones. En otras palabras, sustituyó un número ordinal por uno fraccionario, y esto sí que es reprobable, tal y como nos advierte la Real Academia Española en la *Gramática* (NGLEM: 399).[92]

Decía al principio que Espe tenía razón por partida doble. ¿Por qué? Veamos: habrán visto unas líneas más arriba que yo empleo el ordinal *duodécimo*, pero el que usó esa mujer fue *decimosegundo* (en femenino: *decimosegunda*). Pues bien, esta última palabra y *decimoprimero* fueron consideradas incorrectas por parte de la Academia hasta 2014, año en el que por fin entraron en el diccionario de la RAE. Las razones para su exclusión tenían que ver con un criterio académico que escarbó en el latín para censurarlas, pero, como señala Martínez de Sousa, no había razón para la prohibición, pues en nada se diferencian —respecto al modo en que están formadas— de las que vienen después: *decimotercero*, *decimocuarto*, *decimoquinto*... Por si fuera poco, el maestro añade que *undécimo* y *duodécimo* «son dos claros cultismos, muy lejos, por cierto, de la elección léxica del hispanohablante normal, que espontáneamente se inclina por *decimoprimero* y *decimosegundo*» (DUDEA: 247). Por lo tanto, hizo muy bien Esperanza Aguirre en usar una voz del pueblo que —un poco tarde— ya tiene la bendición de la Docta Casa. Y por su doble acierto, yo he de confesar que, lo mismo que le ocurrió a Álex Herrero, es la primera vez que coincido en algo con la Lideresa.

---

92. El asunto es más complejo, pero mejor no entrar en detalles. Solo les diré, sin ánimo de convertir esto en un galimatías, que, si bien no se pueden usar fraccionarios para señalar ordinales (como hizo Rufián), sí se puede hacer a veces lo contrario, o sea, usar ordinales para señalar fraccionarios. Por ejemplo, si comparto un premio de lotería con otras diecinueve personas, puedo decir que me toca *la veinteava parte*, pero también que me toca *la vigésima parte* (NGLEM: 402).

42. En relación con las preposiciones.

Las preposiciones son palabras por lo general pequeñitas. Cuando leemos, apenas les prestamos atención, pues su función en la oración suele quedar eclipsada por el peso semántico de otras clases de palabras, como los verbos, los adjetivos o los sustantivos. Sin embargo, nuestro idioma no sería posible sin su existencia, del mismo modo que a esa enredadera que plantamos junto al muro de nuestro jardín le costaría más extenderse si no la ayudáramos colocando en la lisa pared una serie de ganchitos metálicos, en los que la planta se va apoyando para tomar impulso y acabar convirtiéndose en una exuberante ola vertical de color y fragancia.

Sí, las preposiciones son imprescindibles para construir las oraciones, y la presencia —casi invisible— de una u otra puede obligar, por ejemplo, a un verbo a tener significados totalmente diferentes. Hay un número del grupo argentino Les Luthiers en el que el presentador, Marcos Mundstock (una voz pegada a un hombre), nos cuenta que Mastropiero, el inexistente autor de muchas de las composiciones de esta mítica agrupación musical, indagaba en las historias que se contaban en una aldea para escribir la letra de un madrigal. «Conoció así —dice Mundstock— la terrible leyenda del perro de un convento de carmelitas que en las noches de luna llena se convertía en hombre». Y a continuación añade: «O también la dolorosa leyenda del séptimo hijo varón de un pastor protestante que en las noches de luna llena se convertía... al budismo».

La gracia de este chiste está en que al cambiar la preposición *en* por la preposición *a*, el verbo *convertir* —usado aquí, en ambos casos, en forma pronominal, o sea, *convertirse*— cambia radicalmente de significado: en la primera oración quiere decir que alguien o algo se transforma en algo distinto de lo que era, y, en la segunda, que alguien ha adoptado una religión o una creencia. Y aquí tenemos una de las principales materias primas del humor: la gramática, con la que cómicos de todo el mundo arrancan a diario las carcajadas de millones de personas gracias a una comunión espontánea e instintiva para la que no es necesario que quien oye una transgresión sintáctica, un error morfológico o un juego de palabras haya estudiado: basta con que sea humano.

Volvamos a lo nuestro. Decía que las preposiciones son importantísimas, y también que, aunque a simple vista no lo parezca, tienen encomendada una función muy concreta dentro de la oración. Por supuesto, su uso está basado en un orden establecido a lo largo de los siglos por los hablantes, y esto hace posible que todos sepamos, por ejemplo, que sea normal decir «Me voy **con** mi hijo al monte», pero no «Me voy **durante** mi hijo al monte».[93] Con esto quiero indicar que, aunque como personas no expertas en asuntos de la lengua no sepamos explicar cuál es la función específica de una preposición, por lo general sí sabemos cuándo está bien puesta y cuándo no.

Sin embargo, hay casos en los que esa regla invisible no está tan clara, y uno de ellos es la locución *en relación con*, que tiene

93. Cuando yo era pequeño y tuve que aprenderme de memoria las preposiciones, *durante* no estaba en la lista; pero es una preposición. Al respecto, Seco señalaba hace unos años lo siguiente: «Muchas gramáticas y diccionarios no suelen incluirla todavía entre las preposiciones, a pesar de que ya [Andrés] Bello [...] señalaba su carácter prepositivo» (DDD: 172).

una variante: *con relación a*. Todos los guardianes de la lengua nos dicen que ambas son correctas, pero que no es recomendable usar una tercera que es una combinación de las otras dos: *en relación a*. ¿Por qué no es adecuada? La explicación tiene más que ver con la intuición que con otra cosa, pero yo les aseguro que, aunque esta tercera forma avanza a pasos agigantados en el mundo hispanohablante, a mí me resulta tan chocante como a todos los lingüistas que recomiendan no usarla. Por si necesitan una voz con mucha más autoridad que la mía, les cuento que, según Manuel Seco, cualquiera de las dos primeras «es preferible a *en relación a*, cruce de una y otra, hoy usado a menudo en España y América» (DDD: 388).

¿Será suficiente esta recomendación del gramático madrileño? Me temo que no; más bien creo que *en relación a* no dejará de crecer, como una enredadera que se apoya en dos discretas preposiciones, hasta conseguir que, algún remoto día, los lingüistas —como ya han hecho tantas otras veces en el pasado— se rindan ante la fuerza desbocada del idioma y den su brazo a torcer. Ya veremos.

43. Se lo explico (a ustedes)

Si yo tuviera la solución para un asunto y me presentara ante ustedes para darles detalles sobre lo que se me ha ocurrido, ¿les parecería bien que les dijera algo como esto: «Amigos míos, he encontrado el remedio; se los explico»? Si no han visto el error, presten atención, porque nos encontramos ante uno de los problemas de concordancia más comunes de nuestro idioma, un problema que solo pueden evitar aquellas personas que usan el pronombre *vosotros*, o sea, menos de una décima parte de los hispanohablantes.

El error de concordancia está en decir *los* en lugar de *lo*, pues ese pronombre hace referencia al complemento directo del verbo *explicar*, que está omitido y es *el remedio* (y *el remedio* es singular, mientras que *los* es plural), no al complemento indirecto, que también está omitido y es *ustedes*. El error se da por la presencia de otro pronombre, que es *se*. Esta palabrita nos confunde y nos hace creer que es ella, y no *lo*, la que va referida a *el remedio*, pero en realidad la estamos usando para referirnos a *ustedes*. Yo, como buen canario, no uso el pronombre *vosotros*, pero si lo usara no tendría ningún problema, pues diría esto: «Amigos míos, he encontrado el remedio; os lo explico», o sea, explico *a vosotros* (*os*) *el remedio* (*lo*).

La causa de este error radica en que el hablante —que sabe

que se está dirigiendo a varias personas, no a una— se pregunta inconscientemente dónde está marcada en la oración esa pluralidad. Y es que existen otros casos en los que el pronombre de complemento indirecto no es *se*, sino *le/les*, y esto ocurre siempre que no figure en la misma oración el pronombre de complemento directo *lo*. No se asusten, que les pongo un ejemplo: «Amigos míos, les explico el remedio». Aquí ya no tenemos *lo*, que ha sido sustituido por *el remedio*; entonces, las reglas invisibles de la gramática nos permiten marcar el complemento indirecto con ese *les*, en el que queda claro que nos estamos dirigiendo a varias personas, del mismo modo que queda claro con el uso de *os*. Sin embargo, cuando debemos usar *se* —que es una palabra harto complicada, por cierto— nuestro inocente cerebro hispanohablante se arma un lío, ya que *se* no permite variación de género ni de número, y pone un plural disparatado en el primer sitio que encuentra.

Tenemos un truco muy sencillo para saber si hemos caído en la trampa y, en consecuencia, salir de ella. Consiste en dirigir la oración a *vosotros* o a *ti*, en lugar de a *ustedes*. Ya vimos más arriba cómo queda la oración si hablo con *vosotros*; veamos ahora cómo será si me dirijo a *ti*: «Amigo mío, he encontrado el remedio; te lo explico». Al hacer esto, comprobamos con facilidad que lo correcto es usar *lo*, no *los*, así que ya podemos volver a nuestra oración original y cambiar el plural *los* por el singular *lo*: «Amigos míos, he encontrado el remedio; se lo explico».

El problema también se da cuando *se* no está referido a *ustedes*, sino a *ellos*. Manuel Seco dice que «en algunas zonas de América se pone indebidamente en plural el segundo pronombre de esta secuencia [a la secuencia *se-lo*] cuando el *se* complemento indirecto se refiere a una pluralidad de personas», y pone como ejemplo la forma *se los dije* (a ellos) en lugar de *se lo dije* (a ellos) (DDD: 180, 182). Por lo tanto, cabe esperar que algunos de los hablantes que sí emplean el pronombre *vosotros* también caigan en el error cuando no se refieran a la segunda persona del plural, sino a la tercera, y también cuando se dirijan con *ustedes*, no con *vosotros*, a un grupo de personas.

En todo caso, Manuel Seco se quedó corto al decir que el problema es exclusivo de América, pues yo les aseguro a ustedes (o sea, *se lo* aseguro) que en Canarias es también el pan nuestro de cada día. Yo mismo, que conozco el error de sobra, lo cometo a veces en conversaciones informales, pero nunca cuando escribo. Este olvido de Seco para con mi tierra natal no hace sino reafirmar una idea que no me canso de repetir: en lo que al uso de la lengua se refiere, Canarias es el país más oriental de América.[94]

94. En el libro *Cocodrilos en el diccionario* sí se hace una mención a Canarias: «El fenómeno no es en absoluto residual, sino que se da con cierta profusión en el habla coloquial de algunas zonas americanas y también de las islas Canarias» (116). De la condición *americana* de Canarias ya dio cuenta el panameño Rubén Blades en la canción *En Canarias*, en la que dice: «Cuando se escucha hablar a un canario se reconoce la voz de un paisano; tienen la chispa y la picardía que tenemos los americanos».

44. Anáfora y elegancia

Una anáfora es un mecanismo por el cual se produce una «relación de identidad» entre «un elemento gramatical y una palabra o grupo de palabras nombrados antes en el discurso». Las partes entrecomilladas son del diccionario de la Real Academia Española, pero les voy a poner un ejemplo de mi propia cosecha para que entiendan de qué estamos hablando. Si yo digo «Compré el pan y lo dejé sobre la mesa», la palabra *lo* está cumpliendo una función anafórica, ya que se está refiriendo a algo que ha sido nombrado previamente, que es el pan. Si no usáramos el elemento anafórico, diríamos esto: «Compré el pan y dejé el pan sobre la mesa».

Bien, ahora que ya sabemos qué es una anáfora —y su extrema utilidad, que ha quedado de manifiesto con mi ejemplo—, hablaremos de un uso concreto de esta herramienta que, sin llegar a ser un error, es muestra de pobreza en el uso del idioma, una pobreza de la que dan fe políticos, periodistas y funcionarios de toda índole, ya que la usan sin ton ni son y, lo peor de todo, sin darse cuenta de lo poco elegante que queda. Me refiero al uso anafórico de la palabra *mismo*.

El *Diccionario panhispánico de dudas* explica esta mala costumbre maravillosamente bien, así que reproduzco aquí una parte de su recomendación al respecto: «Es innecesario y desaconsejable el empleo de *mismo* como mero elemento anafórico [...]; en estos casos, siempre puede sustituirse *mismo* por otros elementos más propiamente anafóricos, como los demostrativos, los posesivos o los pronombres personales» (439).

Veamos estas oraciones, en las que usaré *mismo* con función anafórica:

> Aunque el gol fue una obra maestra, anularon el mismo por fuera de juego.
> Analizarán tres pinturas de Goya para determinar la autenticidad de las mismas.
> El parque es inmenso y en el centro del mismo hay un bosquecillo.

Ahora, veámoslas sin ese elemento tan desasosegante:

> Aunque el gol fue una obra maestra, lo anularon por fuera de juego.
> Analizarán tres pinturas de Goya para determinar su autenticidad.
> El parque es inmenso y en el centro hay un bosquecillo.

En la primera oración he sustituido *el mismo* por el pronombre *lo*; en la segunda, *la* y *de las mismas mismas* por el posesivo *su*; y en la tercera ni siquiera ha hecho falta cambiarlo por nada, simplemente he quitado *del mismo* y la oración ha adquirido una discreta perfección de la que antes carecía.

Este uso de *mismo* está tan arraigado entre personas con un nivel cultural aceptable que, cuando uno trata de explicarles lo feo que es, no lo entienden y se limitan a decir que eso siempre se ha utilizado y que además queda muy bien. Nada más lejos de la realidad: según el gramático Salvador Fernández Ramírez, «*mismo* en función anafórica nunca fue usado por nuestros clásicos ni por los buenos escritores» (DUDEA: 454). Y respecto a la supuesta elegancia de este uso anafórico, la Academia decía esto en 1973, en su *Esbozo de una nueva gramática de la lengua española*: «Conviene llamar la atención sobre el empleo abusivo que la prosa administrativa, periodística, publicitaria, forense y algunas veces la prosa técnica hacen hoy del anafórico *el mismo, la misma,* por considerarlo acaso fórmula explícita y elegante. Pero no pasa de vulgar y mediocre» (Lázaro Carreter, 1997: 310).

Curiosamente, parece ser que hasta la RAE —la misma que publicó el texto entrecomillado que acaban de leer— ha sido víctima del éxito que en las últimas décadas ha tenido esta extraña combinación sintáctica: según Martínez de Sousa, «la fuerza de este defecto es tal que la propia Academia, en infinidad de ocasiones, lo emplea en las definiciones del DRAE[95] [...] y en otros textos normativos» (DUDEA: 454). ¿En casa del herrero, cuchara de palo?

---

95. La sigla DRAE, de *Diccionario de la Real Academia Española*, se usó para el diccionario de la Academia hasta el año 2014, a pesar de que la obra se llamaba —y se llama— *Diccionario de la lengua española*. Desde la vigesimotercera edición, que es del año citado, se usa la sigla DLE.

En ese mismo párrafo ustedes han leído «... la misma que publicó...». En este caso, la palabra *misma* no tiene función anafórica, y tampoco la tiene *mismo* cuando he dicho «En ese mismo párrafo...».

45. El verbo *realizar* es un abusador

La elegancia casi siempre suele estar en lo simple, tal y como hemos visto en el capítulo anterior. Pese a ello, son demasiadas las personas —especialmente periodistas y políticos— que creen que para que un discurso quede bonito hay que llenarlo de adjetivos superfluos, verbos rimbombantes y palabras largas, muy largas.[96] Estas personas disponen en su escritorio de una caja invisible en la que guardan todas esas palabras y, cuando necesitan una, meten la mano sin mirar y van sacando aleatoriamente hasta escoger la que consideran oportuna. Después la introducen de nuevo en la caja para poder usarla al día siguiente. En esa caja hay un verbo, *realizar*, que les ha arrebatado su puesto a otros más apropiados según el contexto y que, no sé por qué razón, es el elegido demasiadas veces cuando alguien recurre a la caja de las palabras innecesarias.

De *realizar* dice el lingüista Alberto Gómez Font que es un «verbo asesino», pero a mí me da un poco de lástima de él porque lo veo malote pero no criminal; por eso, prefiero decir que es abusador, a secas. Según Gómez Font, «es corriente y ya

96. De la horrorosa manía de usar palabras muy largas hablaremos en el capítulo «La problemática de aperturar el sistema de acceso» (p. 191).

casi normal en las noticias que se *realicen* reuniones, conferencias, ruedas de prensa, concursos, elecciones, almuerzos de trabajo, mesas redondas y otros actos que en buen castellano no se *realizan* sino que se *celebran*» (2015: 24). Otro verbo del que abusa *realizar* es uno muy simple y modesto, pero tremendamente útil: *hacer*. ¿Por qué habríamos de decir que alguien le realizó una entrevista a Fulanito de Tal cuando es mucho más sencillo, y más apropiado, decir que le hizo una entrevista? Pero hay más: decía Fernando Lázaro Carreter, en uno de sus *dardos en la palabra*, que «*efectuar, construir, verificar* y cien verbos más [...] se esfuman ante el único *realizar*» (1997: 609).

Otras veces no ocurre que *realizar* le quite el sitio a otro verbo, sino que se presenta porque sí, de relleno, para hacer la oración pretendidamente más elegante, aunque en realidad la está echando a perder. Sobre este otro escenario en el que se mueve nuestro verbo abusón, *El libro del español correcto*, una interesante obra del Instituto Cervantes, explica que «muchas veces se utiliza una forma perifrástica, un rodeo, expresando las ideas con un verbo más el complemento cuando es posible condensar la información en un único verbo». A continuación, este libro nos recomienda que digamos *viajar* en lugar de *realizar un viaje*, *brindar* en vez de *realizar un brindis* o *presentar* mejor que *realizar una presentación* (36).

Recuerdo que en mis tiempos de periodista tuve que lidiar casi a diario durante un tiempo con un alcalde verborreico, vanidoso y pesado, al que le fascinaba usar el verbo *producir*. El hombre lo soltaba cada vez que se le presentaba la ocasión, lo que daba lugar a oraciones tan extravagantes como «Mañana se producirá una rueda de prensa para explicar la adjudicación de las obras» o «En la reunión que se produjo ayer se resolvió el problema de los vecinos». Ya ven ustedes que *realizar* es un abusador, pero no es el único de la clase, y le gusta compincharse con otros como él, a los que a veces, como buen jefe de pandilla, les permite hacer las mismas trastadas. La solución para estos verbos fanfarrones, como ocurre con los gamberrillos del colegio, no es castigarlos sin contemplaciones, sino hacerles ver que en el patio hay sitio para todos.

46. Un sacrificio inexistente

Usar expresiones elegantes es algo que les da un porte especial a nuestros textos. Está bien hacerlo, siempre y cuando no caigamos en la pedantería por exceso de adornos, o bien en el error flagrante por emplear una que no viene a cuento ni por casualidad. A veces ocurre que echamos mano de una palabra o una locución que previamente habían usado mal otras personas, en cuyo caso estamos cometiendo un error doble: escribir algo que no debimos haber escrito y creer que lo que dicen otros siempre está bien, en especial cuando esos otros son periodistas o escritores, de los que se presupone que siempre hablan correctamente. La cuestión, entonces, es saber qué significa lo que vamos a escribir, con el fin de estar seguros de que no vamos a meter la pata. Para ello, nunca está de más usar los diccionarios, aunque no todos nos dan toda la información que necesitamos.

Lo dicho hasta ahora le viene como anillo al dedo a la locución *en aras de*, que podemos ver muchas veces en un sitio que no le corresponde. Aquí tenemos un ejemplo, extraído de un periódico español: «El magistrado del Juzgado Contencioso-Administrativo número 1 de Ciudad Real hace una reflexión con carácter previo sobre las pretensiones que los interinos de toda España vienen planteando en aras de conseguir ser nombrados funcionarios de carrera sin pasar por un proceso selectivo».[97] Si buscamos la palabra *ara* en el diccionario académico, nos encontraremos con la locución *en aras de*, que la RAE define de este modo: 'En honor o en interés de'. Podría parecer, por lo tanto, que en el texto citado se ha usado más o menos bien esta locución, pues lo que se nos quiso decir es que las pretensiones de los interinos van *en interés de* conseguir ser nombrados funcionarios de carrera. Hay que decir que, aunque la locución *en interés de* no es muy habitual en nuestro idioma, podríamos establecer una semejanza entre ella y *a fin de que*.

Pero ya he dicho más arriba que no todos los diccionarios nos dan toda la información que necesitamos. En este caso, el de la Academia se ha quedado corto, así que vamos a ir a otro: el *Diccionario panhispánico de dudas*, en el que se nos explica, respecto a la expresión *en aras de*, que «la palabra *ara* es un sinónimo culto de *altar*; así pues, en su sentido originario y propio esta locución introduce el sustantivo que expresa aquello en cuyo beneficio u honor se hace algo, que normalmente implica un sacrificio. [...] No debe usarse, por tanto, como simple conjunción final, con el sentido de 'para o a fin de que'» (61). Por su parte, la Fundación del Español Urgente nos advierte que aquello que se hace implica «un esfuerzo, una renuncia o un sacrificio».[98]

Ya lo ven: cuando decimos que hacemos algo en aras de otro algo, el primer algo es un sacrificio que colocamos en un figurado altar, a la manera en que lo hacían nuestros antepasados para pedirles a los dioses algún beneficio. Por lo tanto, yo puedo decir que, en una discusión, dejo de exponer mis ideas en aras de no calentar los ánimos, de tal modo que hago el sa-

97. *La Tribuna de Ciudad Real*, 3 de agosto de 2021, https://www.la tribunadeciudadreal.es/Noticia/Z756C5677-9BC4-5B48-ADB51797740 DA86D/202108/Desestiman-el-recurso-de-una-interino-en-aras-de-la-igualdad.

98. «*En aras de*, significado y uso», Fundéu. Ver bibliografía.

crificio de callarme para obtener un beneficio posterior, que es lograr un poco de paz. Lo que no puedo —o no debo— decir es que los interinos plantean pretensiones en aras de conseguir ser nombrados funcionarios de carrera, pues plantear pretensiones no conlleva sacrificio. Habría sido mucho más sencillo —y, además, correcto— decir «... las pretensiones que los interinos de toda España vienen planteando para conseguir...».

Hagan ustedes, por tanto, el esfuerzo de consultar todos los diccionarios que sean precisos a la hora de escribir un texto que vaya a ser leído por otras personas. De lo contrario, es posible que sometan a los lectores a un sacrificio innecesario.

47. La problemática de aperturar el sistema de acceso

Ya hemos dicho que para hablar y escribir bien no es necesario
—más bien lo contrario— adornar el discurso con todo lo que
tengamos a mano: no olvidemos que un buen mensaje se parece más a un discreto rosal que a un árbol de Navidad. Sin embargo, hay quienes se empeñan en engordar las oraciones con
un cargamento de recursos innecesarios y, en la mayoría de los
casos, molestos. Yo creo que muchas de las personas que hacen eso se ven abocadas a tal ejercicio porque no dominan la
sintaxis, que no es otra cosa que «el modo en que se combinan
las palabras y los grupos que estas forman para expresar significados», según la definición que nos da la Academia en su diccionario. Dicho de otro modo, quien tiene problemas a la hora
de puntuar, de subordinar o de encontrar el lugar más adecuado para una palabra dentro de la oración trata de mitigar sus
limitaciones tapándolas con adjetivos superfluos, verbos cuyo
significado nadie entiende... y palabras largas, extremadamente largas.

El fenómeno de usar palabras largas en la errónea creencia
de que con ese truco nuestro texto queda más bonito se llama
sesquipedalismo. El *Diccionario del español actual* define así
esta voz: 'Tendencia al uso de palabras sesquipedales'. Y el
adjetivo *sesquipedal* lo define de este otro modo: '[Palabra]

muy larga' (4077). Por su parte, el diccionario académico no registra *sesquipedalismo*, pero sí *sesquipedálico*: 'Dicho especialmente de un verso o de un discurso o modo de expresión: Muy largo y ampuloso'. El periodista y filólogo Julio Somoano se extiende un poco más y nos dice que de lo que estamos hablando es de «la creación de una palabra por derivación innecesaria de un verbo, un adjetivo o un sustantivo. El resultado final es otro verbo, adjetivo o sustantivo que sustituye al inicial engrandeciéndolo, aunque solo en número de sílabas. Y en ampulosidad. Y en rimbombancia».[99] Este autor pone ejemplos como el uso de *obstruccionado* en lugar de *obstruido*, *recepcionar* por *recibir* o *matización* en vez de *matiz*.

Cuando yo trabajaba como corrector en un periódico, cada dos por tres tenía que corregirle a un compañero el uso del verbo *aperturar*. En aquella época yo no conocía la existencia del término *sesquipedalismo*,[100] pero mi sentido común era bastante similar al que poseo actualmente, de modo que lo que hacía era decirle que cambiara *aperturar* por *abrir*. Lo mismo hacía con quienes usaban *problemática* en lugar de *problema* (para quienes no lo sepan, una problemática no es un problema, sino un conjunto de problemas), y lo sigo haciendo hoy en día cuando me encuentro con textos en los que se complican la vida diciendo tonterías como *sistema de acceso* cuando quieren hablar de una puerta. Si bien este último ejemplo no es, en sentido estricto, un sesquipedal —pues lo que se ha hecho es cambiar una palabra corta por un grupo de

99. «Sesquipedalismo o el arte de lo rimbombante», *Archiletras*, 13 de mayo de 2019. Ver bibliografía.
100. Por cierto, en ese tiempo (pongamos que hacia el año 2003) todavía no aparecía en el diccionario académico la palabra *sesquipedálico*, aunque sí el adjetivo *sesquipedal*, que significaba, en la edición de 2001, 'de pie y medio de largo'. En la actualidad, cuando buscamos *sesquipedal* en ese diccionario, nos remite a *sesquipedálico*, cuya definición ya hemos visto.

tres palabras, no por una palabra larga—, lo meto en el mismo saco que los anteriores porque es también una muestra de ese vano afán por añadir sílabas, como si la calidad de un texto se midiera al peso...

48. No se padecen virtudes, sino defectos

Ya les he explicado que cuando se camina por un sendero tan largo y lleno de recovecos como es la lengua española, resulta normal que muchas de las personas que transitan por él vayan a dar con el mismo tropezadero. No pasa nada; solo hay que levantarse, mirar el obstáculo que nos acaba de hacer la trastada y fijarlo en la memoria para no volver a picar la próxima vez que pasemos por ahí. También existe otra solución, que es marcar con una señal aquellos lugares que presentan más peligro, y eso es lo que voy a hacer yo ahora mismo con el verbo *adolecer*, que les hace perder el equilibrio a miles de hispanohablantes día tras día.

En los años más duros de la crisis económica que vivió el mundo a partir de 2008, las críticas en España al presidente del Gobierno de entonces, Mariano Rajoy, por sus lamentables decisiones eran el pan nuestro de cada día. Recuerdo que un día le di un tirón de orejas a un amigo mío —que era periodista, por cierto— por haber publicado lo siguiente en Facebook: «Tenemos un presidente del Gobierno que adolece de comprensión». Yo tenía muy claro que lo que había ahí era una crítica por la falta de comprensión de Rajoy, pero también supe desde el primer momento que mi amigo había confundido los significados de los verbos *adolecer* y *care-*

cer. Lamentablemente, esa confusión no fue en absoluto original.

Todos sabemos lo que significa *carecer*, pero ¿ustedes saben qué queremos decir cuando alguien afirma que tal o cual persona adolece de algo? El diccionario académico señala que el significado de este verbo es 'tener o padecer algún defecto'. Por lo tanto, si alguien dice que otra persona adolece de comprensión lo que está transmitiendo —aunque lo hace sin querer— es que esa persona padece un defecto y que ese defecto es la comprensión. Lo que debió haber dicho mi amigo es que Mariano Rajoy carecía de comprensión, o bien que adolecía de falta de comprensión, pues la carencia de una virtud también puede ser considerada un defecto.

Estamos ante un verbo intransitivo, por lo que es incorrecto decir, por ejemplo, *adolecer un defecto*; lo que debemos decir es que se *adolece de un defecto*, ya que nuestro verbo «lleva un complemento introducido por *de*, que expresa el defecto o el mal» (DPD: 22).

El error de confundir *adolecer* con *carecer* no es una moda reciente. Hace casi cuarenta años, el lingüista Fernando Lázaro Carreter ya hablaba de este tropezón en su colección de artículos *El dardo en la palabra*: «Si se dice que un equipo adolece de velocidad se manifiesta que correr y mover el balón con trazos de relámpago constituye una chapuza y que lo bueno es jugar con languidez de minué» (383). Tal tropezón, no obstante, parece gustar bastante a decenas de millones de personas, lo cual da que pensar sobre su futuro.

Yo le corregí este error cierta vez a otro amigo mío, que es abogado, y me contestó que él estaba seguro de que *adolecer* era sinónimo de *carecer* y que así lo oía a diario en el ejercicio de su profesión. Me costó convencerlo... El problema de que quienes cometen este desliz sean periodistas y abogados radica en que la lengua evoluciona impulsada, entre otros motores, por la manera en que se manifiesta en registros cultos, y todos hemos de suponer que el periodismo y la abogacía son dos actividades prestigiosas y que las personas que desempeñan esos trabajos poseen una formación más que adecuada. Por lo tanto, y dependiendo del éxito que tenga este baile semántico, tal vez dentro de treinta o cuarenta años la Academia decida que no hay que castigar nunca más a quienes digan que *adolecer* y *carecer* son lo mismo. Quién sabe...[101]

---

101. No sería el primer caso y tampoco el último en que la Academia tiene que aceptar que el uso ha vencido a la norma. Sobre este asunto hablaré en el capítulo «Cese usted a quien quiera» (p. 287).

49. Infinitivos radiofónicos

Si le han echado un vistazo al índice de este libro, se habrán dado cuenta de que he tratado de ponerles a todos los capítulos unos títulos más o menos llamativos, de tal forma que a ustedes les pique la curiosidad y decidan leerlos. No es el caso del presente capítulo, en el que, haya llamado o no la atención de los lectores, lo que he hecho es referirme a un uso incorrecto del infinitivo que lleva por nombre precisamente *infinitivo radiofónico* (así lo llaman la Fundación del Español Urgente y el lingüista Alberto Bustos,[102] entre otros). También podemos llamar *fático, introductor, introductorio, enunciativo* o *de generalización* a este modo tan extendido —y tan feo— de emplear el infinitivo.

Según el gramático Manuel Seco, esta costumbre existe «por lo menos desde 1980» y es habitual entre «locutores de radio y televisión, presentadores de actos públicos, más raramente periodistas, e incluso profesores y escritores» (DDD: 258). Esto lo decía el maestro en 1998, pero lo cierto es que hoy en día eso de «más raramente periodistas» habría que eliminarlo, y también

---

102. «Infinitivo introductorio: *por último, cabe señalar...*, mejor que *por último, señalar...*», Fundéu. Ver bibliografía. «Infinitivo fático o radiofónico», *Blog de Lengua*. Ver bibliografía.

habría que añadir que el infinitivo introductor ha invadido las redes sociales.

El error consiste en usar un infinitivo en una parte de la oración en la que no pinta nada, y generalmente se hace con verbos como *decir, añadir, aclarar, destacar, recordar* y otros en los que se va a introducir una información; es, además, bastante habitual que vaya acompañado de las expresiones *antes que nada*,[103] *por otra parte, por último* y otras parecidas. Les pongo un ejemplo: «Por último, destacar que la joven Adriana Cerezo le ha dado a España su primera medalla de plata en las Olimpiadas de Tokio 20». El error consiste en que «toda oración debe tener como núcleo un verbo en forma personal»,[104] de tal modo que lo que habría que haber hecho aquí es algo como esto: «Por último, destacamos que la joven Adriana Cerezo le ha dado a España su primera medalla de plata en las Olimpiadas de Tokio 20».

También podemos usar otras formas verbales, como el «subjuntivo en plural de modestia» (*destaquemos*) o «una construcción *quiero/queremos* + infinitivo, o *he/hemos de* + infinitivo» (*queremos destacar / hemos de destacar*) (DDD: 258), o bien fórmulas como *cabe* + infinitivo, *quisiera/quisiéramos* + infinitivo o *me/nos gustaría* + infinitivo.[105] El asunto también lo tratan la *Nueva gramática de la lengua española*, de la RAE y la ASALE, y *El libro del español correcto*,[106] del Instituto Cervan-

---

103. Según el *Diccionario fraseológico documentado del español actual* (678), las locuciones *antes de nada* y *antes que nada* se pueden usar indistintamente con el significado de 'en primer lugar', aunque, si bien las dos sirven con idea de orden, la segunda se usa también, y más frecuentemente, con idea de preferencia.

104. «Infinitivo fático o radiofónico», *Blog de Lengua*. Ver bibliografía.

105. «Infinitivo introductorio: *por último, cabe señalar...*, mejor que *por último, señalar...*», Fundéu. Ver bibliografía.

106. Por cierto, esta obra explica que el uso de infinitivo para dar «instrucciones de carácter general» sí es correcto (295), y eso es lo que hago yo cuando digo «Ver el capítulo...» o «Ver bibliografía».

tes, ambos con recomendaciones similares a las que acabamos de ver.

Esta manera de emplear el infinitivo, que no dice nada bueno de quien la usa —y menos si se trata de un periodista—, es el pan nuestro de cada día. En mi caso, la tengo en todos los almuerzos, pues, con puntualidad británica, a la una de la tarde abandono todo quehacer para irme a la cocina, preparar la comida y zampármela mientras oigo (o escucho)[107] en la radio las noticias de la mañana, siempre adornadas con unos cuantos infinitivos radiofónicos que, afortunadamente, aún no han logrado causarme una indigestión, porque el buen uso de la lengua me fascina, pero dar buena cuenta del almuerzo es algo que me vuelve loco.

107. Ver el capítulo «Te escucho, pero no te oigo» (p. 306).

50. Lo habrán oído con frecuencia

¿Qué les parecería que alguien, después de mirar el termómetro, dijera «Claro que hace calor, estamos a cuarenta temperaturas»? Es un disparate, ¿verdad? Lo lógico sería que dijera «... estamos a cuarenta grados de temperatura», o bien «... la temperatura es de cuarenta grados». El error es tan evidente que no haría falta explicarle a nadie que la primera oración está mal construida. Dicen que el jefe de propaganda de Hitler, llamado Joseph Goebbels, afirmó que una mentira repetida mil veces se convierte en verdad, y hay que aceptar que la idea, aunque naciera en la mente de un hombre tan vil, es cierta. En el caso de la lengua, podríamos decir que un error repetido millones de veces se convierte en norma, pero yo hago todo lo posible desde hace años por evitar que uno de esos errores siga extendiéndose por la nación hispánica[108] y termine por obtener la bendición de los gramáticos. Me refiero al uso incorrecto del sustantivo *frecuencia*.

108. Cuando hablo de la nación hispánica me refiero al conjunto de personas que tienen el español como lengua materna. Según el diccionario de la RAE, *nación* es, entre otras cosas, el «conjunto de personas de un mismo origen y que generalmente hablan un mismo idioma y tienen una tradición común». Creo que al usar el adjetivo *hispánica* no queda ninguna duda de lo que quiero decir, pero hago la aclaración por si acaso...

Veamos qué tiene que ver la oración del principio con el asunto que vamos a tratar. ¿Qué les parece esto: «El vuelo entre Buenos Aires y Montevideo tiene tres frecuencias semanales»? ¿Creen que es correcto? Si es así, habrá que llegar a la conclusión de que el error del que les quiero hablar se ha extendido ya demasiado. Lo correcto habría sido decir algo así: «La frecuencia de vuelos entre Buenos Aires y Montevideo es de tres a la semana». ¿Por qué? Porque el sustantivo *frecuencia* no sirve para señalar simplemente una cantidad de cosas (de vuelos, por ejemplo), sino una cantidad de cosas *en un periodo determinado*. Dicho de otro modo: quienes cometen este error convierten *frecuencia* en sinónimo de *vuelo* (o de trayecto en barco o en tren o en cualquier otro medio de transporte).

Si vamos al diccionario de la RAE, veremos que la definición de *frecuencia* es 'número de veces que se repite un proceso periódico por unidad de tiempo'. Esto quiere decir que *una frecuencia* (no dos o tres o mil frecuencias) nos indica *una cantidad* —esa cantidad es de tres en el caso de los vuelos entre Buenos Aires y Montevideo— de *hechos* —hechos que se producen de manera periódica— a lo largo de un *tiempo* determinado. Esa es la razón por la que no hay tres frecuencias semanales entre ambas ciudades, sino una sola frecuencia (una sola cantidad), que es de tres vuelos (tres hechos) a la semana (un tiempo establecido).

Yo he tratado de enmendar este error en un ámbito concreto del que no les voy a hablar (porque no quiero que se enfade el cliente al que le he dado la lata con este asunto), pero mi fracaso ha sido estrepitoso, lo cual me obliga a pensar que cuando un uso incorrecto se pone tan tan de moda, como es el caso, poco o nada podemos hacer quienes analizamos con microscopio el virus y les mostramos las pruebas a los contagiados: ellos seguirán usando *frecuencia* donde no debe ir, porque les parece que queda guay esta novedosa transgresión. Lo peor es que los promotores del error, que son las compañías de transportes y las agencias de viajes, ya han transmitido la enfermedad a periódicos, emisoras de radio, televisiones y webs, con lo que la pandemia está garantizada.

51. ¿Que lo escriba con tilde? ¡Jamás!

Tuve yo un compañero periodista que cierto día osó decirme que si a un enunciado como «Que vengas ya» le poníamos signos de exclamación, tendríamos que añadir también una tilde en la palabra *que*; así: «¡Qué vengas ya!». La culpa de esta afirmación no era de él, sino de aquellos maestros que, cuando fuimos niños, nos explicaron que para saber si palabras como *que*, *cuando*, *como* o *donde* llevaban tilde bastaba con ver si estaban escritas entre signos de exclamación o de interrogación: si lo estaban, debían llevarla. Este error, que tal vez debí haber incluido en la parte dedicada a la ortografía, prefiero considerarlo un tropezadero lingüístico, pues las personas que lo cometen se cuentan por millones y, desgraciadamente, muchas de ellas ejercen el noble oficio del periodismo.

La manera más sencilla de saber si esas palabras llevan tilde no es comprobar si están entre signos de exclamación o de interrogación, sino pronunciarlas en voz alta, y estoy seguro de que, si nos hubieran explicado esto en la escuela, otro gallo nos cantara.[109] Ya he explicado que las tildes diacríticas —esas que

---

109. Si les resulta chocante leer *otro gallo nos cantara* en lugar de *otro gallo nos cantaría*, la solución a sus dudas la tienen en el capítulo «Yo no hubiera sido tan categórico» (p. 258).

usamos en *qué, cuándo, cómo, dónde*— no se emplean al tuntún, sino que se las pondremos a aquellos vocablos que, escribiéndose igual que otros, tienen distinto significado y, sobre todo, se pronuncian de manera tónica en la cadena hablada.[110] Hagamos, entonces, el ejercicio de fijarnos, al hablar, en las sílabas tónicas del enunciado «Que vengas ya» y escribámoslas aquí en negrita: *que **vengas ya**.* Como ven, la palabra *que* no es tónica, y no pasará a serlo por el mero hecho de escribirla entre signos de exclamación o de interrogación.

En cambio, en la oración «Qué grandes están tus hijos» tenemos estas sílabas tónicas: ***qué grandes están** tus **hijos***, y en este caso la palabra que estamos juzgando sí lleva tilde, y la llevará tanto si la oración la digo gritando como si la susurro; y me dará igual que vaya o no entre signos de exclamación.

En el primer ejemplo, *que* es una conjunción, y siempre es átona cuando la combinamos en el habla con otras palabras; en el segundo, *qué* es un adverbio exclamativo, y siempre es tónico cuando lo pronunciamos dentro de una oración. Y si tomamos como objeto de análisis lo que leemos en el título de este capítulo, ocurre lo mismo: en el enunciado «¿Que lo escriba con tilde?», la palabra *que* sigue siendo una conjunción (prueben a añadirle la forma verbal *quieres* y lo verán con más facilidad: «¿Quieres que lo escriba con tilde?»), pero no lo sería en esta otra pregunta: «¿Qué hay para cenar?», donde *qué* es un pronombre interrogativo y, como ocurre con su primo el adverbio exclamativo, es tónico en la cadena hablada y por lo tanto debemos escribirlo con tilde.

Decía al comienzo que la culpa de la temeridad lingüística de mi compañero periodista no era de él, sino de la enseñanza que recibió siendo niño; pero, pensándolo bien, creo que, en caso de que este colega fuera periodista por haber obtenido título universitario —yo nunca lo obtuve: mi escuela de perio-

110. Ver el capítulo «Trabajo solo por la tarde» (p. 71).

dismo fueron las redacciones—, habría que preguntarse si a aquellos jóvenes aprendices del oficio les enseñaban a usar correctamente su herramienta primera: la lengua española. Y, peor aún, me gustaría saber si eso se hace hoy en día, aunque, a la vista de lo que uno lee en la prensa, me temo que no. No me cabe duda de que hay muchos profesores dispuestos a transmitir sus conocimientos a los futuros redactores —el primero que me viene a la cabeza es Humberto Hernández, de la Universidad de La Laguna—, pero en el siglo XXI el éxito profesional del periodista no se mide por su capacidad para crear textos de calidad, sino por el número de clics que reciben sus noticias; y de esa necedad, al parecer, también se han contagiado las universidades.

Deportes de riesgo

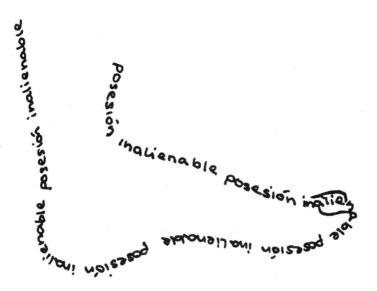

52. Mi pie solo puede ser mío

Los periodistas deportivos son un mundo aparte. Para empezar, en ellos no se cumple esa máxima de que el plumilla[111] debe ser objetivo, aunque, a decir verdad, yo creo que a ningún profesional de este gremio (el de la prensa, en general) se le puede pedir que lo sea; lo que se le puede exigir es que sea imparcial, pero nada más. Esto no ocurre entre los redactores dedicados a contarnos noticias del deporte, y es normal: un periodista de la isla de Tenerife especializado en fútbol debe ser, necesariamente, aficionado del Club Deportivo Tenerife, y esto tiene que quedar claro cuando narra por la radio un partido de ese equipo o escribe una crónica tras el encuentro. Dicho de otro modo: el periodismo deportivo va mucho más allá de la información para transmitir, también, emociones compartidas con los destinatarios de su mensaje.

Esa característica singular lleva a estos profesionales a usar un lenguaje libre y dinámico, carente de los corsés que hacen tan aburrida y soporífera la información de política o de economía. Con esta manera de expresarse, pretenden llamar la

111. El sustantivo *plumilla*, común en cuanto al género y que siempre oigo en plural (*los/las plumillas*), lo usan coloquialmente los periodistas, al menos en España, para referirse a gente de su mismo oficio. Esta acepción solamente la he encontrado en el *Diccionario del español actual*.

atención del lector o del oyente para implicarlo subjetivamente en el relato que le están enviando, y, metidos en ese afán, son como esponjas que absorben con extrema facilidad neologismos, clichés y expresiones de los que se apropian para darles realce a sus textos; todo ello con un éxito variable.

Metidos ya en ese escenario, y para comenzar esta parte del libro, que estará dedicada al lenguaje de la prensa deportiva, hagamos un ejercicio de imaginación: un buen día, algún periodista escuchó a un colega británico decir, por ejemplo, que un jugador sufría «a sprain in his foot» y, haciendo uso de su modesto conocimiento del idioma, tradujo esas palabras como «un esguince en su pie». Aquello de decir *su pie* en lugar de *el pie* sonaba un poco raro, pero, al fin y al cabo, se lo había oído a un tipo en inglés, y ya sabemos que las personas que hablan inglés son mucho más listas que nosotros... Aparentemente la traducción es buena, pero solo aparentemente, porque, al pasar de manera literal ese texto al español, este periodista se trajo un posesivo (*his foot* → *su pie*) que, aunque queda bien en la lengua original, suena fatal en la nuestra. Como era de esperar, a sus compañeros les pareció fantástica esa novedad y la copiaron, la extendieron y la convirtieron en uno de los errores más comunes de la prensa deportiva en español.

¿Por qué es un error —o no es adecuado, o no es normal— decir *su pie* en lugar de *el pie*? Pues porque nuestro sistema gramatical (tengamos en cuenta que la gramática es un fenómeno abstracto y a veces caprichoso) contempla la existencia de unos objetos a los que denominamos *posesiones inalienables*, o sea, cosas que son necesariamente de cada cual y que no pueden ser de otras personas, como una mano, un pie, una pierna, un ojo... Y en español, cuando hablamos de esos objetos, se usa el artículo definido «en contextos en los que en otras lenguas aparece un posesivo» (NGLEM: 352). También es normal cambiar el posesivo por un artículo definido —aunque no se hace siempre— cuando hablamos de ciertas capacidades o facultades (ánimo, ilusión, memoria...) y de objetos como prendas de vestir, muebles de la casa, un paraguas, un reloj, un coche... (ibídem).

Por eso es más habitual decir «¿Te duele **la** pierna?», «Tengo **el** ánimo por los suelos», «Me voy a sentar en **el** sillón» y «María se manchó **la** camisa con la comida» que «¿Te duele **tu** pierna?», «Tengo **mi** ánimo por los suelos», «Me voy a sentar en **mi** sillón» y «María se manchó **su** camisa con la comida». Por cierto, este uso es normal incluso cuando la posesión inalienable la tenemos a pares. Por ejemplo, si un jugador de fútbol toca el balón con la mano derecha, no es imprescindible explicar cuál de las dos manos empleó —a no ser que esa información sea relevante—, de tal modo que será suficiente con señalar que ese futbolista «tocó el balón con la mano», sin más.

Pese a lo que les gusta a los periodistas usar expresiones como «un golpe en su pie», «tocó el balón con su mano» y otras similares, al hacerlo no están siendo especialmente estilosos; más bien todo lo contrario: como señala el profesor José Enrique García González, de la Universidad de Sevilla, esta preferencia por los posesivos va «en contra de la naturalidad, y a veces de la gramaticalidad», de nuestro idioma.[112] Y es que, como ocurre con el vestir, la elegancia casi siempre está en lo clásico, no en experimentos de última hora. Y si, además, lo clásico es de fabricación nacional, mucho mejor.

---

112. «Anglicismos morfosintácticos en la traducción periodística (inglés-español): análisis y clasificación». Ver bibliografía.
Hay que tener en cuenta, no obstante, que en ciertos contextos no es censurable el uso de posesivos, especialmente cuando queremos añadir expresividad a nuestro mensaje: «Lo vi con **mis** propios ojos»; «El libro que ahora tienes en **tus** manos...».

53. Una mala cosecha

Vamos a dedicar las siguientes líneas a otra temeridad lingüística de los periodistas deportivos, aquella que se produce cuando dicen, por ejemplo, que un equipo «cosechó una derrota». De este asunto hablé hace años en un apasionado debate en Twitter, que comenzó con una consulta de un amigo mío, que me preguntaba si era lógico emparejar las palabras *cosechar* y *derrota*. Él, que es periodista deportivo, y de los buenos, suponía —y ese era el motivo de su consulta— que lo adecuado sería utilizar este verbo solamente en el caso de que el equipo hubiera ganado. En otras palabras, según su punto de vista, *cosechar* tiene connotaciones positivas, nunca negativas.

Curiosamente, tenía razón mi amigo al decir que la expresión *cosechar una derrota* es incorrecta, pero no precisamente por el motivo que él exponía, pues, cuando cosechamos, podemos cosechar cosas buenas o cosas malas; de hecho, todos sabemos que «quien siembra vientos cosecha tempestades», y el *Diccionario de uso del español* —el *María Moliner*—, al hablar del verbo *cosechar*, nos pone este ejemplo: «Con todo su trabajo y preocupaciones sólo ha cosechado disgustos» (826). Por su parte, el diccionario de la Academia define así el verbo del que hablamos: 'Ganarse, atraerse o concitarse simpatías, odios, fracasos, éxitos, etc.'. Queda claro, pues, que se pueden cosechar victorias, pero también disgustos y fracasos.

No, la expresión *cosechar una derrota* no es incorrecta por aquello que se ha cosechado, sino por el número de derrotas que se han recogido en esa cosecha, que, como podemos leer, ha sido una sola, y una cosecha siempre consiste en la recogida de un conjunto de cosas —frutos, hortalizas, cereales, victorias, fracasos, disgustos...—, no de una sola. Por eso, el *Manual de español urgente* dice que *cosechar* se puede aplicar tanto a éxitos como a fracasos y a derrotas, «siempre que lo cosechado sea una pluralidad» (2008: 220). Por su parte, Fernando Lázaro Carreter afirmaba que «puede haber una cosecha de fracasos o de derrotas, pero nunca de un solo fracaso o de una sola derrota» (1997: 706).

Dicho todo esto, debo añadir que debates como el que tuvo lugar en Twitter me resultan de lo más apasionantes, pues los contendientes, por lo general, exponen argumentos que, aunque finalmente sean rebatidos, nos hacen dudar, releer, reflexionar, analizar y contemplar con cautela nuestro idioma, y quien haga eso a la hora de escribir —en especial quien dude— tiene garantizada una cosecha de buenos textos.

54. La Eurocopa no se gana por favoritismo

Para mí, fútbol y radio son dos realidades inseparables. No les niego que a veces veo partidos por la tele y que, antes de la pandemia de la covid, muy de cuando en cuando iba al estadio a ver sufrir a mi equipo, pero, desde mi punto de vista, la radio es el mejor medio de comunicación para *ver* un partido, con esos locutores convirtiendo en pasión y en palabras atropelladas todo aquello que nuestros ojos no pueden registrar. Por eso, la celebración, en el verano de 2021, de la Eurocopa 2020 (qué cosas tan raras nos ha traído la pandemia, ¿verdad?) supuso para mí una sobredosis de ondas hercianas.

Como es natural, antes de la victoria de Italia en el campeonato había unas cuantas favoritas al título, y ese asunto no solo consumió horas y horas en todas las cadenas de radio, sino que me permitió intervenir, a través de las redes sociales, en uno de los debates que tuvieron lugar, pero no para dar mi pronóstico sobre cuál sería la selección ganadora, sino para advertirle a un periodista deportivo que estaba usando mal la palabra *favoritismo*.

Este locutor, como tantos otros, usó ese sustantivo con la intención de señalar que determinado equipo tenía la condición de favorito para ganar el torneo. Ahora mismo no recuerdo cuáles fueron sus palabras exactas, pero serían similares a estas: «Francia está demostrando su favoritismo en la Eurocopa». Al hablar de ese modo, repitió un error que se viene cometiendo desde hace años en las televisiones, las radios y los periódicos, pues *favoritismo* significa «preferencia dada al favor sobre el mérito o la equidad, especialmente cuando aquella es habitual o predominante», según el diccionario de la Real Academia Española.

Por lo tanto, si yo creo que a un compañero de mi trabajo lo ascendieron porque es amigo del director y no por sus méritos, podré decir que en ese nombramiento hubo favoritismo, pero si lo que quiero decir es que Francia es la favorita (o sea, «que tiene, en la opinión general, la mayor probabilidad de ganar en una competición», según el mismo diccionario), no hablaré del favoritismo de Francia; lo que haré es decir que Francia tiene la condición de favorita, o bien que tiene ventaja sobre las demás, tal y como nos recuerda la Fundación del Español Urgente.[113]

Lo más curioso de esta historia es que, al ver mi advertencia en Twitter, el locutor que había cometido el error —al que yo había etiquetado en la red social— lo comentó en antena y tuvo la osadía de preguntarse, con cierta sorna, si cada vez que fuera a hablar de cuestiones como esta debería decir a partir de ese momento *condición de favorito* y no *favoritismo*... Si lo que no le convencía era tener que invertir medio segundo más en pronunciar tales palabras, creo que no está de más decirle que el gasto está sobradamente justificado; pero si lo que le ocurrió es que le molestó que le tiraran de las orejas y le sugirieran mejorar su uso del español —que, por cierto, es su principal herramienta de trabajo—, le pido sinceramente disculpas.

113. «*Favoritismo* no es *condición de favorito* ni *ventaja*», Fundéu. Ver bibliografía.

55. Sobre esferas, trenzas y serpientes

Ya hemos dicho que el periodismo deportivo va más allá de la información para transmitirnos también emociones, pues eso es el deporte: victorias, derrotas, hazañas, sufrimiento, ponerse de un lado o de otro, admirar el poderío físico de mujeres y hombres que son capaces de hacer con sus cuerpos maravillas inimaginables para el resto de los mortales. Es normal, por tanto, que al periodista no se le pueda pedir aquí que sea imparcial; más bien todo lo contrario: en ciertas ocasiones le exigimos que sea uno de los nuestros y que nos envíe, a través del papel, de la fibra o de las ondas, todo lo que se está viviendo o se vivió en ese lugar en el que están nuestros héroes.

Por esta razón, el lenguaje de la prensa deportiva es también más dado al empleo de ciertos recursos que no serían tan bien vistos en la información política, económica o de tribunales. Tal vez por eso decía el gramático Fernando Lázaro Carreter que «es el fútbol el manantial perenne de donde fluye el idioma más alucinado» (1997: 696). Efectivamente, en otros ámbitos de la comunicación serían más censurables ciertas manías, como todos esos tópicos y clichés que se repiten desde hace años: *esférico* en lugar de *balón*, *trencilla* en vez de *árbitro*, *serpiente multicolor* para referirse a un pelotón ciclista, *cal* para hablar de las líneas de un campo de fútbol, *electrónico* como sinónimo de *marcador*... Ahí tienen unos pocos, pero los hay a decenas. Para ello, los periodistas se valen —quizá sin saberlo— de determinadas figuras retóricas, como la metonimia,[114] la metáfora o el hipérbaton.

Antes de seguir, digamos que un cliché y un tópico vienen a ser más o menos lo mismo: en el contexto en el que nos hallamos, *cliché* significa 'idea o expresión demasiado repetidas o tópicas', según el diccionario *Clave*, y *tópico* es una expresión 'trivial o muy empleada', según el de la RAE. En definitiva, estamos hablando de palabras y expresiones que, de tan usadas, han acabado por perder toda la gracia que tenían. *El libro del español correcto* lo explica de este modo: «Las fórmulas cansinas son aquellas expresiones rutinarias cuyo uso ha desgastado gran parte de la fuerza expresiva que la construcción pudiera haber tenido inicialmente» (42). He reproducido esta cita porque, si hay un adjetivo ideal para describir la naturaleza de muchos de estos tópicos de la prensa deportiva, no es otro que *cansino*. Amigos periodistas, no está de más soltarse el pelo y mostrar cierta cercanía con el receptor del mensaje, pero de vez en cuando hay que cambiar el repertorio si no queremos aburrir al personal.

En los últimos años se ha puesto de moda también una fórmula que en un primer momento pudo resultar elegante, pero que, de tan vista, ya cansa. No se trata esta vez de una cuestión léxica, sino sintáctica: a algún redactor de noticias deportivas le tuvo que parecer ocurrente cambiar el orden *habitual* de una oración y colocar primero el verbo y después el sujeto, como sucede en este texto: «Vive el Barça de intangibles, de expecta-

---

114. La metonimia «consiste en la sustitución de un término por otro que mantiene con el primero una relación de contigüidad semántica» (Platas Tasende, 2011: 412). Por ejemplo, es una metonimia llamar *las canas* a la vejez, según el diccionario académico, y también lo es llamar *cal* a las líneas de un campo de fútbol. De la metáfora hablaremos en el capítulo «El genio es Álex Grijelmo» (p. 367).

tivas y del gas sentimental activado por Laporta»,[115] donde no habría pasado nada si el periodista hubiera escrito «El Barça vive de intangibles...».

Se ve que a los colegas de aquel primer malabarista les pareció fantástica esa acrobacia —que no es un error, que conste; de hecho, es una de las figuras retóricas que cité más arriba: el hipérbaton— y por eso ahora vemos el invento cada dos por tres, de tal modo que lo que en algún momento pudo llamar la atención del lector se ha convertido en un recurso que ya no tiene chispa. A este fenómeno se le podría aplicar una afirmación del lingüista Álex Grijelmo sobre el abuso de la expresión *poner en valor*, tan del gusto de los políticos de hoy en día: «Si apareciera sólo ocasionalmente, quizá la veríamos como un hallazgo de estilo. Pero el estilo es sorpresa, y ya no produce extrañeza que alguien use y use y use semejante fórmula».[116]

El *Libro de estilo* del diario deportivo español *Marca* dice en su introducción que el deporte es «un vehículo extraordinario para transmitir valores positivos como el esfuerzo, el compañerismo, la amistad, la tolerancia, la generosidad y el respeto» (22). Todos esos sustantivos poco tienen que ver con otros como *Parlamento, Gobierno, ministro, crisis, corrupción, economía, concejal, juez, clima, guerra, coronavirus...*, todos los cuales, alguna vez, nos han causado cierta inquietud al oírlos en la radio. Viva, pues, el periodismo deportivo como válvula de escape, como isla en medio de la información general, pero pidámosles también a estos plumillas que sean conscientes de la responsabilidad que tienen como emisores de un discurso que reciben centenares de millones de personas. Carlos Oliva Marañón, profesor de la Facultad de Ciencias de la Comunicación de la Universidad Rey Juan Carlos, afirma que «los

115. «El final de Messi, una quiebra financiera, deportiva y moral», *El País*, 5 de agosto de 2021, https://elpais.com/deportes/2021-08-05/una-quiebra-financiera-deportiva-y-moral.html?event_log=oklogin.

116. «'Poner en valor' el idioma español», *El País*. Ver bibliografía.

medios de comunicación deportivos contribuyen a diario a ensanchar el idioma creando usos lingüísticos, vocablos y acepciones nuevas que años más tarde, tras generalizarse y pasar a formar parte del acervo léxico común, acaban incorporándose al diccionario».[117] ¿Les parece poca responsabilidad?

117. «Lenguaje deportivo y comunicación social: prototipo coetáneo de masas». Ver bibliografía.

56. Del rey Pirro a la victoria pírrica

Hace más de dos mil años, a un general llamado Pirro, que además fue rey de Epiro (uno de los estados que conformaban la antigua Grecia), no se le ocurrió otra cosa que meterse con su vecina la República romana. En uno de sus enfrentamientos con Roma, el general venció, pero su ejército, a pesar de la victoria, quedó hecho trizas. Ese resultado del combate dio origen a la expresión *victoria pírrica*, que siempre se ha venido utilizando para referirnos a un triunfo en el cual ha habido más daño para el vencedor que para el vencido. Bueno, siempre siempre no: desde hace unos años se le ha añadido otro significado, que veremos ahora mismo.

Ya he citado varias veces en este libro a Fernando Lázaro Carreter y sus famosos *dardos en la palabra*. Lo he hecho porque lo considero una autoridad que les puede dar más peso a mis argumentos, pero también debo decir que en ocasiones la ortodoxia de este gramático era radical y lo llevaba a condenar usos que, o bien estaban más o menos asentados en el momento en el que escribía el artículo correspondiente, o iban camino de estarlo; se echa de menos, en algunos de esos *dardos*, cierta capacidad de anticipación con la que poder aventurar —nadie mejor que él, como expertísimo perito de nuestro idioma— cuáles serían en el futuro los recorridos de determinadas locuciones o palabras que se hallaban, en el plano semántico, en proceso de metamorfosis.

Una de las expresiones que Lázaro Carreter criticó por su mal uso fue precisamente *victoria pírrica*, pues, desde su punto de vista, «un triunfo que produce algún beneficio a quien lo logra, aunque sea escaso y por exiguo margen, será mínimo pero no *pírrico*» (1997: 231). Este autor dirigía sus pequeñas flechas contra el gremio al que más le estaba gustando usar esa expresión con un nuevo significado: la prensa deportiva. «El Barcelona [...], tras varios fiascos consecutivos en partidos de pretemporada, logró vencer en un torneo al modesto Oviedo por 3-2. ¿Fue *pírrica* su victoria? En modo alguno» (ibídem), decía Lázaro Carreter en 1982, así que hemos de pensar que ya por ese entonces los periodistas empezaban a usar el adjetivo *pírrico* para hablar de aquellas victorias que se obtenían por la mínima,[118] pero no necesariamente con más daño para el vencedor que para el vencido.

Iba, pues, la prensa por delante del diccionario, y esto se puede comprobar si buscamos el adjetivo en cuestión en la vigesimoprimera edición del léxico académico, que es del año 1992. Esta es la definición que veremos: 'Dícese del triunfo o victoria obtenidos con más daño del vencedor que del vencido' (RAE, 1992: 1611). Hubo que esperar hasta 2001 para ver, en la siguiente edición del diccionario, dos nuevas acepciones, que se suman a la ya señalada:[119] 'Conseguido con mucho trabajo o por un margen muy pequeño' y 'de poco valor o insuficiente, especialmente en proporción al esfuerzo realizado'.

118. En las noticias de deportes, suelo leer y oír la expresión [*ganar* o *perder*] *por la mínima* para hablar del resultado 0-1 o 1-0, pero, desde mi punto de vista, esta locución sirve para cualquier resultado en el que la diferencia sea la mínima posible, como un 98-97 en baloncesto, por ejemplo; y en esos contextos la usan también algunos periodistas, aunque menos.

119. Hay que agradecerle a la Academia que en la edición de 2001 cambiara, en la primera acepción, el rancio «dícese del triunfo...» por un «dicho de un triunfo...».

Hoy sigue habiendo quien se mete con los periodistas deportivos por hablar de *victorias pírricas* para referirse a triunfos mínimos —por cierto, la expresión también se emplea en otros ámbitos, como el de la información política, especialmente para hablar de resultados electorales—. Pues bien, con todo lo dicho en este capítulo ha quedado claro que no hay nada que censurarle a este nuevo significado, que ha sido una victoria (aplastante, en este caso) del uso sobre la norma.

57. Un olímpico y errado tirón de orejas

Siempre que se acercan las Olimpiadas (también podría haber escrito *Olimpiada*, en singular, y a ambas palabras les podría haber puesto tilde: *Olimpíada/Olimpíadas*; en todos los casos estaría hablando de lo mismo) salta en las redes sociales algún talibán[120] lingüístico para advertir que no debemos llamar así, sino *Juegos Olímpicos*, a este magno acontecimiento deportivo que tiene lugar cada cuatro años. También ocurrió, claro está, con motivo de la celebración de los Juegos de Tokio. Decía un

120. Yo sé que ustedes me entienden cuando uso la palabra *talibán* en este contexto, pero, por si no les queda claro, les explico que el diccionario de la RAE nos dice que *talibán* es un adjetivo que aplicamos a aquello «perteneciente o relativo a un movimiento integrista musulmán surgido de una escuela coránica pakistaní y desarrollado en Afganistán», pero añade que también lo podemos usar para referirnos a aquel que es un «fanático intransigente». Que no se ofenda nadie: yo también fui en su día un talibán lingüístico, pero ahora sé que tiene cura.

Por cierto, en el verano de 2021 la palabra *talibán* volvió a la actualidad informativa, y, con ella, el plural «los talibán», cuando lo adecuado en español es «los talibanes». Es verdad que en idioma pastún *talibán* es el plural de *talib*, pero, como señala acertadamente José Martínez de Sousa, es tan propio del español decir «los talibanes» como decir «los espaguetis» —no «los espagueti»—, aun cuando la palabra italiana *spaghetti* es un plural (su singular es *spaghetto*) (DUDEA: 609). La RAE opina lo mismo (DPD: 625). Su femenino es *talibana, talibanas*.

tuitero que las Olimpiadas le daban mucha pereza y alguien le contestó en estos términos: «Juegos olímpicos. Salvo que te dé pereza esperar los cuatro años que separan unos de otros». Esta observación obedecía a que quien la escribió consideraba que una olimpiada (ahora con minúscula inicial) es el periodo de cuatro años que hay entre dos Juegos Olímpicos; un periodo que esta vez ha sido de cinco años por culpa de la covid. ¿Tenía razón este segundo tuitero? Solo en parte, y eso fue causa suficiente para que su tirón de orejas estuviera fuera de lugar.

Antes de continuar, quiero aclarar que, a pesar de lo dicho en el título, a mí no me parece que el tirón de orejas del que estamos hablando fuera olímpico. Y al decir *olímpico* no me refiero a nada que tenga que ver con las Olimpiadas; lo que estoy haciendo es usar este adjetivo según la quinta acepción que le da el diccionario académico, que es 'altanero, soberbio'. Esa acepción es la que ha dado lugar a la expresión *pasar olímpicamente*[121] de alguien o de algo, muy habitual en España (no sé si también en América) y que significa menospreciar o ignorar de forma descarada y evidente a ese alguien o ese algo. No, el segundo tuitero no respondió olímpicamente, pero de alguna manera tenía yo que titular este capítulo...

Sigamos. Es cierto que uno de los significados que registra el diccionario de la RAE para la palabra *olimpiada* es 'período de cuatro años comprendido entre dos celebraciones consecutivas de juegos olímpicos', y ese es el motivo por el que los más ortodoxos se lanzan a la yugular de aquellos que emplean este sustantivo para referirse a los juegos. Quienes hacen la crítica suponen que sus criticados usan mal la palabra porque solo deberían utilizarla para hablar de los cuatro años que separan

---

121. Yo mismo usé el adverbio *olímpicamente* en el capítulo «A ti te encanta esa tilde» (p. 127), en el que dije esto: «Como ya hemos visto unas páginas más atrás, la tilde diacrítica es un signo que se salta olímpicamente las reglas de acentuación gráfica de nuestro idioma».

unos juegos de otros. Yo no niego, claro está, que esa sea una de las acepciones de la palabrita; de hecho, no solo es un uso correcto, sino antiguo: en la vigesimoprimera edición del citado diccionario podemos ver una información que no aparece en la actualidad y que dice que «fue costumbre entre los griegos contar el tiempo por olimpiadas a partir del solsticio de verano del año 776 antes de Jesucristo, en que se fijó la primera» (RAE, 1992: 1474).

Pero que ese significado sea correcto y antiguo no quiere decir que sea el único adecuado para la palabra *olimpiada*. Para comprobarlo, basta con ir nuevamente al diccionario académico y leer esta otra acepción: 'Competición deportiva mundial que se celebra cada cuatro años en un lugar previamente determinado'. La RAE añade que, para esta definición, el sustantivo se usa en plural con el mismo significado que en singular y se escribe con mayúscula inicial. Por lo tanto, ¿lo que ocurrió en Japón en el verano de 2021 fueron unas Olimpiadas? Por supuesto que sí. Desangeladas y con mascarilla, pero Olimpiadas.

Andalucía, Canarias y América

58. La primera vez que fui a Madrid

A mediados de los años ochenta del siglo pasado viajé por primera vez a Madrid, una ciudad que me fascinó y que me sigue fascinando. No recuerdo bien los detalles de la anécdota que les voy a contar, pero la relataré tal y como la memoria me la ha tenido conservada en la mollera. Con ella abro la parte de este libro que dedico al español de Andalucía, Canarias y América, o sea, al español de más del noventa por ciento de los hispanohablantes. Casi nada.

Vamos con la anécdota: estaba yo tomando unas cervezas con unos amigos y con otros jóvenes a los que no conocía de nada. Todos los presentes hablaban con el acento de los madrileños, pues tanto mis amigos como los desconocidos eran de allá. La cosa iba bien hasta que en un momento dado a mí me dio por abrir la boca y decir algo. En ese instante, las cuatro o cinco personas que ignoraban mi origen se giraron en busca del ser humano que había hablado de esa forma tan suave, tan ¿caribeña?, tan dulce, tan... extraña.

A partir de ese momento pasé de convidado de piedra a centro de atención y a ser objeto de toda clase de preguntas y comentarios: «¿De dónde eres?», «¡qué acento tan peculiar!», «¿eres peruano o cubano?». Yo ya no era un amigo de los amigos de esos amables inquisidores, sino una suerte de atracción, un espectáculo agradable y exótico; además, resultaba que aquel canario era respondón y de conversación entretenida, y creo que ese detalle les llamó todavía más la atención: ¿cómo era posible que un tipo como yo, que parecía idéntico a ellos, hablara un español tan guasón?

Para conocer las razones de lo que ocurrió aquella tarde de hace más de treinta años hay que remontarse cuatro siglos atrás, cuando en España se habían conformado dos normas lingüísticas, la centronorteña o castellana y la andaluza, de las que hablaremos en el siguiente capítulo. El prestigio de la norma castellana —minoritaria— frente a la andaluza —que fue la que viajó a Canarias y a América— no es algo casual, sino que ha sido posible porque el poder político español siempre ha estado del lado de esta variedad y, lo que es peor, ese apoyo siempre ha ido acompañado de un desprecio constante hacia todas las hablas meridionales; no solo la andaluza, sino la canaria y las del otro lado del Atlántico.

Esto ha empezado a cambiar hace poco, y la Academia —que es en gran medida responsable de la preeminencia que siempre ha tenido la variedad castellana— ha ido reculando en los últimos años. Esto se nota especialmente en obras como la *Ortografía de la lengua española*, la *Nueva gramática de la lengua española* y el *Diccionario panhispánico de dudas*, en las que todas las manifestaciones del español reciben el mismo tratamiento (como debe ser). Estos tres trabajos, además, no llevan la firma única de la Real Academia Española, sino también la de la Asociación de Academias de la Lengua Española, que aglutina a todas las nacidas en América tras las independencias.[122]

Pero esto no ha sido siempre así. Como muestra, tenemos este botón: el lingüista Luis Carlos Díaz Salgado reproduce, en su extenso artículo «Historia crítica y rosa de la Real Acade-

122. Ver la nota al pie número 4.

mia Española» —cuya lectura les recomiendo—, un fragmento de la *Gramática* que la Academia publicó en 1931, o sea, hace relativamente poco tiempo. Dice así: «Ha de tomarse por modelo la pronunciación de la gente culta de Castilla» (2011: 53). Esta oración podría considerarse un perfecto resumen de lo que durante años y años fue visto por muchos como algo normal, pese a ser una aberración; una aberración que se remonta a los tiempos posteriores a la bifurcación del español, ocurrida en los siglos XV y XVI: una vez concluido el parto de las dos nuevas normas de nuestro idioma, «la mayoría de los gramáticos de los siglos posteriores [...] no llegaron a entender los cambios fonéticos y fonológicos que estaba experimentando el idioma en las regiones del sur de la península», lo que los llevó a dar explicaciones sobre este español meridional que «fueron tan denigratorias como ridículas» (Díaz Salgado, 2011: 41).

Han sido, pues, varios siglos de desprecio, primero del andaluz y después de sus ramificaciones —la canaria y las americanas—: todo lo que se saliera de la forma de hablar de Toledo, en un primer estadio, y posteriormente de Madrid había de ser corregido, se decía en el norte, con lo que se ignoraba que el andaluz no es una deformación del castellano, sino que ambos —castellano y andaluz— son evoluciones de un mismo idioma, surgido en el norte de España en la Edad Media. Por lo tanto, el andaluz es «hermano [...], que no hijo, del dialecto castellano actual» (Díaz Salgado, 2011: 39).

Los canarios también hemos padecido durante demasiado tiempo esa consideración de hablantes no perfectos que se nos atribuía desde Castilla. Así nos lo cuenta el lingüista Humberto Hernández:

En este orden recitábamos la secuencia de pronombres personales con sus correspondientes conjugaciones verbales: yo canto, tú cantas, él canta, nosotros cantamos, vosotros cantáis, ellos cantan. [...] Pero nadie nos explicaba que ese pronombre *vosotros*, plural de *tú*, era propio de otra modalidad dialectal [...].

[...] Y es que nosotros, los que hablamos por estas latitudes, no teníamos plena conciencia de nuestra realidad lingüística, de que éramos usuarios de un dialecto del español con características propias, como el seseo [...] y la ausencia de la oposición *vosotros/ustedes*. Ignorábamos que el español de Canarias era una modalidad más de las que integran —y enriquecen— la lengua española y creíamos, nosotros —así nos lo habían hecho creer—, que nuestro dialecto era el resultado espurio de la corrupta evolución del español septentrional o castellano.[123]

El mundo ha cambiado bastante desde aquella tarde de cañas en una terraza de la capital de España y, volviendo a la anécdota del comienzo, hay que decir que esa ciudad es hoy más que nunca *un crisol de culturas*, como dice el tópico, de tal modo que, si algún madrileño sigue viendo como una pintoresca deformación el habla de los colombianos, chilenos, argentinos, peruanos, mexicanos, cubanos y canarios que rondamos por sus calles, debe saber que todos nosotros somos nietos de un andaluz que un buen día reinventó la lengua a la misma hora en la que un abuelo de ese madrileño hacía otro tanto, pero a su manera.

123. «... nosotros, vosotros y ellos», *El Día*. Ver bibliografía.

59. Los seseantes somos mayoría

«Muchos españoles creen que los latinoamericanos no pronunciamos (o pronunciamos mal) la c y la z. No es así, por supuesto: las pronunciamos perfectamente. Quienes las pronuncian distinto son una pequeña minoría y viven, precisamente, en España». Lo que acaban de leer son las primeras líneas de un artículo titulado «De lo bien que los latinoamericanos pronunciamos la z», escrito por el periodista argentino Cristian Vázquez.[124] Si esto lo lee un español de la península Ibérica que use el fonema /z/ (no todos los peninsulares lo usan), es posible que se quede muy sorprendido, pero lo que dice Vázquez es una verdad como un templo, aunque se le olvidó meter en el saco de los seseantes a todos los canarios y a una parte nada desdeñable de los españoles peninsulares, la mayoría de los cuales son andaluces.

Efectivamente, los seseantes, que somos una aplastante mayoría, pronunciamos un sonido cuando vemos la letra z, y también cuando vemos la letra c antes de e y de i; lo que no hacemos es pronunciar el mismo sonido que emite una persona del centro y el norte de España, que, al ver esas letras, usa el fonema /z/, mientras que todos los demás empleamos el fone-

---

124. *Letras Libres*. Ver bibliografía.

ma /s/. «Eso es empobrecer el idioma», me dijo cierta vez un peninsular, pero al decirlo olvidó que él hace algo idéntico cuando pronuncia el sonido /b/ al leer las palabras *botella* y *vino*, y también cuando pronuncia *pollo* y *poyo*, pues lo más probable es que solo use el fonema /y/, dado que /ll/ ya casi ha desaparecido del español. Esto está explicado en el capítulo «Sonora regla de tres para explicarle el seseo a un castellano» (p. 31), así que no insistiré más en ello.

A medida que el español comenzó a tomar cuerpo, algunos sonidos desaparecieron y aparecieron otros; no porque la gente empezara de repente a hablar mal, simplemente porque los sistemas fonológicos evolucionan, y bienvenida sea esa evolución: si no fuera por ella, hoy tampoco tendríamos la letra *ñ*,[125] que inventamos para representar un sonido que no existía en latín.

Y, de igual modo que el sonido correspondiente a la letra *v* desapareció en el español primitivo, a finales del siglo xv empezó a ocurrirle lo mismo al fonema /z/ en Sevilla. Algo maravilloso se estaba fraguando por aquel entonces en Andalucía: los hablantes comenzaron a transformar, espontáneamente, el idioma inventado en Castilla. Esta transformación, que la lingüista Lola Pons denomina «gran disidencia»,[126] dio lugar a fenómenos como el seseo. Una vez conquistadas las islas Canarias y descubierta América, fue ese español el que subió a los barcos y el que no llevó, porque no estaba en el sistema fonológico de los viajeros, el fonema /z/; pero, al igual que ocurrió con Roma y España con la *v* y la *b*, ese *nuevo* idioma español sí llevó consigo las letras *z* y *c*, pronunciadas ambas ya como /s/.

Mientras nacía esta nueva norma lingüística —la andaluza—, otra empezaba también a tomar forma en Castilla: la cen-

---

125. Ver el capítulo «La madrina de la eñe» (p. 143).
126. Vídeo de YouTube, https://www.youtube.com/watch?v=OoVFAzMLHLA.

tronorteña. Esta variedad, que es la que emplea el fonema /z/ en la actualidad, es minoritaria, pero no es menos cierto que es la que se habla en Madrid, centro del poder político y administrativo del Imperio, primero, y después ya solo de España. Allí se forjó la falacia de que el español de Castilla era el más prestigioso y, por tanto, el que había que difundir y defender a capa y espada. En esa ciudad, además, tiene su sede la Real Academia Española, que durante demasiado tiempo consideró también que el español bueno era pura y exclusivamente el que se hablaba en la capital del reino y sus alrededores. Pero estaba equivocada (y poco a poco va enmendando su error): el español es bueno tanto en Madrid como en Sevilla, lo mismo en Canarias que en Chile, perfecto en México y en Cuba... No olvidemos, por último, que todos los seseantes «hacen un ejercicio obligado de generosidad, puesto que utilizan una ortografía con más letras de las necesarias para ellos» (Díaz Salgado, 2011: 35). Así que la próxima vez que a un peninsular se le ocurra decir que nueve de cada diez hispanohablantes pronunciamos mal —algo que cada vez ocurre menos, afortunadamente—, habrá que hacerle estos tres recordatorios: que en el fondo le estamos haciendo un favor al escribir la z (y a veces también la c), que es él quien está en franca minoría y que, a pesar de eso, no habla mal. De hecho, habla tan bien como nosotros.

60. Ocho variedades para una sola lengua

Las islas Canarias son siete (ocho si contamos la coqueta islita de La Graciosa, que descansa apaciblemente al norte de su madre, Lanzarote). Yo, que soy de Tenerife, puedo saber de qué isla es otro canario que hable conmigo simplemente con oír su entonación: los herreños son silbantes; los palmeros, cantarines; los grancanarios hacen un curioso desdoblamiento consonántico...[127] También me ayuda el léxico: unos llaman *asadero* a lo que otros llamamos *chuletada*; algunos, *roscas* a los que los de más allá llaman *cotufas*;[128] sin embargo, para mí todos hablamos lo mismo: canario. Algo idéntico ocurre, por supuesto, en otras partes del mundo. Yo puedo intuir que el acento de un interlocutor es mexicano, y lo deduciré sin necesidad de tener demasiada información sobre ese señor ni sobre el habla mexicana; pero sería incapaz de adivinar de qué parte exacta de ese

127. Por ejemplo, para decir «las dos», pronuncian algo así como [lad. dó]. El lingüista canario Humberto Hernández trata este asunto en el *Manual de estilo* de Radiotelevisión Canaria. Ver bibliografía.

128. *Roscas* y *cotufas* son las palabras que se usan en Canarias para denominar lo que en otros lugares llaman *palomitas de maíz*. En cuanto a *asadero* y *chuletada*, son los nombres que le damos a esa comida al aire libre —en el monte, por ejemplo—, con carne asada, bebida, risas, música y diversión.

vasto país es la persona que me habla, pues hay muchas formas de hablar mexicano.

A los humanos nos encanta clasificarlo todo para entender mejor el mundo que nos rodea. Y, claro está, lo hacemos en todas las ramas de la actividad científica. El estudio de la lengua española no se salva de esta manía, y esa es la razón por la que los lingüistas han dividido y subdividido nuestro extenso idioma por zonas, con el fin de comprender su naturaleza.

Como ustedes saben, el español se extiende por casi toda América, desde Estados Unidos hasta Chile, y también se habla, por supuesto, en España.[129] Quinientos millones de personas podemos entendernos sin necesidad de diccionarios ni intérpretes, lo cual nos puede dar una idea de las innumerables formas en que se manifiesta el idioma. Si en Canarias, en la que vivimos apenas dos millones, yo soy capaz de identificar varios acentos, ¿cuántos más podría encontrar si tuviera la posibilidad de hablar con el resto de los hispanohablantes?

Aun así, los expertos en asuntos de la lengua han considerado oportuno establecer una clasificación de grandes variedades del idioma, y el resultado ha sido una división de la extensa nación hispánica en ocho grupos. Esta agrupación no obedece al número de hablantes, sino a determinadas características distintivas que posibilitan esta primera macroclasificación, aunque después se puedan hacer muchas más dentro de cada una de las ocho variedades. Tales particularidades tienen que ver con «rasgos característicos en los niveles fónico, gramatical y léxico» (Hernández, 2020: 17).

Para que entiendan que este ordenamiento no obedece al número de hablantes, les cuento que el canario tiene categoría de variedad del mismo modo que la tiene el mexicano, cuando resulta que este último multiplica por cien a mis islas en núme-

---

129. El español también está presente en Guinea Ecuatorial (donde es idioma nacional), en el Sáhara Occidental y, mucho menos, en Filipinas.

ro de almas. El canario es una de las tres variedades del español de España; las otras dos son el andaluz y el castellano o centronorteño. En cuanto a América, además del mexicano (y centroamericano), están el caribeño, el andino, el rioplatense y el chileno. El lingüista Carlos Alonso Valentini, del que hablaremos a continuación, considera que sería adecuado añadir una casilla más en ese tablero: Estados Unidos.

Naturalmente, esta es una gran división que obedece a criterios geográficos y nada tiene que ver con otras variaciones relacionadas con aspectos tales como los sociales y los culturales. Al respecto, Valentini indica que «los estudios dialectológicos coinciden en señalar dos grandes bloques de variedades lingüísticas: las sociales y las geográficas. Estas últimas remiten a las diferencias lingüísticas observables en el espacio físico, entre hablantes de diferentes regiones».[130]

Aun así, tal distribución, necesariamente difusa e incompleta, nos sirve para apreciar la riqueza de nuestro idioma y también para maravillarnos al comprobar que, por muchas fronteras invisibles que los lingüistas pongan en los mapas del español, no existen barreras que nos impidan comunicarnos sin mayores problemas dentro de esta inmensa comunidad. Como afirma el lingüista venezolano Ángel Rosenblat, «el habla culta de Hispanoamérica presenta una asombrosa unidad con la de España, una unidad sin duda mayor que la del inglés de los Estados Unidos o el portugués del Brasil con respecto a la antigua metrópoli: unidad de estructura gramatical, unidad de medios expresivos» (1971: 33).

Rosenblat se refiere aquí a los registros cultos, pero a continuación añade una idea que para mí es importantísima: entre Hispanoamérica y España «hay que admitir también una unidad de mundo interior, una profunda comunidad espiritual»

---

130. «Variedades lingüísticas del español: viejos temas y nuevos enfoques en la certificación de ELE en Argentina». Ver bibliografía.

(ibídem) que viene dada, precisamente, por el hecho de compartir lengua e historia. Esa es la razón por la cual, por mucha distancia cultural o social que pueda haber entre dos hablantes de nuestro idioma, yo me apuesto ahora mismo todas mis deudas a que siempre me entenderé infinitamente mejor con cualquiera que tenga el español como lengua materna —se exprese como se exprese— que con un polaco o con un japonés.

61. Todos hablamos bien cuando hablamos bien

La creencia de que el español que se habla en el centro y el norte de España es la forma ideal de expresarse en nuestro idioma ha hecho un daño del que todavía se está curando la comunidad hispanohablante, y nos llevará aún bastante tiempo terminar de sanar la herida. Lamentablemente, este mal no es exclusivo de la lengua española: la fea costumbre de buscar un modelo autoproclamado prestigioso que domine al resto de los dialectos (y digo «al resto» porque ese supuesto modelo es también un dialecto) se da igualmente en inglés y en alemán,[131] por ejemplo, pero ese es otro cantar.

Una vez que la metrópoli lingüística ha reconocido su error, se han venido produciendo en los últimos años algunos actos de desagravio hacia los dialectos de aquí y de allá que son tan injustificados como el agravio inicial, y me explico: ahora que sabemos que el *mejor español* no es el que se habla en Madrid y alrededores, a muchos les ha dado por preguntarse dónde, entonces, se da la mejor manifestación de nuestro idioma. En un afán de encontrar la excelencia, tan absurdo como innecesario, la gente ha empezado a buscar la Jauja del español, y algunos

131. Lo explica Enrique Bernárdez en el artículo «Lenguas pluricéntricas». Ver bibliografía.

creen haberla descubierto al menos en dos lugares: unos dicen que la isla de El Hierro, en Canarias, es donde el español ha llegado a su cima; otros aseguran que no hay mejor forma que la que se da en Colombia... Estos son los hallazgos que han llegado a mis oídos, pero estoy seguro de que los exploradores han dado con otros falsos paraísos idiomáticos.

El Hierro y Colombia.[132] ¿Por qué? ¿Por qué no La Coruña y Managua, o La Habana y Buenos Aires? ¿Qué tienen unas que no tengan las otras? Hace unos años acompañé al lingüista Alberto Gómez Font a un programa de radio de las islas Canarias. El periodista le preguntó al invitado si la gente de nuestro archipiélago habla bien español y la respuesta de Alberto fue esta: «Los que hablan bien, sí». Esta afirmación, breve pero jugosa, venía a decir que para hablar bien una lengua da igual dónde estés; lo importante es que tu respeto por aspectos como el léxico y la sintaxis sea más o menos aceptable.

Ya hemos dicho en otros capítulos que en nuestro idioma existen dos grandes normas, que son la del centro y el norte de España, o «castellana», y la del sur de la península Ibérica, Canarias y América, o «meridional». Las palabras escritas entre comillas son los nombres que les da Humberto Hernández a estas dos normas (2012: 13). Y esas dos normas, a su vez, nos dan ocho grandes variedades, de las que también hemos hablado ya. Por último, dentro de cada una de esas ocho variedades encontraremos grandes y pequeñas diferencias, que no son más que maravillosas manifestaciones singulares y legítimas de un mismo idioma. Todo lo dicho significa que el español es una lengua pluricéntrica, o sea, una lengua en la que no existe una única norma, inmutable, espejo en el que mirarse para hablar bien.

---

132. Cabría preguntar a los que ven el colombiano como el mejor español a qué dialecto concreto del país se refieren, pues hay varios y muy diferenciados.

De este modo, todas las diferencias que se registran entre el español del centro y el norte de España y el del resto del mundo no son, como la propia Real Academia Española defendió hasta hace no demasiado tiempo, indeseadas transgresiones de la norma castellana. ¿Cómo es posible que se haya afirmado que fenómenos como el seseo o el voseo son aberraciones de esa norma, cuando resulta que no pertenecen a tal norma? ¿A un argentino se le podría pasar por la cabeza decir que el uso del fonema /z/ o del pronombre *vosotros* son pecados lingüísticos perpetrados por los habitantes del norte de España contra su particular manera de expresarse? Jamás.

En lugar de castigar la riqueza del idioma español —una riqueza que, como vimos en el capítulo anterior, no ha afectado en absoluto a la unidad idiomática—, la mejor forma de proteger la *pureza* de nuestra lengua es cultivar, proteger y difundir cada una de sus múltiples manifestaciones y, para ello, el primer mandamiento es aceptar que todos hablamos bien cuando hablamos bien.

Misterios de la gramática

62. Los verbos para el alma y el leísmo

Ya hemos visto que la ortografía es un código que nos sirve para representar sobre un papel aquellas palabras que queremos compartir con otros, y también para entender las que esos otros han representado para nosotros. Ese código consiste en un conjunto de dibujitos y de normas sobre su uso que nos hemos inventado para poder comunicarnos mediante la escritura, del mismo modo que hemos creado las señales de tráfico para no ir matándonos unos a otros por la carretera.

Sin embargo, llegados a esta parte del libro debemos cambiar el chip porque ahora no vamos a hablar de un acuerdo —la ortografía lo es—, sino de un hecho abstracto, consustancial a todos los seres humanos; de una habilidad ancestral que aprendemos a usar espontáneamente y sin necesidad de ir a la escuela; de un fenómeno que podemos describir pero no modificar por decreto. Me refiero a la gramática, que es la esencia invisible y a veces caprichosa de un idioma, esa que nos permite construir palabras y combinarlas con otras —sepamos o no leer y escribir, eso es lo de menos— para crear expresiones y oraciones. Les hablo, en definitiva, de un cofre lleno de misterios, y vamos a empezar por uno que guarda relación con unos verbos muy particulares.

Veamos qué opinan ustedes de estas dos oraciones: «Pedro

intentaba dormir, pero Teresa lo molestaba haciéndole cosquillas», «Pedro intentaba dormir, pero el ruido de la calle le molestaba». ¿Les suenan bien? A mí sí, y eso que en una he usado el pronombre *lo* y en otra he empleado *le*, pese a que en los dos casos el verbo es *molestar*, que es transitivo y cuyo complemento directo es *Pedro*. Por lo tanto, cabría esperar que en ambas oraciones hubiera usado *lo*; pero, tal y como están escritas, las dos son perfectas. Eso se debe a que *molestar* pertenece a un grupo de verbos a los que denominamos *de afección psíquica*, aunque a mí me gusta llamarlos *verbos para el alma*.[133]

Un verbo de afección psíquica es aquel «que expresa sensaciones, impresiones, sentimientos o, en general, estados o procesos físicos [...] y psicológicos», según el *Glosario de términos gramaticales* (327). Por cierto, esta obra los llama *verbos psicológicos*, pero yo prefiero, si de usar términos serios se trata, la denominación *verbos de afección psíquica*, que es la que emplea el *Diccionario panhispánico de dudas*. Estamos hablando de los verbos *aburrir, afectar, agobiar, agradar, alegrar, asombrar, asustar, atraer, cansar, complacer, contentar, convencer, desagradar, disgustar, divertir, doler, encantar, entristecer, entusiasmar, escocer, estimular, extrañar, gustar, herir, impresionar, interesar, irritar, molestar, obsesionar, ofender, pesar, perjudicar, preocupar, sorprender* y muchos otros.

En todos ellos vemos su condición de verbos en los que actúan el ánimo, la mente, los sentidos... Son verbos, por lo tanto, tan volubles como los sentimientos humanos —aunque tam-

---

133. El pronombre *lo* es el que usamos para complemento directo singular y masculino. Sin embargo, está muy extendido —y no es censurable— el uso de *le* cuando ese complemento directo es una persona. Por eso rechazamos oraciones como «El libro está en la mesa, **tráele**», pero nos resulta normal oír «Pedro no tiene coche, **tráele** en el tuyo». De todos modos, en este capítulo no nos interesa esa manifestación del leísmo; solo hablaremos del uso de *le* con los verbos de afección psíquica. Veremos más detenidamente algunas formas de leísmo en el capítulo siguiente.

bién se pueden usar con otros seres vivos, como nos advierte el *Glosario* (328)—. Y, por lo tanto, aunque casi siempre nos dan la impresión de ser transitivos, o sea, que tienen un complemento directo, lo cierto es que ese complemento a veces oscila y se convierte en indirecto, todo ello dependiendo de varios factores.

El primero de ellos es la intencionalidad del sujeto que hace la acción señalada por el verbo: si ese sujeto es una persona —o un animal— y además se presupone voluntariedad en su acción, tendemos a considerar que el complemento es directo (Teresa **lo** molestaba, y lo hacía mediante las cosquillas y con el fin de fastidiar...), pero si no hay una voluntad clara en la acción, o si esta la lleva a cabo algo que es inanimado, nuestro cerebro nos ordena interpretar, de manera espontánea e intuitiva, el complemento como indirecto (el ruido de la calle **le** molestaba, pero no lo hacía adrede).

Otro de los factores que influyen a la hora de escoger entre el complemento directo y el indirecto está relacionado con la posición del sujeto en la oración cuando este es inanimado: si está colocado antes del verbo, nos inclinamos por el complemento directo; si está pospuesto, solemos quedarnos con el indirecto. El *Diccionario panhispánico de dudas* pone estos dos ejemplos: «Mi actitud **lo** decepcionó» y «Nunca **le** decepciona mi actitud» (393).

Ya lo ven, los verbos para el alma son caprichosos y juegan a confundirnos y a hacernos dudar si estaremos siendo leístas. Al respecto, les diré que el *Panhispánico* habla de estos verbos precisamente en su entrada dedicada al leísmo, fenómeno que define como «el uso impropio de *le(s)* en función de complemento directo, en lugar de *lo* (para el masculino singular o neutro), *los* (para el masculino plural) y *la(s)* (para el femenino)» (392), pero cuando empieza a hablar específicamente de los verbos de afección psíquica señala que estos, «dependiendo de distintos factores, admiten el uso de los pronombres de acu-

sativo —*lo(s)*, *la(s)*— y de los pronombres de dativo —*le(s)*—»
(393). Entonces, si se *admite* que digamos tanto *lo* como *le*,
usar este último no es *impropio*, ¿no creen? Por lo tanto, mi
opinión es que el uso de *le* (y su plural) con verbos de afección
psíquica no debería considerarse un leísmo, sino una maravilla
más de nuestra arcana gramática. Asunto diferente es decir disparates como «El pan le compré esta misma mañana». Sobre
este y otros leísmos hablaremos en el capítulo siguiente.

63. Lo cortés no quita lo leísta

Ya hablamos unas páginas más atrás del proceso por el cual el español se dividió en dos normas: la castellana y la andaluza. Ambas provienen de un padre común, que es el castellano medieval. Es oportuno hacer este recordatorio porque el leísmo, entendido como error en el habla y en la escritura, tiene mucho que ver con esa evolución del español. En el capítulo anterior vimos cómo define el *Diccionario panhispánico de dudas* el leísmo: se trata del uso impropio de *le* o *les* donde debemos usar *lo*, *los*, *la* o *las* en aquellos casos en los que tenemos que emplear alguno de estos pronombres para señalar un complemento directo. Pues bien, vayamos nuevamente al *Panhispánico*, que también nos habla del origen de este notable error:

> En el siglo XIII, época de la reconquista de casi toda Andalucía, este fenómeno no se hallaba lo suficientemente extendido como para instalarse en la norma andaluza y, por consiguiente, tampoco caló en el español atlántico (Canarias e Hispanoamérica). Así pues, y en líneas muy generales, suelen distinguirse dos zonas: una marcadamente leísta, que abarca el área central y noroccidental de Castilla —junto con focos aislados en ciertos países hispanoamericanos— y otra no leísta, que abarca la mayor parte del mundo hispánico (393).

A mí me da una enorme alegría no ser leísta, pues sé que a quienes sí lo son les cuesta mucho detectar el error, y lo mismo les ocurre a los laístas. Soy tan no leísta que tampoco caigo en ese uso en un caso en el que el leísmo está tan pero tan extendido que ya casi se ha convertido en norma. Después les explicaré de qué se trata, pero primero vamos a poner un ejemplo de leísmo normal y corriente para que quienes lo padecen puedan detectarlo y, en consecuencia, evitarlo. Me bastará con la oración que usé en el capítulo anterior: «El pan le compré esta misma mañana». El complemento directo de esa oración es *el pan*, y una de las formas que tenemos de comprobarlo es el viejo truco de convertir la oración en pasiva: «El pan fue comprado por mí esta misma mañana». Ahora *el pan* es el sujeto; por lo tanto, en la primera oración es complemento directo sin el menor género de dudas, de tal modo que el pronombre que le corresponde es *lo*, no *le*. La oración, entonces, debe quedar así: «El pan lo compré esta misma mañana».

Vamos, ahora sí, con ese leísmo extendidísimo en español del que les iba a hablar. Consiste en el uso de *le*, en lugar de *lo*, cuando el complemento directo es masculino, singular y de persona. Y, a riesgo de repetirme nuevamente, volvamos al capítulo anterior y tomemos el ejemplo de la nota al pie: el uso de oraciones como «Pedro no tiene coche, tráele en el tuyo» (en lugar de *tráelo*, que es lo correcto) es ya tan de andar por casa, y está tan arraigado en nuestro sistema gramatical, que resultaría absurdo censurarlo, especialmente si tenemos en cuenta «su extensión entre hablantes cultos y escritores de prestigio» (DPD: 393). Y, pese a que esta actitud tolerante se limita al singular, yo les puedo asegurar que ese leísmo masculino de persona es hoy en día igual de exitoso cuando el complemento está en plural: «Mis hermanos no tienen coche, tráeles en el tuyo», por mucho que el *Panhispánico* nos advierta que este uso «no está tan extendido como cuando el referente es singular, por lo que se desaconseja en el habla culta» (ibídem).

También es normal el cambio de *lo/los* por *le/les* cuando el verbo está en unas oraciones a las que llamamos impersonales con *se*. Para entender de qué hablamos, vayamos unas páginas más atrás y recuperemos la famosa frase de Sabino Fernández Campo: «Ni está ni se le espera». La persona a quien nadie esperaba en el palacio del rey Juan Carlos I —o eso dicen— durante el 23-F era un hombre (el general golpista Alfonso Armada), de tal modo que, en este contexto concreto, al genio de la lengua no le molesta el uso de *le* en lugar de *lo*; sin embargo, es menos normal —aunque también ocurre— que se dé este fenómeno con el femenino: en tal caso, lo más seguro es que Fernández Campo hubiera dicho «Ni está ni se la espera». De todos modos, si ustedes quieren utilizar un lenguaje elegante y limpio, yo les recomiendo que digan «Ni está ni se lo espera», «Ni está ni se la espera» o lo que corresponda en cada caso, pero con los pronombres *lo* y *la*.

Para terminar, les hablaré de otro leísmo, denominado *de cortesía*, que es frecuente «en bastantes zonas no leístas» (Gómez Torrego, 2007: 111). Consiste en el uso de *le(s)* cuando nos dirigimos a una o a varias personas a las que ustedeamos, o sea, a las que tratamos de *usted*. Esto se hace para dejarle claro al interlocutor que es él, y no una tercera persona, el complemento directo de la oración. Por ejemplo, si yo digo «No se preocupe, abuelo, que yo le llevo», lo que quiero decir es que llevo a mi abuelo, no a otra persona que ande por ahí. En cambio, si a quien llevara fuera a otra persona, diría «No se preocupe por mi cuñado, abuelo, que yo lo llevo». A este leísmo le tengo cierto cariño, no solo por su útil función de desambiguación, sino porque lo oigo con cierta frecuencia en las islas Canarias. Del mismo modo que ocurre con el leísmo en las impersonales con *se*, el de cortesía «no está tan generalizado cuando el interlocutor es femenino», pero «debe considerarse aceptable», afirma el *Panhispánico* (395).

Tenemos, pues, tres tipos de leísmo —el de masculino sin-

gular de persona, el de impersonales con *se* y el de cortesía—
que están sólidamente sujetos a nuestro edificio gramatical, de
tal modo que no debemos perder el tiempo en combatirlos,
pues la batalla ya está perdida (o ganada; lo único que ha hecho
el idioma es evolucionar). Tal vez dentro de unos siglos ni siquiera aparezcan descritos en los manuales de gramática como
fenómenos ligeramente anómalos: para entonces los seguiremos viendo, pero ya solo en los libros de gramática histórica.

64. Un artículo travestido

Sigo hablando del pasado de nuestra lengua, y lo haré para contarles algo que es posible que muchos no sepan. En la oración «El agua está fría», ustedes dirían que el artículo que antecede a la palabra *agua* es masculino, ¿verdad? Pues no: se trata de los restos de un artículo femenino antiquísimo; un artículo femenino que, como manda la lógica, es el que le corresponde a un sustantivo femenino como *agua*.

Siempre que veamos un sustantivo femenino que comienza con un fonema /a/ tónico se dará esta paradoja; lo mismo ocurre con el *águila, el área* y *el hacha*. Para comprender este fenómeno, hagamos un poco de historia. En latín existía el demostrativo femenino *illa*, que se transformó en *ela*. Y entonces empezó a ocurrir algo en castellano antiguo: cuando *ela* antecedía a una palabra que comenzaba con un sonido vocálico, la *a* de *ela* desaparecía. El *Diccionario panhispánico de dudas* nos explica que, «con el tiempo, esta tendencia solo se mantuvo ante sustantivos que comenzaban por /a/ tónica, y así ha llegado a nuestros días» (247). Y esa es la razón por la que hoy, en lugar de decir «la agua» (o «ela agua»), decimos «el agua». Aunque en el pasado también ocurría esta metamorfosis ante adjetivos, finalmente pasó a manifestarse solo antes de sustantivos, y por eso decimos «el alta médica», pues aquí la palabra *alta* es un sustantivo, pero decimos «la alta montaña», pues ahora se trata de un adjetivo.

Este fenómeno es normal ante palabras que comienzan con /a/ tónica, pero no ocurre cuando ese sonido es átono. Por eso no debemos decir «el agüita», como hacen muchos, sino «la agüita». Si lo dudan, pregúntense qué artículo usan antes de palabras femeninas como *almohada* o *amistad*. Por otra parte, usamos *el* cuando el artículo está inmediatamente antes del sustantivo, pero no si en medio se cuela otra palabra. Por eso lo correcto es «la impresionante águila», no «el impresionante águila».

Decía más arriba que este fenómeno se da «siempre que veamos un sustantivo femenino que...», pero no me hagan mucho caso, porque los hablantes, que son muy libres de saltarse a la torera las invisibles reglas gramaticales que ordenan nuestro idioma, a veces —siempre, diría yo— hacen lo que les da la gana. Si quienes hacen lo que les da la gana son un número poco importante de personas, las acusaremos de infringir la Constitución lingüística, pero cuando esa libertad la ejercen decenas y decenas de millones de hispanohablantes, no queda más remedio que aplicar una enmienda a la legislación vigente, pues si algo tiene de bueno la lengua es que se trata de un invento radicalmente democrático.

Entonces, nos encontramos con que, cuando aparece en nuestro léxico un sustantivo nuevo, de género femenino y con /a/ tónica, a la mayoría de nosotros no nos parece bien aplicar aquella vieja regla (que no es estrictamente una regla, sino un hecho, un fenómeno) y preferimos usar el artículo femenino que para nosotros es más familiar, no una reliquia de la Edad Media. Esa es la razón por la que un sustantivo tan contemporáneo, tan del siglo XXI, como *árbitra* lo acompañamos de un artículo tan moderno como *la*.

65. Si compras, compras algo, evidentemente

Hace un tiempo, una amiga mía me dijo que había tenido una discusión con un compañero de trabajo porque este le había enviado un mensaje, relacionado con otra compañera, en el que le dijo algo así como «Mañana la escribo». Mi amiga le advirtió que lo correcto habría sido decir «Mañana le escribo», por mucho que él fuera a escribirle a una persona de sexo femenino. La respuesta del compañero fue que debía usar *la*, puesto que *escribir* es un verbo transitivo y la compañera era el complemento directo. Se equivocaba, claro está, y es posible que todo tuviera que ver con que el tipo en cuestión era de Castilla, cuna y criadero del laísmo, y mi amiga era de Canarias, un territorio que está a salvo de tal fenómeno lingüístico, a Dios gracias.

Tenía razón el muchacho en una sola cosa: el verbo *escribir*, efectivamente, es transitivo, de tal forma que no es de extrañar que este joven buscara por algún lado el complemento directo y, al no encontrarlo, se lo adjudicara a la compañera que iba a recibir el escrito. Pero esa no era la solución al problema, y mi amiga hizo bien al pensar que se debió usar el pronombre *le*, ya que la chica a la que se le iba a escribir algo es el complemento indirecto en la oración. Entonces, ¿dónde diablos está el complemento directo? La respuesta es sencilla: no está. Se esfumó. Pero no por ello dejó de ser transitivo el verbo *escribir*.

En este contexto, *escribir* está funcionando como *verbo absoluto*, algo que ocurre cuando el complemento directo no se menciona, ya sea porque es evidente o porque no resulta necesario nombrarlo. La Academia nos explica que en estos casos la información relativa a este complemento se deduce «del significado mismo del verbo [...] y de ciertos factores contextuales o discursivos», en un fenómeno que se denomina *recuperación léxica* (NGLEM: 665). Por ejemplo, si yo estoy conversando con otra persona acerca de una tercera a la que le tengo que consultar algo y digo «Mañana le escribo», lo que estoy diciendo es que le voy a escribir *algo*, y ese algo puede ser un correo electrónico, un wasap[134] o lo que debamos suponer según el contexto en el que se produzca la conversación.

Los verbos transitivos que se usan de forma absoluta «no dejan de ser transitivos en tales contextos, ni pasan a adquirir en ellos un nuevo significado» (ibídem). Cualquier verbo transitivo al que le podamos eliminar el complemento directo porque este es consabido, porque no lo conocemos o porque no hace falta nombrarlo es un verbo absoluto. Entran en esta categoría *leer*, *comprar*, *cazar* y otros muchos. Por eso yo puedo decir que hace tiempo que no leo, y que esta tarde salgo a comprar, y que a mi gato le gusta cazar; pero no es necesario que diga ni qué es lo que hace tiempo que no leo ni qué voy a comprar esta tarde (porque a lo mejor no lo sé: solo salgo a comprar por entretenerme, no porque necesite algo) ni qué es

---

134. Como ven, escribo *wasap* para hablar de un mensaje de WhatsApp. Una cosa es el nombre de esta aplicación y otra diferente es el nombre que les damos a los mensajes enviados a través de ese invento. Según la Fundéu, la mejor forma de escribir un sustantivo para referirnos a estos mensajes es *wasap* (en letra redonda y sin comillas), aunque también es válido *guasap*. Y si la pronunciación es llana debemos escribir *wásap* o *guásap*. También están bien formados los verbos *wasapear* y *guasapear*, añade la Fundéu. Ver bibliografía. Además de estas formas, yo he visto (en WhatsApp, por cierto) el sustantivo *uasap* y el verbo *uasapear*, que me parecen igual de válidos.

lo que caza mi gato (en realidad no caza nada, pues no tengo gato ni lo voy a tener).

Termino con una recomendación. Si alguna vez alguien les dice que tal o cual verbo no puede ser transitivo porque no tiene complemento directo, la mejor respuesta que le pueden dar al censor es esta: «Estás absolutamente equivocado».

66. Yo no hubiera sido tan categórico

Una famosa política española cometió cierto día dos faltas de ortografía al escribir un pequeño texto en Twitter. Y, como es habitual en estos casos, el personal no tardó ni un minuto en empezar a tomarle el pelo. Un tuitero decía: «Dos faltas de ortografía en 140 caracteres tampoco es para que te llamen ignorante, pero repasa un poco...». A este tuit, otro individuo contestaba así: «Posiblemente si lo hubiese escrito ella misma hubiese tenido 139». Y un tercer tuitero le respondió al segundo en estos términos: «Se escribe: "Si lo hubiese escrito... habría tenido"». Este tercer tuit tenía por objeto señalarle al autor del segundo un supuesto error gramatical, pues empleó el subjuntivo donde debería haber usado el condicional. Eso al menos es lo que pensaba el autor de la reprensión, pero se equivocaba: el texto del segundo tuitero, con ese subjuntivo repetido (*hubiese escrito / hubiese tenido*), es correctísimo.

Yo, que pasaba por allí, le respondí al tuitero número tres que su afirmación no era del todo cierta y le recomendé que consultara la *Nueva gramática de la lengua española*, pero el hombre seguía en sus trece y me contestó que su punto de vista era «totalmente cierto», a lo que añadió: «Sólo caben 'tendría' o 'habría tenido'. No hay más». A eso lo llamo yo ser categórico. En defensa de su argumento, el tuitero número tres me facilitó el acceso a un blog en el que venían a afirmar más o menos que si decimos «Yo **dormiría** mejor en mi casa», pero no decimos «Yo **durmiese** mejor en mi casa», podemos decir «Yo **habría dormido** mejor en mi casa», pero no «Yo **hubiese dormido** mejor en mi casa».

Pues bien, tanto el autor de ese blog como el tuitero número tres cometieron el error de creer que la lengua es algo así como las matemáticas, en las que todo se rige por la lógica más absoluta. Si fuera así, me gustaría que alguien me explicara por qué usamos a veces el futuro de indicativo cuando lo lógico sería emplear el presente (por ejemplo, cuando decimos «¿Qué querrá ahora?») o el pretérito de subjuntivo cuando aparentemente deberíamos usar el de indicativo (por ejemplo, cuando decimos «El que fuera alcalde de Nueva York Rudolph Giuliani...»).[135] Sí, amigos, el señor número tres se equivocó de cabo a rabo.

Frente a la lógica matemática que aplicó aquí el tuitero número tres —un razonamiento que, visto aisladamente, es demoledor—, en asuntos lingüísticos hay que ir por otros caminos, y estos caminos son los de las mayorías abrumadoras, los de los encantadores caprichos del idioma y los de la consolidación de determinados usos, por absurdos que parezcan. La inamovible precisión de una regla de tres no siempre nos sirve cuando se trata de algunas cuestiones relacionadas con el buen uso del español.

En nuestra lengua tenemos fenómenos que no precisan explicación; basta con describirlos y aceptarlos, porque son tan naturales y espontáneos como respirar. A la extraña y maravillosa voltereta idiomática que citaba más arriba, esa que con-

---

135. Aunque hay quien censura este uso, está registrado en varias obras, como en la *Gramática didáctica del español*, de Leonardo Gómez Torrego, quien nos dice que en estos casos es más normal la forma terminada en *-ra* (no diríamos «El que fuese alcalde de Nueva York Rudolph Giuliani...») y que «hoy es muy frecuente en el lenguaje periodístico» (155).

siste en usar el futuro de indicativo cuando lo lógico sería emplear el presente, le pone la Academia tres nombres: *futuro de conjetura*, *futuro de probabilidad* y *futuro epistémico* (NGLE: 1771). Esos usos son legítimos y no hay motivo alguno para censurarlos, pues, como he dicho en más de una ocasión, se dan en ellos dos condiciones: cumplen su objetivo de servir para que los interlocutores se entiendan y son propios de una ingente mayoría de hispanohablantes, no de unos pocos.

Bien, pues lo mismo cabe decir del capricho por el cual a veces empleamos el pretérito pluscuamperfecto de subjuntivo —*hubiera tenido*— en lugar del condicional compuesto —*habría tenido*— en las apódosis (o sea, en las oraciones principales) de construcciones condicionales. Todos los buenos manuales de gramática recogen este fenómeno, pero no lo critican, pues forma parte de la naturaleza de nuestro idioma a pesar de que si lo analizamos desde una perspectiva matemática puede resultar ilógico.

Veamos qué dice sobre este asunto la *Nueva gramática de la lengua española*. De entrada, aclaremos que esta obra emplea el verbo *cantar* cuando ilustra con ejemplos las explicaciones que da, y lo mismo haré yo. Señala la *Nueva gramática* que «*hubiera cantado* posee ciertas propiedades modales de las que carece *cantara*» (NGLEM: 459). Dicho de otro modo: no se puede hacer una regla de tres matemática en la que se establezca una relación igualitaria entre el pretérito pluscuamperfecto de subjuntivo (*hubiera cantado*) y el pretérito imperfecto de subjuntivo (*cantara*), pues, como advierten los gramáticos, el primero tiene ciertos poderes que no posee el segundo, de tal manera que, mientras nos puede parecer rara la oración «Si tuviera que opinar sobre eso, yo no **fuera** tan categórico», no nos lo parece esta otra: «Si hubiera tenido que opinar sobre eso, yo no **hubiera sido** tan categórico». Al menos no nos lo parece a cientos de millones de hispanohablantes.

Sigamos con la *Nueva gramática*. Añade esta obra que tenemos un tipo de subjuntivo —llamado «no inducido»— en el que *hubiera/hubiese cantado* «admite libremente la alternancia con *habría cantado*, como en *Me {habría ~ hubiera} gustado trabajar con él*. Si bien la preferencia de *hubiera* por *habría* es mayor en el español americano que en el europeo, se admiten ambas formas en uno y otro» (ibídem).

Ahora vayamos con Leonardo Gómez Torrego —uno de los más extraordinarios gramáticos que ha parido España—, que, en su *Gramática didáctica del español*, dice lo siguiente sobre las construcciones condicionales: «Si la prótasis [o sea, la parte que indica cuál es la condición] lleva el verbo en pretérito pluscuamperfecto [de subjuntivo], el de la apódosis puede aparecer en ese mismo tiempo». Y pone este ejemplo: «Si lo hubiera sabido, hubiera ido» (361). Por lo tanto, y volviendo al debate de Twitter, si tenemos la prótasis «si lo **hubiese escrito** ella misma» (ahí tenemos un pretérito pluscuamperfecto de subjuntivo), su apódosis puede ser «**hubiese tenido** 139», o sea, puede tener el mismo tiempo verbal que la prótasis. Por lo tanto, ¿tenía razón el tuitero número tres al lanzar su condena y al defenderla de manera tan categórica? Definitivamente, no, pues la regla de tres que puso sobre la mesa era de muy difícil aplicación.

Como hemos podido comprobar, la relatividad no es asunto exclusivo de físicos y matemáticos; también en la lengua las cosas dejan de ser lo que parecen desde el momento en que nos damos cuenta —con tolerancia, modestia y asombro— de que no hay nada inmutable.[136]

---

136. Hay que añadir —siguiendo con las enseñanzas de la *Nueva gramática* académica—, que en Venezuela, República Dominicana, Cuba, Costa Rica, Puerto Rico, Honduras y otras áreas de Centroamérica es normal en algunos ámbitos emplear, en la apódosis, el subjuntivo —en lugar del condicional— también en la forma simple (*cantara*), y no solo en la compuesta (*hubiera cantado*), de tal manera que en esos países no les resultaría extraño escuchar «Si tuviera que opinar sobre eso, yo no **fuera** tan categórico». A este lado del charco aún encontramos esa forma en expresiones como «Si hubieras sido más prudente, otro gallo te **cantara**» o «**Quisiera** irme ya».

67. La paciente presidenta

Les voy a contar algo que ocurrió hace relativamente poco tiempo; concretamente, el 8 de abril de 2021, o sea, más de dos siglos después de que el diccionario de la Real Academia Española registrara la forma femenina *presidenta*. Esto nos podría llevar a la conclusión de que el diputado español de extrema derecha que protagonizó el numerito del que voy a hablar tuvo un comportamiento que obedeció a una mentalidad decimonónica, y no solo porque en los primeros años del siglo xix la palabra *presidenta* no apareciera aún en el diccionario (lo cual no es razón para condenar un vocablo, ni entonces ni ahora), sino porque el adjetivo *decimonónico* también significa 'anticuado o pasado de moda', según el diccionario *Clave*.

Sí, hay que ser muy anticuado, o muy retrógrado, para plantarse en una comisión del Congreso de los Diputados español en pleno siglo xxi y dirigirse a la mujer que modera la actividad de ese órgano como «señora presidente» con el argumento de que «el término *presidente* no tiene masculino ni femenino». Tuvo mucha paciencia la presidenta de la comisión (en realidad era la vicepresidenta, pero eso es lo de menos) antes de poner en su sitio al diputado en cuestión, que no aportó argumento alguno en favor de su tesis. Yo, por mi parte, expondré a continuación los míos, que defienden la idea contraria, o sea, que el femenino *presidenta* es legítimo, y mucho más que eso: está tan extendido en el español actual que aquel diputado debe de ser una de las pocas personas que aún no lo usan.

Quienes se muestran contrarios a ese femenino terminado en -*nta* sostienen que la palabra *presidente* es el participio activo del verbo *presidir* y que, por tanto, no tiene masculino ni femenino, como no lo tienen, por ejemplo, los adjetivos *estresante* y *recurrente* (que vienen de los verbos *estresar* y *recurrir*). Las personas que defienden esta idea tal vez se valen del diccionario académico, que, en la entrada correspondiente al sufijo -*nte*, señala esto: «Forma adjetivos deverbales, llamados tradicionalmente participios activos [...]. Significa 'que ejecuta la acción expresada por la base'. *Agobiante, veraneante, absorbente, dirigente, dependiente, crujiente*». Vaya..., parece que el diputado tenía razón. ¿O no? No, no la tenía, pues el texto que les acabo de copiar continúa, y finaliza así: «Muchos de estos adjetivos suelen sustantivarse, y algunos se han lexicalizado como sustantivos y han generado, a veces, una forma femenina en -*nta*». Como ejemplo, la obra citada pone las formas *dependiente* y *dependienta*.

Pero ahí no termina la cosa: la Academia publica semanalmente en su web (rae.es) las consultas más destacadas que le han hecho a la institución a través de las redes sociales y otras vías, y, si nos vamos a la lista correspondiente a la semana del 24 al 30 de junio de 2019, nos encontramos con esto: «Aunque "presidente" puede usarse como común en cuanto al género ("el/la presidente"), es preferible hoy usar el femenino "presidenta", documentado en español desde el siglo XV y registrado en el diccionario académico desde 1803».[137]

Podríamos dedicarle cuatro o cinco páginas a este asunto para seguir añadiendo argumentos incontestables, pero yo cerraré este capítulo con una inquietante reflexión: ¿el señor di-

137. https://www.rae.es/noticia/es-la-presidenta-o-la-presidente.

putado al que tanto le molesta que nos dirijamos a una mujer con el sustantivo *presidenta* pone alguna objeción a llamar *asistenta* a la mujer que limpia su casa y *gobernanta* a la que se encarga de coordinar el servicio en la planta del hotel en el que pasa sus vacaciones? Lo dudo, porque, si bien entre *presidente* y *presidenta* lo que se produce es un cambio de género gramatical que coloca a la misma altura a personas de ambos sexos, la anacrónica quiebra semántica que existe entre *asistente* y *asistenta* y entre *gobernante* y *gobernanta* le viene como anillo al dedo al ideario del partido político al que pertenece este individuo. Como diría el conde de Romanones: «¡Vaya tropa!».[138]

138. Álvaro Figueroa y Torres, conde de Romanones, fue una relevante figura de la política española en el primer tercio del siglo xx. Circula una historia según la cual el conde quería entrar en la RAE y fue buscando el voto entre los académicos, uno a uno. Pese a que parecía que iba a recibir un apoyo considerable, finalmente fueron muy pocos quienes votaron por él. Al enterarse, Romanones pronunció la frase con la que concluye este capítulo. Según Luis Carlos Díaz Salgado, lo más probable es que esta historia (que para él termina con la frase «¡Joder, qué tropa!») sea falsa (2011: 105-106).

68. El abismo no está en el género gramatical

Me he tenido que pensar varias veces el incluir o no el presente capítulo y el que sigue en este libro, pero finalmente lo he hecho, y además verán que me he tomado la libertad de extenderme un poco más de lo que ha sido habitual hasta esta página, pues el asunto lo pide.

Soy consciente de que el debate en torno al denominado lenguaje inclusivo está en un momento vibrante y que se trata de una cuestión que puede llevar a estériles antagonismos. Yo mismo he cambiado ligeramente mi posición en los últimos años, aunque en la base mi punto de vista es el mismo: el uso del masculino como género no marcado no supone la invisibilización de la mujer, pues se trata de un mecanismo gramatical y, como tal, es un fenómeno abstracto que no representa de manera exacta la realidad, del mismo modo que no lo hacen otras manifestaciones lingüísticas. Y para ilustrarlo, empezaré con un ejemplo muy simple: la palabra *ballena* es un sustantivo femenino, un sustantivo que, además, no tiene una pareja de género masculino (cosa que sí ocurre con otros, como *gato/gata*); sin embargo, al pronunciar esa palabra me estoy refiriendo a cualquier animal que pertenezca a esa especie, sea de sexo masculino o femenino.[139] Por

139. Algo idéntico ocurre si yo digo «Juan y Pedro son dos personas ma-

lo tanto, la primera conclusión es que sexo y género gramatical no son lo mismo.

Un contrargumento a esta primera idea podría ser que no es lo mismo hablar de animales o de cosas que hacerlo de personas, y mi respuesta es que a la gramática —entendida, repito, como fenómeno abstracto que compartimos los humanos y, en este caso concreto, unos quinientos millones de hispanohablantes— sí que le trae sin cuidado que se hable de personas, de perros, de casas, de sillas, de emociones, de montañas o de océanos: al nombrarlos, a unos les damos género masculino y a otros les damos género femenino, y eso nada tiene que ver con la sexualidad, pues ni los océanos ni las sillas ni las montañas tienen sexo. Pero los sustantivos con los que representamos esas realidades sí tienen género gramatical.

En español tenemos un *problema*, que no es exclusivo de nuestro idioma: no existe el género neutro, excepto para unas pocas palabras, como *esto*, *eso*, *aquello*, *ello* y unas pocas más, que son la única huella de ese género que nos ha dejado el latín. Pero ocurre que en ciertos casos no deseamos marcar el género, ya sea porque lo que tenemos delante es un adverbio (los adverbios no tienen género ni número) o porque queremos incluir en un mismo enunciado sustantivos de ambos géneros. ¿Qué hacemos entonces? No nos queda más remedio que recurrir a uno de los dos géneros que ya tenemos, y el elegido en español es el masculino. Esto significa que en nuestra lengua el masculino es un *género inclusivo*, y sé que esta afirmación puede causar estupor entre quienes defienden hacer cambios, pero, desde un punto de vista lingüístico, es una verdad incontestable.[140] Otros idiomas han optado por el femenino,

---

ravillosas»: Pedro y Juan son de sexo masculino, pero afirmo que son *maravillosas*, en femenino, porque he usado el sustantivo *personas*. Tanto *ballena* como *persona* son nombres epicenos, lo que quiere decir que con un solo género gramatical designan seres de ambos sexos.

140. Cuando he discutido sobre el llamado lenguaje inclusivo con per-

como el zayse, que lo habla en Etiopía una «comunidad que se caracteriza por una marcada organización social patriarcal», según señala la lingüista Bárbara Marqueta (2016: 179). ¿Lo han visto? Una comunidad en la que los hombres acaparan el poder usa el femenino cuando se refiere a una pluralidad de personas de ambos sexos...

El uso del masculino como género no marcado nos lleva a decir cosas como «Eso es bonito». ¿Por qué decir *bonito*? ¿Por qué no decimos «Eso es bonita»? Al fin y al cabo, *eso* es neutra, no masculina. La respuesta es muy sencilla: aun siendo neutra, el adjetivo que la acompaña tiene que concordar con ella de alguna manera, así que, como he dicho antes, no nos queda más remedio que usar el género que lo incluye todo, el género de andar por casa, que es (o coincide con) el masculino.

También decimos «Esas naranjas huelen raro», donde *raro* está en masculino y singular a pesar de que *naranjas* es femenina y está en plural. ¿Por qué ocurre eso? Porque *raro*, que parece un adjetivo, en realidad ha pasado a la categoría de adverbio (esas naranjas no son raras, sino que huelen *de modo raro*) y, por lo tanto, debe perder género y número..., pero resulta que en español no solo no hay género neutro, sino que tampoco existe un número neutro. Por lo tanto, debemos optar por un género de los que ya tenemos, y también por un número.[141]

---

sonas que lo defienden, en muchas ocasiones me han hablado en términos parecidos a estos: «Es que tú lo ves desde un punto de vista lingüístico, no social». Y mi respuesta es que, efectivamente, este asunto lo analizo desde ese punto de vista, porque es el único desde el que se puede entender. Al respecto, el lingüista Alberto Bustos señala lo siguiente: «La categoría de género del español [...] es una noción gramatical abstracta [...] y solo tienes alguna posibilidad de llegar a entenderla si la examinas con criterios lingüísticos» («El género gramatical: concepto, tipo y clases especiales», vídeo de YouTube. Ver bibliografía).

141. Algunos autores no ven que en oraciones como «Las naranjas huelen raro» se esté utilizando el masculino como género no marcado. Por ejemplo, el *Glosario de términos gramaticales* señala simplemente que aquí el adverbio *raro* «carece de flexión de género y número» (14). En cambio,

De este modo, vemos que no solo el género masculino tiene una doble función; también la tiene el número singular. El masculino sirve para marcar el género masculino, pero en determinados contextos —que el hablante identifica de forma natural— también se emplea como género no marcado. Y con el número hacemos lo mismo: el singular sirve para marcar un número singular, pero también para indicar algo que no constituye una singularidad ni una pluralidad, sino una *totalidad*. Esa es la razón por la que yo estoy seguro de que, cuando ustedes leyeron unas líneas más arriba una parte en la que yo hablaba de la «invisibilización de **la mujer**», entendieron sin ninguna dificultad, gracias al contexto, que al decir *la mujer* no me refería a una mujer concreta, sino a la totalidad de las mujeres.

Ahora que ya hemos descubierto que existe algo llamado *número no marcado*, podremos entender con más facilidad que con el género ocurre lo mismo. Veámoslo con unos ejemplos: si digo «La mujer está aparcando el coche», ustedes deducen que me refiero a una sola persona, ¿verdad?, pero si digo «Este es el siglo de la mujer» saben que me refiero a todas las mujeres del planeta. Pues bien, del mismo modo, cuando digo «Los niños están en el aula y las niñas están en el patio», todos entenderemos que el masculino ha sido empleado para referirse a personas de sexo masculino, pero si digo «Los niños están en el aula y los profesores están en el patio», el contexto —que es esa atmósfera impregnada de realidad que en tantas ocasiones nos ayuda a resolver otras dudas durante la comunicación ver-

---

otros sí creen que está adoptando el género masculino, aunque solo sea para indicar que no existe marca de género; así, Leonardo Gómez Torrego afirma que hay adjetivos (como *raro*) que «se inmovilizan en la forma masculina» para pasar a ser adverbios (2007: 206). Por su parte, Emilio Alarcos Llorach dice que «en este oficio adverbial quedan inmovilizados en sus variaciones de género y número, y adoptan la expresión propia del masculino singular» (1999: 128). De ahí yo deduzco que ese masculino está siendo empleado como género no marcado. Lo mismo opino para la concordancia en palabras neutras como *esto, eso, aquello*...

bal— me hará entender que esta vez he hablado de los niños y de las niñas.

El género y el número no son los únicos que se ven afectados por fenómenos como este; también podemos hablar de *tiempo no marcado*, como nos explica Pedro Álvarez de Miranda: «Hay tres tiempos verbales, y uno de ellos, el presente, es el tiempo no marcado frente al pasado y el futuro. Prueba de ello es la capacidad que tiene para suplantarlos: *Colón descubre América en 1492* significa en realidad 'Colón descubrió América en 1492', y *mañana no hay clase* significa 'mañana no habrá clase'».[142]

Otro contrargumento que se me puede plantear es que si es el masculino, y no el femenino, el género que usamos como no marcado es porque la sociedad en la que se ha configurado el idioma español a lo largo de los siglos ha estado dominada por los hombres. Ante eso debo hacer tres objeciones. La primera es que el sexo es una escasa proporción de las realidades que en el idioma español se diferencian por géneros gramaticales; el resto —una ingente mayoría— son cosas, ideas, sentimientos, hechos abstractos... Aun así, siempre que hablemos de esas cosas, emplearemos el masculino como género no marcado. Por ejemplo, en la oración «La libertad y el amor son hermosos» yo uso el adjetivo *hermosos*, en masculino, porque, al haber un sustantivo femenino y otro masculino, no me queda más remedio que hacer alguna concordancia, y la hago con el género que se usa en español para estos casos. Pero, como todos sabemos, ni la libertad ni el amor tienen sexo.

La segunda objeción es que, como hemos visto más arriba, existen idiomas en los que el género no marcado es el femenino, y algunos pertenecen a sociedades tremendamente machistas, como la comunidad etíope de la que habla Bárbara Marqueta. ¿Se imaginan al jefe de un pueblo de Etiopía diciendo

142. «El género no marcado», *El País*. Ver bibliografía.

«Aquí mandamos nosotras: mi hijo y yo»? Pues lo hace, pero en su idioma, claro está.

Y la tercera es que no es tan fácil comprobar si, efectivamente, el español emplea como no marcado el género masculino por la preeminencia de hombres sobre mujeres a lo largo de los siglos. El lingüista Álex Grijelmo lo explica así:

> Quienes entienden que el masculino genérico «invisibiliza» a las mujeres ponen en juego factores emocionales legítimos, basados en una realidad injusta, y proyectan sobre la lengua algunos problemas y discriminaciones que se dan en ámbitos ajenos a ella. De ese modo el dominio masculino en la sociedad se presenta como origen del predominio masculino en los géneros gramaticales.
>
> Se trata de una traslación fácil, que parece de cajón. Sin embargo, nos hallamos ante «una hipótesis científicamente indemostrable» (María Márquez Guerrero, *Bases epistemológicas del debate sobre el sexismo lingüístico*, 2016), aunque la veamos como probable con nuestros ojos de hoy. Pero, repetida tantas veces sin discusión, hasta se hace difícil contradecirla, por la influyente presión general y porque quienes la sostienen están defendiendo una lucha justa.[143]

En cuanto a las *soluciones* que se han buscado en los últimos años al supuesto problema de la invisibilización de la mu-

---

143. «¿Invisibiliza nuestra lengua a la mujer?», *El País*. Ver bibliografía.
El propio Álex Grijelmo vuelve a abordar este asunto en el libro *Propuesta de acuerdo sobre el lenguaje inclusivo* (ver bibliografía). Para entender mejor cómo nació el género femenino, y por qué yo afirmo que el masculino es también «el género de andar por casa» (o sea, el que usamos para indicar que no hay marca de género), recomiendo la lectura de esta obra. En ella, Grijelmo trata la cuestión del lenguaje inclusivo sin aspavientos y con respeto, y dice algo que puede sorprender a algunos, pero que es cierto: el masculino como género no marcado «no se creó como fruto de la dominación de los varones, sino como consecuencia de la visibilidad femenina» (14).

jer en el plano lingüístico —y que a mí me parecen innecesarias—, veo que las hay de dos tipos: ortográficas y, en un sentido general, gramaticales. Respecto a las primeras, su inutilidad es del todo manifiesta: el uso de la arroba («Querid@s amig@s») o de la letra *x* («Queridxs amigxs») podría parecer una alternativa en la escritura, pero resulta que lo escrito debe ser leído, y ¿cómo leer lo que acabo de escribir, si no tiene correspondencia con sonidos inteligibles para quienes quieran pronunciar esas palabras?

Respecto a las gramaticales, me detendré en las tres más conocidas. Por un lado, tenemos la duplicación del género: «Amigos y amigas, vamos a entrar todos y todas a la sala contigua». Este mecanismo no solo es engorroso, sino que no resulta espontáneo, y para articular el discurso hay que pensar previamente cómo se van a construir sintácticamente las oraciones, lo cual no ocurre en una comunicación fluida. Se emplea, por tanto, en contextos formales en los que la persona que habla quiere manifestar un deseo de visibilización femenina, pero esa manera de dirigirse a los demás es una herramienta política (absolutamente legítima, por otra parte), no una expresión natural del habla. Esa misma persona, cuando llegue a su casa, dejará de utilizar ese lenguaje, y además seguirá sin poder resolver —si es que hay algo que resolver— el supuesto problema que se le plantea con oraciones como las presentadas más arriba: «Eso es bonito», «Esas naranjas huelen raro», «La libertad y el amor son hermosos»...

Una segunda solución es emplear, en la medida de lo posible, palabras que engloben a un conjunto de personas, de tal manera que el uso de uno u otro género pase a un segundo plano. Esto da lugar a usos incorrectos, como *alumnado* en lugar de *alumnos*, pues el alumnado es el conjunto de alumnos de un centro docente, no un número cualquiera de ellos. Por lo tanto, si yo quiero decir que Juan, María, Pepa y José tuvieron un problema en el patio y fueron a hablar con el director, no podré decir «El alumnado que tuvo un problema fue a hablar con el director». Sin embargo, si digo «Los alumnos que tuvieron un problema fueron a hablar con el director», el resto de las personas que conozcan ese incidente (o sea, que conozcan el contexto) entenderán sin ninguna dificultad que al decir *los alumnos* me refiero a Juan, María, Pepa y José. Problemas idénticos los dan *la ciudadanía* por *los ciudadanos*, *el estudiantado* por *los estudiantes*, *el vecindario* por *los vecinos* y *la juventud* por *los jóvenes*, entre otros muchos sustantivos; todo ello sin olvidar que, nuevamente, nos hallamos ante un lenguaje artificial, pues alguien podrá decir «las personas trabajadoras» en un discurso, en una entrevista o en una nota de prensa, pero en su casa dice «los trabajadores», y lo hace sin darse cuenta: simplemente escucha a su instinto gramatical, que es espontáneo y desenmarañado.

Una tercera solución que se ha propuesto es usar el morfema -*e* para crear un género neutro: «Querides amigues». Sería muy complejo hablar aquí de las dificultades que entraña esta fórmula (una de ellas, aunque no la única, es la falta de espontaneidad a la hora de usarla, una vez más), así que me conformaré con decirles que se trata de una opción que tiene una ventaja y un inconveniente. La ventaja es que, efectivamente, nos permite añadirle a la lengua española el género neutro; el inconveniente es que las lenguas no evolucionan por decreto ni porque un grupo de personas —una ínfima minoría si lo comparamos con la totalidad de los hispanohablantes— emprenda una acción política (y esta lo es; entendido el adjetivo *política* como una característica de toda lucha en pro del bien común), sino que lo hace mediante procesos lentos y radicalmente democráticos.

Decía al comienzo de este extenso capítulo que mi posición acerca de este asunto ha variado ligeramente en los últimos años. Me explico. Hace un tiempo yo me ponía de los nervios cuando leía un texto en el que se recurría a la duplicación de género; y también me enfermaba cuando me hablaban del uso del morfema -e para inventar un género neutro. No lo hacía por ser contrario a la idea de que al sexo masculino se le tiene que acabar la hegemonía (de hecho, sé que nos irá mucho mejor cuando la humanidad sea más femenina), sino porque, siendo como soy un observador de la lengua, sentía que de este modo se le estaba haciendo un daño terrible.

Ahora no lo veo así. Lo que creo en estos días es que las mujeres —y los hombres— que, con su mejor voluntad, tratan de modificar el idioma para cambiar la sociedad son muy libres de recurrir a todos los procedimientos que crean oportunos; sin embargo, sigo convencido de que el abismo entre un sexo y otro no está en el género gramatical. Sí lo está en la semántica (todos sabemos que no es lo mismo llamar *golfo* a un hombre que llamar *golfa* a una mujer), pero también en regalarles muñecas a las niñas y camiones a los niños, y en los sueldos de las mujeres, y en los comentarios groseros por la calle, y en los asesinatos machistas.[144] Primero cambiémonos, cambiemos los hombres, respetemos a las mujeres y dejémoslas subir a la altura que les corresponde, y ya se encargará esa nueva sociedad de cambiar la lengua, sin recibir órdenes y a su ritmo.

Hace poco veía en YouTube un vídeo en el que aparecía la extraordinaria lingüista mexicana Paulina Chavira.[145] Decía esta gran conocedora del español que confiaba en poder ser testigo, aunque fuera ya de anciana, del uso generalizado del morfema -e. Si eso ocurre, yo seré el primero en aplaudirlo

---

144. El uso reiterado de la conjunción *y* precedida de coma que he hecho en esta parte del texto es una figura retórica llamada polisíndeton, con la que pretendo darle más expresividad a la oración. Este recurso es válido con otras conjunciones; yo lo vuelvo a hacer, por ejemplo, en el capítulo «Pepe Sousa, un gigante a las puertas de la RAE» (p. 331), cuando digo «... el autor de una novela o de una tesis doctoral, o el editor de una revista, o el servicio de publicaciones de una universidad...».

145. «Mano a mano. Lenguaje igualitario». Vídeo de YouTube, https://www.youtube.com/watch?v=GYXql_ekli4.

—porque habrá sido un éxito inapelable de la democracia lingüística—, pero estoy seguro de que no lo veré: ya sea porque nunca llegará ese momento o porque, si llega, será cuando yo ya esté criando malvas.

69. Los lobos y las lobas

No quiero cerrar el asunto del llamado lenguaje inclusivo en un tono tan serio como el que empleé en el capítulo anterior, así que a continuación los invito a leer un diálogo ficticio entre un profesor y un alumno. No se enfaden quienes defienden ese lenguaje: solo deseo que vean lo complicado que es duplicar constantemente el género gramatical y, de paso, darles a entender, como ya he explicado en las páginas anteriores, que el género no marcado no es más que una herramienta de nuestro abstracto y caprichoso sistema gramatical, como también lo son el número y el tiempo no marcados.

—El lobo comienza a convivir con el cromañón, que era cazador, hace decenas de miles de años.

—Alfonso, en esa oración estás invisibilizando a la mujer: deberías decir *el cromañón y la cromañona*. Date cuenta de que al usar solamente el género masculino estás dejando fuera a la mitad de esa gente.

—Vale, profe. Entonces, debería decir *el cromañón y la cromañona, que eran cazador y cazadora*, ¿no?

—Bueno, sí... ¿Por qué no?

—Pero también debería decir *el lobo y la loba*, ¿no?

—Bueno, pero el lobo no es humano, no se puede comparar.

—¿Por qué? La loba quedaría igual de invisible que la mujer, ¿no?

—Vale, pues sí: *el lobo y la loba*.

—Profe, y al decir *el lobo y la loba*, o *el cromañón y la cromañona*, ¿no estoy dejando fuera al resto de los lobos y las lobas y al resto de los cromañones y las cromañonas? Solo estoy nombrando a dos de cada, pero en esa época había miles de lobos...

—Y de lobas.

—... y de lobas, y también miles de cromañones...

—Y de cromañonas.

—Perdón, profe: y de cromañonas. A lo mejor decimos *el lobo* en vez de *los lobos* porque sabemos que todo el mundo nos va a entender y nadie va a pensar que estamos dejando fuera a miles de lobos y lobas.

—No, Alfonso. Tienes razón: estamos invisibilizando a miles de lobos, lobas, cromañones y cromañonas. La oración debe ser *Los lobos y las lobas comienzan a convivir con los cromañones y las cromañonas, que eran cazadores y cazadoras, hace decenas de miles de años.*

—¿Y las crías de los lobos y las lobas? Profe, nos faltan los lobeznos, porque al decir *lobo* y *loba* podría parecer que nos referimos solamente a los adultos. Para eso tenemos la palabra *lobezno*... Perdón: las palabras *lobezno* y *lobezna*.

—Es verdad. La oración debe ser *Los lobos, las lobas, los lobeznos y las lobeznas comienzan a convivir con los cromañones y las cromañonas, que eran cazadores y cazadoras, hace decenas de miles de años.*

—Profe, una pregunta: si esto ocurrió hace decenas de miles de años, ¿por qué lo decimos en presente? ¿No deberíamos decir que *comenzaron* a convivir?

—Pues sí... No podemos invisibilizar un tiempo pasado. Negar el pasado es negar nuestra historia. Bravo, Alfonso. Entonces, repite la oración, pero corregida.

—Los lobos, las lobas, los lobeznos y las lobeznas comenzaron a convivir con los cromañones y las cromañonas, que eran cazadores y cazadoras, hace decenas de miles de años.

—¡Ahora sí que está claro!

70. El vigía debe estar en su puesto

El asunto va en este capítulo de perífrasis verbales, que son aquellas construcciones en las que tenemos un verbo acompañado de otro verbo, y esa pareja hace la función de un solo verbo (perdón por el galimatías y por la redundancia). A uno de esos verbos lo llamaremos *auxiliar*, y al otro, *principal* o *auxiliado*. Veamos un ejemplo: «El vigía debe estar en su puesto», donde tenemos los verbos *deber*, que es el auxiliar, y *estar*, que es el principal o auxiliado. A veces se puede interponer entre ambos verbos alguna palabrilla, como una preposición o una conjunción («El vigía tiende **a** adormilarse», «El vigía tiene **que** observar»).[146]

Y ese uso de una preposición es el que más nos va a interesar en este capítulo, pues la presencia o la ausencia de la preposición *de* después del verbo *deber* da lugar a dos perífrasis que, aunque son casi idénticas, tienen significados diferentes. En la oración de más arriba está más o menos claro que lo que he dicho es que el vigía tiene la obligación de estar en su puesto (también podría significar otra cosa, pero eso lo veremos aho-

---

146. El verbo auxiliar puede estar conjugado o no, y el verbo principal siempre lo veremos en una forma no personal (infinitivo, gerundio o participio).

ra). Sin embargo, ¿qué significa esto: «El vigía debe de estar en su puesto»? La preposición *de* le aporta un nuevo sentido a la oración, que ahora quiere decir que es probable que el vigía esté en su puesto, pero que no estoy seguro de ello.

Por lo tanto, la perífrasis *deber* + infinitivo denota obligación, mientras que la perífrasis *deber de* + infinitivo denota probabilidad o suposición. El uso de *deber de* para indicar obligación está absolutamente censurado en la lengua culta, pero no ocurre esto con lo contrario, o sea, con usar simplemente *deber* para indicar probabilidad. Por eso les hacía más arriba una advertencia entre paréntesis, ya que, aunque «El vigía debe estar en su puesto» significa que ese señor tiene la obligación de estar en su puesto, también se suele usar —pese a no ser lo recomendado por la Real Academia Española— para indicar que es probable que esté en su puesto.

El gramático Manuel Seco nos muestra en su *Diccionario de dudas y dificultades de la lengua española* un buen número de ejemplos de autores prestigiosos que usaron una y otra forma para los significados que no les corresponden, pero aclara que «es más frecuente el uso, no académico, de *deber* + infinitivo en el sentido de probabilidad, que el de *deber de* + infinitivo en el sentido de obligación» (149). El segundo uso, no obstante, «se documenta en textos, clásicos y contemporáneos, con este valor [de obligación]», señala la Academia (NGLEM: 539).[147]

Nos encontramos, pues, ante un caso en el que, pese a que exista una norma —o una recomendación— por parte de la

---

147. José Martínez de Sousa recomienda no usar la preposición *de* cuando el verbo está en condicional (*debería, deberíamos...*). Efectivamente, con ese condicional ya estamos en un contexto de hipótesis, o sea, de probabilidad, de tal modo que la preposición resulta innecesaria porque «sin ella [el verbo *deber*] dice lo mismo» (DUDEA: 245). Por eso, de la canción *Tus regalos deberían de llegar*, del cantante argentino Fito Páez, me gusta todo menos el título.

RAE, ambos desplazamientos semánticos (ambas formas *incorrectas* de usar las dos perífrasis) han venido saliendo a lo largo del tiempo de las plumas de reconocidos autores. Eso me recuerda algo que me dijo hace unos años el extraordinario lingüista y académico José Antonio Pascual. «Esa regla es cosa de gramáticos», afirmó el maestro, que con esas palabras me quería explicar que los hablantes no le hacen siempre caso a esa norma,[148] pero Seco nos dice que «lo más recomendable es mantener la distinción establecida por la Academia» (DDD: 150). Yo le hago caso a Seco y simultáneamente me alegro de la sabiduría de Pascual; ambos son vigías que nunca han abandonado sus puestos.

148. Esto me lo dijo Pascual durante una conversación informal, pero con ella puso de manifiesto su condición de historiador de la lengua, o sea, de persona que está curada de espanto porque conoce como nadie los vaivenes y las singularidades de la lengua como propiedad de los hablantes, no de la Academia. Ver el capítulo «José Antonio Pascual, el poli bueno» (p. 364).

71. No se me vayan a enfadar

En el capítulo «Eres quesuista, aunque no lo sepas» (p. 154) les decía esto: «Ustedes no se me vayan a enfadar, pero les puedo asegurar que una inmensa mayoría de quienes leen este libro son quesuistas». Los más ortodoxos quizá se preguntaron a qué venía ese pronombre *me*, cuando podría haber dicho simplemente «no se vayan a enfadar». Otros, en cambio, pudieron haber pensado que ese *me*, cuya función tal vez ignoran, queda fantásticamente bien porque la oración parece así tener más fuerza: da la impresión de que me estoy implicando emocionalmente con las personas a las que me dirijo. Y así es.

Les acabo de hablar de José Antonio Pascual, que es un historiador de la lengua española. De él les puedo contar, entre otras cosas, su especial maestría para explicarnos que la función de la lengua es principalmente expresiva. Para ello, Pascual pone como ejemplo de lo que no es expresividad la famosa respuesta de las máquinas expendedoras de paquetes de cigarrillos cuando el comprador recibe el peligroso producto: «Su tabaco, gracias».

Este enunciado es escueto, triste, falsamente amable y, además, grabado; pero las personas, cuando nos comunicamos unas con otras, empleamos el lenguaje para expresar todo tipo de sensaciones. Con tal fin nos valemos de herramientas como la figura retórica denominada hipérbole, que es una forma bonita de llamar a la exageración: cuando una madre le dice a su hija que le ha pedido «mil veces» que ordene su habitación, la hija sabe perfectamente —y la madre también— que no se lo ha pedido tantas veces; tal vez lo ha hecho cuatro, cinco o, como mucho, seis. Pero esta mujer dice «mil veces» porque quiere manifestarle a su hija que se lo ha dicho más veces de las que considera necesarias y que su paciencia se está agotando.[149] A eso es a lo que me refiero cuando hablo de la función expresiva del lenguaje.

Pues bien, existe en español otra herramienta expresiva, denominada *dativo ético*, que es la que he usado yo al decir «No se me vayan a enfadar». A los que estudiamos latín en el bachillerato eso de *dativo* nos suena bastante, aunque ya no recordemos qué era. Digamos, simplemente, que en español ese dativo se sigue manifestando en los pronombres de complemento indirecto; por ejemplo, si yo digo «Mañana le traen la cama nueva a mi hermana», ese *le* es un pronombre de dativo, pues está anunciando el complemento indirecto, que es *mi hermana*.

El dativo ético es un pronombre «que se refiere al individuo implicado afectivamente por la acción que denota el predicado» (RAE y ASALE, 2019: 102). En nuestra oración, yo digo «no se **me** vayan a enfadar»,[150] en lugar de «no se vayan a enfadar», porque quiero manifestar que, si se enfadan, eso me puede afectar emocionalmente, o al menos que ese enfado puede tener alguna relación conmigo.

---

149. Otra figura retórica muy expresiva es el pleonasmo, que consiste en el uso de más palabras de las necesarias para darle fuerza a una idea. Por ejemplo, no es lo mismo decir «Lo vi» que decir «Lo vi con mis propios ojos», donde *mis*, *propios* y *ojos* están de más (pero resultan expresivos), pues todo lo que veo lo veo con los ojos, que necesariamente son míos y son propios.

150. El uso del pronombre *se* en esta oración no tiene nada que ver con lo que estamos comentando: se usa *se* porque el verbo *enfadar* se está usando como pronominal (*enfadarse*).

Existe otro dativo, similar a este, al que denominamos *aspectual* y que «posee igualmente carácter enfático», pero «concuerda en número y persona con el sujeto oracional» (ibídem). Estos son algunos ejemplos de dativo aspectual, en los que la ausencia de los pronombres cambiaría la intención expresiva de las oraciones: «**Me** comí un bocadillo», «**Te** comiste el almuerzo», «**Se** comió toda la lasaña». Como ven, los pronombres *me*, *te* y *se* concuerdan siempre con el sujeto (cosa que no ocurre en «No se **me** vayan a enfadar»), aunque en los tres ejemplos ese sujeto está omitido. El lingüista Alberto Bustos nos explica que la diferencia que se manifiesta aquí al emplear el dativo aspectual es que estamos queriendo decir que aquello que comimos nos lo comimos en su totalidad.[151] No es lo mismo, por lo tanto, decir «Me comí un bocadillo» que «Comí comida vegetariana» (no sabemos cuánta comida vegetariana) o «Mañana como con mi madre» (aquí ni siquiera digo qué es lo que voy a comer).[152]

El énfasis lo podemos apreciar mejor en esta oración: «Anoche me leí el libro entero», donde la presencia de *me* le da un vigor especial a la idea de que la lectura fue completa, y además se hizo en poco tiempo. No hay tanto mérito, en cuanto a capacidad lectora, en esta otra oración: «Leí un rato mientras te esperaba», y por eso no solo no empleamos el pronombre *me*, sino que sería incorrecto hacerlo.

Como hemos comprobado una vez más, la lengua tiene un millón de trucos (¿o habré recurrido a una hipérbole al usar un número tan alto?) para hacer posible que la comunicación entre las personas no se limite al traspaso de información y sea también un código que transporta matiz, subjetividad, sentimiento y emoción.

---

151. «Diferencia entre "comer" y "comerse"». *Blog de Lengua*. Ver bibliografía.
152. Ver el capítulo «Si compras, compras algo, evidentemente» (p. 255).

Delito y perdón

72. Cese usted a quien quiera

Esta parte del libro estará dedicada a una serie de delitos de habla y de escritura que, o bien ya no lo son (por reforma del código penal lingüístico), o bien creo que merecen ser perdonados porque el delincuente simplemente ha cometido una acción fruto del desconocimiento de leyes obsoletas, alejadas de la realidad o a las que una arrolladora mayoría no les hace el menor caso. Empecemos con el verbo *cesar*, cuyo uso como transitivo perseguí durante años, aun siendo consciente de que mi cruzada llevaba las de perder.

El verbo *cesar* fue usado durante muchísimo tiempo solo como intransitivo. Esto quiere decir que la oración en la que aparecía no tenía complemento directo. Se utilizaba de esta manera: «La tormenta ha cesado», donde *la tormenta* es el sujeto y lo que está haciendo es terminar, concluir. Por lo tanto, la tormenta no cesa *nada* ni *a nadie*. Mientras llovía y tronaba y parecía que el cielo se nos caía encima, como decían los galos de la aldea de Astérix, la tormenta sí podía asustar *a alguien*, pues el verbo *asustar* es transitivo y puede ir acompañado de un complemento directo, que sería ese alguien; pero cuando volvió la calma lo que ocurrió fue simplemente que la tormenta cesó.

Este uso se corresponde con la definición 'dicho de una cosa: Interrumpirse o acabarse', que vemos en el diccionario académico. Otro de los contextos comunes en el que lo veíamos —y lo vemos— responde a esta otra acepción: 'Con las preposiciones *de* o *en*, dejar de realizar la actividad que se menciona' («Ese policía no cesa de atosigarnos»); y un tercer uso viene definido así en el diccionario: 'Dejar de desempeñar un cargo o un empleo'. Aquí el verbo *cesar* va seguido de un complemento introducido por *en*, *de* o *como*: «El primer ministro cesó en su cargo», «María Pérez cesó como presidenta de la asociación de vecinos», «Donald Trump cesó de presidente tras las elecciones de 2020».

En todos los casos que hemos visto, *cesar* es intransitivo. Pero resulta que, como la gente es muy suya y le gusta adaptar la lengua a sus caprichos —o a sus necesidades—, hace un tiempo ocurrió algo interesante: en los medios de comunicación y en la calle empezamos a comprobar que, cuando estábamos ante el uso de este verbo con el significado de 'dejar de desempeñar un cargo o un empleo', a muchos les dio por convertir el sujeto en complemento directo en aquellos casos en los que se quería añadir quién era la persona responsable de que se produjera el cese del que se habla, y esa persona pasaba a ser el sujeto. Me explico: por ejemplo, si Juan cesaba como entrenador de su equipo de fútbol, Juan era el sujeto de la oración y *cesar* era intransitivo, pero si alguien quería decir quién lo destituyó empleaba esta otra fórmula: «La presidenta del San Roque Fútbol Club cesa a Juan como entrenador».

De este modo, *cesar* pasaba a ser transitivo y adoptaba el mismo significado que el verbo *destituir*. ¡Para qué fue aquello! Las autoridades lingüísticas empezaron a dar gritos y a censurar inmediatamente este uso. Como ejemplo, veamos lo que dice el *Diccionario panhispánico de dudas*, que fue publicado en 2005 y nunca ha sido revisado: «Aunque es uso frecuente en el lenguaje periodístico, debe evitarse en el habla esmerada el empleo de este verbo como transitivo ('expulsar [a alguien] del cargo o empleo que ocupa')» (130).

Afortunadamente, otros guardianes de la lengua se mostraron mucho más tolerantes que la Academia. Entre ellos, el gramático Leonardo Gómez Torrego, quien, cinco años antes de que se publicara el *Panhispánico*, decía lo siguiente: «La realidad es que el uso transitivo de *cesar* es ya frecuentísimo en los medios de comunicación, por lo que habrá que admitir que está arraigando en la norma culta», y ello debido a que, aunque no estaba por entonces «reconocido académicamente», respondía «a una tendencia de nuestro sistema».[153]

Esa tendencia nunca cesó (y aquí uso el verbo *cesar* como intransitivo) y los hispanohablantes no le hicieron caso al *Panhispánico*; tampoco me hicieron caso a mí los periodistas a los que les corregía este supuesto error un día sí y otro también. Por suerte para ellos, finalmente la Academia tuvo que pasar por el aro y reconocer, en 2014, que el uso de *cesar* como transitivo estaba tan asentado en nuestra lengua que había que darle cabida en el diccionario. Por eso, desde la vigesimotercera edición de esa obra podemos ver que uno de los significados de este verbo es 'destituir o deponer a alguien del cargo que ejerce'. Se ha firmado la paz; que cesen las hostilidades.

153. «Cesar a alguien». Ver bibliografía.

73. ¿Es lo mismo *haber* que *existir*?

Siempre que yo esté corrigiendo un texto y me encuentre con oraciones como «Habían tres perros jugando en la calle», haré el cambio que corresponde y sustituiré ese *habían* por *había*. Esa es la norma en nuestro idioma, y no considero necesario darle al cliente que me encargó la corrección ninguna explicación.[154] Este uso del verbo *haber* como personal en situaciones en las que debe funcionar como impersonal es una de las presas favoritas de los cazadores de errores gramaticales en las redes sociales, que gustan de mostrarla como una de las mayores aberraciones en el uso de nuestro idioma. Se sorprenderían estos censores si supieran que hay lugares en los que este uso es tan normal que nadie se alarma cuando lo oye.

La tendencia a decir *habían* donde debemos decir *había* —o *hubieron* donde debemos decir *hubo*, o *habrán* donde lo normal es *habrá*—[155] tiene su origen en la naturaleza del verbo

154. Durante la corrección de estilo de un texto es habitual que el corrector llene el documento de Word de sugerencias, comentarios y dudas, que el autor del texto deberá leer. Ver el capítulo «¿Por qué se corrige dos veces un mismo texto?» (p. 323).

155. En tiempo presente no es tan habitual que se produzca este fenómeno, aunque no son raras oraciones como «En esta casa habemos tres personas con la vacuna puesta». Además, el *Diccionario panhispánico de dudas*

haber cuando es impersonal: en estos casos su función es «denotar la presencia o existencia de lo designado por el sustantivo que lo acompaña y que va normalmente pospuesto al verbo», nos dice el *Diccionario panhispánico de dudas* (330). Ya lo ven, su función es indicar que algo *existe*, y esa es la razón por la que muchos interpretan que el complemento directo que lo acompaña —que es aquello que existe— es un sujeto, cuando no lo es. Por eso, si a esas personas les parece normal decir «En mi país existieron tres pueblos indígenas», también les podría parecer lógico decir «En mi país hubieron tres pueblos indígenas». La diferencia es que, mientras en la primera oración *tres pueblos indígenas* es sujeto, en la segunda es complemento directo.

Según el *Panhispánico*, «la excepcionalidad que supone la existencia de un verbo impersonal transitivo, sumado[156] al influjo de otros verbos que comparten con *haber* su significado "existencial", como *estar, existir, ocurrir*, todos ellos verbos personales con sujeto, explica que muchos hablantes interpreten erróneamente el sustantivo que aparece pospuesto al verbo *haber* como su sujeto y, consecuentemente, pongan el verbo en tercera persona del plural cuando dicho sustantivo es plural» (331). Si consultan cualquier otra obra sobre gramática normativa, verán que este fenómeno se considera un error.

Hasta aquí la norma. Ahora, abramos nuestras mentes y escuchemos a la lingüista peruana Doris Moscol a través de su artículo «La personalización del verbo *haber*».[157] Una de las afirmaciones que más me interesan de ese texto es aquella que nos dice que este uso no es para nada reciente, sino que ya esta-

---

registra el uso de la forma *hayn* en lugar de *hay* (331), que, por cierto, y ya puestos, debería ser *hain*, con i latina. Ver el capítulo «La i latina y su prima griega» (p. 92).

156. Aquí se debió decir *sumada*, pues la concordancia se hace con *excepcionalidad*. Ya ven, nadie es perfecto, ni siquiera la RAE y la ASALE.

157. Ver bibliografía.

ba extendido en España en el siglo xv. Y añade la autora que «la pluralización del verbo *haber* en concordancia con el sintagma nominal que lo sigue todavía pervive en algunas regiones de España, pero se ha arraigado mucho en el español de América».

Entre las conclusiones de su estudio, la investigadora señala que «el hablante emplea el verbo *haber* en concordancia con el sintagma [...] porque lo siente como un auténtico sujeto. La pluralización empieza en el habla y se extiende progresivamente a la lengua escrita en casi toda Hispanoamérica, pero de modo muy evidente en el Perú y los países andinos». Frente a esta afirmación, volvemos al *Panhispánico* para leer que, «aunque es uso muy extendido en el habla informal de muchos países de América y se da también en España [...], se debe seguir utilizando este verbo como impersonal en la lengua culta formal» (331). Y regresamos de nuevo a Doris Moscol. Como si hubiera leído la cita que yo acabo de escribir, parece responder a la Academia, y lo hace en estos términos: «Los hablantes de una lengua constituyen una fuerza viva capaz de cambiar una norma para ceder paso a construcciones que le permiten el eficaz intercambio comunicativo con otros».

Ya vimos en el capítulo anterior que al pueblo le trajo sin cuidado la norma que prohibía usar el verbo *cesar* como transitivo. Y ahora estamos viendo que en América, que es el territorio donde están la mayoría de los hispanohablantes, prefieren usar el verbo *haber* como personal donde la autoridad lingüística dice que debe ser impersonal. ¿Quién ganará? Yo estoy seguro de que lo hará el pueblo, que además siempre tiene razón porque es el propietario de la lengua que habla. Eso sí, también sé que yo no viviré para ver reconocida en los libros de gramática esa transgresión lingüística.

74. Lo escribo mal de motu propio

Cierto día, las personas que trabajábamos en la sección de corrección y cierre de un periódico de Tenerife comenzamos, de motu propio (o *motu proprio*, como prefieran), o sea, por propia voluntad, a apuntar los errores más comunes que detectábamos en la labor diaria de revisar aquella publicación. Con ese material, el director me encargó que elaborara la segunda edición del manual de estilo del periódico, en la que aparecía —igual que en la primera— la locución *de motu propio* como error que debía ser corregido. Para mi enfado, cuando se publicó esa segunda edición se podía leer lo siguiente: «**De motu propio.**- Incorrecto. Lo correcto es 'motu propio' (sin la preposición 'de')». Veinte años después todavía me pregunto quién cambió *proprio* por *propio* la segunda vez que aparece en ese texto, y la única razón que encuentro es que quizá la persona que revisó el manual antes de publicarlo —tal vez el director...— se armó un lío: al ver esa aclaración final entre paréntesis, pensó que la palabra *proprio* era una errata. Pero no: lo que debía decir el manual es que, en lugar de escribir *de motu propio* debíamos escribir *motu proprio* (la primera expresión iría en letra redonda y la segunda en cursiva).[158] Si hoy

---

158. El hecho de que escriba aquí *de motu propio* en cursiva, aunque a

me piden que redacte un manual de estilo, el consejo sería muy diferente...

Es lógico que en todos los libros dedicados a comentar las dudas y los errores más comunes en el uso del español aparezca este, pues millones de personas prefieren decir *de motu propio* que *motu proprio* (en realidad no es que lo prefieran: simplemente ignoran que la expresión que ellos emplean procede de la otra, que es una locución latina). ¿Todos? ¡No! Hay, al menos, dos obras en las que nos piden ser más tolerantes con quienes han apostado, inconscientemente, por hacer avanzar el idioma.

Una de ellas es *Hablemos asín*, de Alberto Gómez Font, cuyo título ya es suficiente para saber cuáles son las intenciones del autor. Él, no obstante, las explica en la contracubierta: «Este libro podrá parecer, cómo no, una provocación para todos los que rechazan el lenguaje relajado, y lo es, sí, pues uno ya tiene edad y kilómetros como para permitirse ese lujo». En este libro, Gómez Font afirma, con acierto, que «si a alguien le da por decir *bien* esta expresión latina es más que probable que si quien lo está escuchando no conoce la norma culta piense que el que le está hablando tiene un problema en el frenillo de la lengua». Y añade: «Menos mal que la mayor parte de los hablantes de español desconocen esa norma y dicen siempre *de motu propio*» (73).

Si el argumento de Alberto Gómez Font les parece salido de la sesera de un cachondo mental, o sea, de una persona «divertida o alegre», «amiga de gastar bromas», según la definición del *Diccionario fraseológico documentado del español actual* (222), vayamos precisamente a esa otra obra para encontrar

---

renglón seguido diga que va en redonda, obedece a que estoy haciendo un uso metalingüístico, o sea, estoy escribiendo la expresión para hablar de esa misma expresión. Esto lo habrán visto y lo seguirán viendo a lo largo de este libro. Sin embargo, *motu proprio* va en cursiva porque es una expresión latina.

una segunda apología del uso de la locución *de motu propio*. Lo que hacen Manuel Seco y sus colaboradores es incorporar la entrada *motu propio*, sin la preposición *de* pero también sin una segunda erre; a continuación aclaran que generalmente se dice *de motu propio* (o sea, con la preposición) y después añaden que esta locución pertenece a un registro semiculto (668). Y ya dijimos en un capítulo anterior que, para estos autores, un registro semiculto es aquel que es «rechazado como incorrecto o impropio por las personas cultas, pero que goza de cierta difusión en la lengua escrita» (XXXII).

¿Cómo he de reaccionar yo, en mi condición de corrector de textos, ante la locución *de motu propio* si me tropiezo con ella mientras reviso un libro? Dependerá del contexto, claro está: no es lo mismo verla en una tesis doctoral, por ejemplo, que en el diálogo de una novela. En todo caso, no haré lo que hago con el *habían* del capítulo anterior: aquí marcaré la expresión, abriré una casilla de comentario con el programa Word y le explicaré al autor lo mismo que les acabo de explicar a ustedes, pero sin tanto detalle, aunque aclarándole, eso sí, que no ha cometido ningún pecado y que —repito: dependiendo del contexto— eso podría quedarse como está.

75. Asuntos a tratar

¿Cuántas veces habrán oído o leído expresiones como la del título de este capítulo? *Asuntos a tratar, dinero a ingresar, cuestiones a estudiar, ejemplo a seguir...* Esta estructura, consistente en sustantivo + *a* + infinitivo, está muy presente en nuestra habla, así que es muy probable que a ustedes les sorprenda saber que es una fórmula rechazada por los más puristas. ¿Por qué? Porque es un calco del francés. ¿Qué es un calco en el ámbito lingüístico? Según el libro *La terminología gramatical*, es una «palabra o expresión extranjera traducida con términos del español [...] o adaptada a la pronunciación» (55). ¿Son censurables los calcos? No siempre: algunos son de lo más útiles, como *luna de miel* por *honeymoon* (este ejemplo es de la obra que acabo de citar); pero otros, como el que estamos comentando, parecen innecesarios, pues en español tenemos nuestra propia forma de expresar lo que se dice en lo que ha sido calcado. Sin embargo, hay veces que un calco tiene tanto éxito que no hay censura que valga, y esa es la razón por la que la Academia nos pide que seamos cautelosos con este, pero no nos va a castigar siempre que lo usemos.

Son muchos los palos que ha recibido esta inocente estructura sintáctica en acreditadas obras sobre el buen uso del español. Aparece, por ejemplo, en el apartado «Usos erróneos del infinitivo» del *Manual de estilo* de Radiotelevisión Española,[159] si bien con muchas puntualizaciones (que coinciden con las de la RAE; ahora las veremos), y también en *El libro del español correcto* (314-315), que nos dice que estas construcciones «son galicismos[160] que se consideran poco prestigiosos».

Yo soy el primero que recomienda no abusar de este calco, pero las alternativas que propongo, que son las mismas que las de quienes rechazan estos usos, me resultan a veces poco naturales, y esto obedece a una razón muy sencilla: la fórmula que tomamos prestada del francés ha entrado en nuestro idioma de forma arrolladora. Por eso, aunque no puedo criticar a los autores de *El libro del español correcto* cuando piden cambiar *asuntos a tratar* por *asuntos que tratar*, o *deportes a elegir* por *deportes para elegir* (315), no me queda más remedio que reconocer que las estructuras que se corrigen son absolutamente naturales en el español actual.

Por lo tanto, quedémonos con lo que recomienda la Academia. El *Diccionario panhispánico de dudas* empieza a abordar el asunto con una introducción en la que nos explica que el uso de este calco «comenzó a propagarse en el segundo tercio del siglo XIX» (3). Por lo tanto, parece que ha pasado el tiempo suficiente como para afirmar que no se trató de una moda pasajera, y esto lo podemos comprobar con esta otra afirmación del mismo diccionario: «En el ámbito de la economía están ya consolidadas expresiones como *cantidad a ingresar*, *cantidad a deducir*, que permiten, incluso, la omisión del sustantivo: *A ingresar: 25 euros*. Son frecuentes en el terreno administrativo y periodístico expresiones idénticas a las anteriores, como *temas a tratar*, *problemas a resolver*, *ejemplo a seguir*, etc.» (ibídem).

A continuación, la obra académica reconoce que estas fór-

159. Ver bibliografía.
160. Un galicismo es una palabra o una expresión que procede del francés, no del gallego, como piensan algunos. Por lo tanto, esta voz está emparentada con *galo*, no con *Galicia*.

mulas «resultan más breves que las tradicionales españolas», por lo que no las rechaza radicalmente; solo lo hace en dos casos: cuando la preposición *a* se puede sustituir por *para, por*[161] o *que* (*asuntos que tratar, problemas por resolver...*) y cuando la preposición y el infinitivo resultan superfluos: ¿por qué decir «Pepito es un ejemplo a seguir para mis hijos» cuando podemos decir simplemente «Pepito es un ejemplo para mis hijos»? (ibídem).

En cuanto a los usos no censurables, la Academia nos hace tres advertencias: si vamos a recurrir a esta fórmula, hagámoslo, pero no podremos utilizar verbos intransitivos —no digamos, pues, «Siempre nos quedan viejos amores a suspirar»—, tampoco podremos usar la voz pasiva —sería horrible decir «Los problemas a ser resueltos están en este documento»— y tendremos prohibido recurrir a esta fórmula (si no queremos que se nos acuse de ser poco elegantes) cuando el sustantivo no representa algo abstracto —el *Panhispánico* pone como ejemplos de sustantivos adecuados los siguientes: *asunto, tema, ejemplo, cuestión, aspecto, punto, cantidad, problema* (ibídem)— y cuando el verbo no tiene un significado similar a *realizar, ejecutar, tratar, comentar, dilucidar, resolver, tener en cuenta, considerar, ingresar, deducir, desgravar, descontar* (ibídem). Debemos evitar, por tanto, oraciones como la siguiente: «Las bebidas a comprar están anotadas en una lista».

Desde mi punto de vista, la posición que hay que adoptar con esta construcción es que no debemos abusar de ella, pero tampoco condenarla sin previo juicio. Y cuando la juzguemos, hagámoslo con sentido común y con tolerancia, siempre con tolerancia.

161. Sobre el uso de *por*, el *Panhispánico* advierte que hay que tener cuidado con expresiones como *cantidad por pagar*, que no es lo mismo que *cantidad a pagar* (3).

76. Nos vemos en diez minutos

Vamos a hablar de otra construcción que es tan de andar por casa, tan tremendamente común en nuestro idioma, que me temo que ustedes se van a sorprender nuevamente si les digo que algunos guardianes de la lengua se oponen a que la usemos. Me refiero a la que vemos en el título de este capítulo: sí, eso de anunciar un plazo a cuyo vencimiento va a ocurrir algo y hacerlo con la preposición *en* no es del agrado de muchos expertos en asuntos de la lengua, que proponen soluciones aparentemente más acordes con el espíritu de nuestra gramática, pero lo cierto —una vez más— es que quienes se posicionan contra este uso llevan las de perder.

Las razones de los gramáticos para recomendarnos que tengamos sumo cuidado a la hora de emplear esta construcción son acertadísimas. No obstante, creo que a estas alturas del libro los lectores ya se habrán percatado de que la gramática es un ser caprichoso que suele preferir aquello que le resulta más expresivo o simplemente más útil, por mucho que se salte ciertas reglas; unas reglas —las gramaticales— que, a diferencia de las ortográficas, no constituyen un código inmutable, sino que varían a la misma velocidad a la que evoluciona el idioma.

La costumbre de emplear construcciones como «Nos vemos en diez minutos», «Ven a recogerme en una hora» y todas las que respondan a esa estructura «es uso, si no calcado del inglés, sí influido por él», afirmaba Manuel Seco (DDD: 186). En su lugar, el gramático proponía emplear *dentro de* «en favor de la claridad y la exactitud», pues, mientras *en* significa 'durante', *dentro de* significa 'al cabo de' (ibídem).

El libro del español correcto coincide con Seco y nos pone varios ejemplos en los que podemos ver en qué consiste la falta de claridad y de exactitud de la que hablaba el maestro madrileño. En esta obra podemos leer la siguiente oración: «Les contamos las noticias en cinco minutos». ¿Qué se quiso decir ahí? ¿Que las noticias comenzarán cuando hayan pasado cinco minutos o que se dedicarán cinco minutos a contar las noticias? (324). Si es lo primero, deberíamos decir *dentro de cinco minutos*, afirman los autores de este libro.

Ya he dicho que no hay nada que reprochar a estas observaciones; todo lo contrario: son acertadas y nos ayudan a emplear el idioma con mayor rigor, pero ¿cómo pedirles a cientos de millones de hispanohablantes que dejen de utilizar una construcción que les resulta sencilla y expresiva? ¿Cómo censurar un uso que ya nos ha dado locuciones asentadas en nuestro idioma, como *en breve*, que el propio Seco y sus colaboradores registraron en el *Diccionario fraseológico documentado del español actual*? Sí, la registraron, y añadieron que significa 'dentro de poco' (205), lo que quiere decir que reconocían que el uso de la preposición *en* para indicar un plazo es, al menos, normal en nuestro idioma.[162]

El tiempo —el implacable, como dice el cantante cubano Pablo Milanés en una de sus canciones— será el único que po-

162. Desde mi punto de vista, otras expresiones, como *en un pispás, en un santiamén* y *en un abrir y cerrar de ojos*, que en un principio parecería que tienen solamente significado de duración, también lo tienen de plazo. Para comprobarlo, basta con buscarlas en Google precedidas de «Nos vemos en» (a la hora de buscarlas, escríbanlas enteramente entre comillas: «Nos vemos en un pispás», etc.).

drá sentar en el banquillo a una construcción que, por muchas acusaciones que pesen sobre ella, estoy seguro de que se declarará inocente, y habrá millones de personas dispuestas a testificar a su favor.

77. Hablando del gerundio...

Lo que viene a continuación son palabras mayores. El gerundio..., ¡ay, el gerundio! Ha sido denostado y criticado con demasiada frecuencia, pese a que en la mayoría de los casos no solo está bien empleado, sino que resulta imprescindible para construir correctamente una oración. No tendría sentido criticar frases como «Llegó corriendo porque se le hacía tarde», «Eso lo arreglo yo poniéndole pegamento», «Sabiendo que no tenía razón, Pedro nos pidió perdón», ¿verdad? Y en todas ellas hay gerundios correctísimos. Recuerdo que cuando empecé a trabajar como periodista, nada más entrar en la redacción de aquel primer periódico me hicieron dos advertencias: no le digas a un fotógrafo qué foto debe hacer y ten mucho cuidado con los gerundios. Tal vez debieron haber sido más claros y haberme dicho que evitara un uso concreto de esta forma verbal, que es el denominado *gerundio de posterioridad*; pero, aun así, la advertencia habría sido exagerada, ya que este gerundio, sin lugar a dudas el más perseguido, tiene a veces su razón de ser. Afortunadamente, también le han salido defensores.

Es cierto que un texto repleto de gerundios denota que el autor no tiene grandes capacidades a la hora de escribir. Al respecto, María Moliner decía que «el manejo del gerundio es uno de los puntos delicados del uso del español; el abuso de él revela siempre pobreza de recursos y su uso en algunos casos es francamente incorrecto» (2007: 3164). Sin embargo, en casi todos los contextos lo empleamos bien, y solo en dos podemos criticarlo abiertamente. Uno de ellos es el *gerundio especificativo* y el otro es el de posterioridad, aunque este último guarda un as en la manga.

Vayamos primero con el especificativo: consiste en usar un gerundio en lugar de una construcción propia de una oración subordinada especificativa,[163] y queda tan pero tan feo que cualquiera que sepa apreciar la belleza de la lengua lo rechazará nada más leerlo. He aquí un ejemplo: «Tengo tres primos llamándose igual», donde lo correcto es «Tengo tres primos que se llaman igual». Este horrendo gerundio también es conocido como *gerundio del Boletín Oficial*, pues su desagradable presencia salta a la vista con demasiada frecuencia en este tipo de documentos, en los que las administraciones publican leyes, decretos y otros textos aburridísimos. Manuel Seco pone estos dos ejemplos: «decreto disponiendo...» y «orden estableciendo...» (DDD: 228).

Vayamos, ahora sí, con el gerundio de posterioridad. Yo, que en su día fui un notable perseguidor de esta fórmula sintáctica, ya pedí perdón hace años, en el libro *La duda, el sentido común y otras herramientas para escribir bien*, a todos los gerundios de posterioridad agredidos y a sus autores (430). Y lo hice después de comprobar que no era tan fiero el león como lo pintaban y que, de hecho, en muchas ocasiones le daba a la oración cierto realce que no tendría de no estar presente en ella. Digamos antes que nada qué es un gerundio de posterioridad: según José Martínez de Sousa, es «la construcción en la que el gerundio indica una acción posterior a la del verbo prin-

---

163. Ver el capítulo «Explicar y especificar son cosa de la puntuación» (p. 44).

cipal del cual depende» (2012: 142). Aquí va un ejemplo: «El presidente llegó por la mañana a la ciudad, inaugurando el centro de salud por la tarde». Como vemos, el gerundio *inaugurando* está indicando una acción posterior a la del verbo principal, que es *llegar*, pero resulta que la función de los gerundios es indicar una acción simultánea, e incluso a veces inmediatamente anterior, a la del otro verbo.

Pese a lo mal que queda el gerundio en esa oración, sé de primera mano que a demasiados periodistas les cuesta entender que no está bien construida y que lo correcto sería esto: «El presidente llegó por la mañana a la ciudad e inauguró el centro de salud por la tarde». Pero que en este ejemplo esté mal empleado no significa que siempre haya que condenar el uso del gerundio de posterioridad. Veamos ahora su as en la manga: ¿quiénes lo defienden?

Tal vez el más apasionado sea el venezolano Ángel Rosenblat, que le dedicó el artículo «Curanderismo lingüístico. El terror al gerundio».[164] Lo primero que hace este autor es una declaración de intenciones: «Como ha sido tan atacado, nos proponemos defenderlo», advierte. Y lo hace con un ejemplo, que es la oración «Entornó las ventanas para dejar el cuarto a media luz, y se salió de puntillas, cerrando la puerta sin hacer el menor ruido». En ella —afirma Rosenblat—, «el gerundio asocia las dos acciones, les da inmediatez, con lo que la frase adquiere más valor expresivo».

Por su parte, Manuel Seco dice que, «contra el parecer de muchos gramáticos, el gerundio que denota acción posterior a la expresada por el verbo principal no es incorrecto, *siempre que esa posterioridad sea inmediata*. Así lo han usado escritores españoles de todos los tiempos» (DDD: 228; la cursiva es de Seco). A él se suma María Moliner, que dice lo siguiente: «Esas oraciones [la del verbo principal y la del gerundio] expresan no

164. Ver bibliografía.

sólo la coexistencia de dos acciones, sino una interdependencia entre ellas de naturaleza imprecisa y recíproca». Por esta razón, añade la lexicógrafa, «no parece justo condenar a rajatabla tales construcciones» (2007: 3166-3167).

La RAE también tiene algo que decir. En la *Nueva gramática de la lengua española* señala que «la anomalía de estas construcciones, documentadas ya en la lengua clásica, se atenúa cuando la posterioridad que se expresa es tan inmediata que casi se percibe como simultaneidad, y también cuando cabe pensar que el gerundio denota una relación causal, consecutiva o concesiva» (NGLEM: 518). La Academia pone, entre otros, este ejemplo, extraído de la colección de relatos *El naranjo*, del escritor Carlos Fuentes: «Los cartagineses lo atacaron, obligándole a refugiarse en una torre» (ibídem). Como podemos ver, aunque hay alguien que se ve obligado a refugiarse tras ser atacado, eso ocurre inmediatamente después del ataque y como consecuencia de él; de ahí que no podamos condenar este uso del gerundio de posterioridad, pues entre ambas acciones existe una relación que prácticamente las funde en una sola. Asunto diferente sería esta otra oración, que me invento yo: «Mi abuelo nació en La Laguna, muriendo en la misma ciudad a la edad de setenta y un años», en la que entre la acción de nacer y la de morir ha transcurrido nada menos que toda una vida, por lo que el gerundio está de más: sería mejor decir «Mi abuelo nació en La Laguna y murió en la misma ciudad a la edad de setenta y un años».

La conclusión a la que podemos llegar es que, efectivamente, existe un delito llamado gerundio de posterioridad, pero las posibilidades que tenemos de absolver a los hispanohablantes acusados los convierten a veces en ciudadanos sin antecedentes penales en su historial lingüístico.

78. Te escucho, pero no te oigo

El prestigioso periodista y filólogo Magí Camps, responsable de que todo esté en orden, en lo que se refiere al uso de la lengua, en el periódico español *La Vanguardia*, decía en 2019, en uno de los artículos que publica en ese diario, que «el verbo *escuchar* está sufriendo una mutación preocupante, hasta el punto de que puede borrar del mapa al verbo *oír*».[165] El artículo aborda la habitual confusión que se produce entre los hispanohablantes a la hora de usar ambos verbos, pero, desde mi punto de vista, la posición de Camps no es del todo acertada, y no lo es por dos razones: la mutación de la que habla no está teniendo lugar ahora, sino que se viene produciendo desde hace siglos, y esa transformación no es en absoluto preocupante, sino el resultado natural de la evolución de nuestro idioma. Hecha esta introducción, vayamos al grano y hagámonos la misma pregunta que se hace este lingüista: ¿cuál es la diferencia entre oír y escuchar?, y añadamos otra: ¿en qué consiste la mutación de la que habla este autor?

Lo primero que vamos a hacer es ver qué significan estos verbos, y para ello nos quedaremos con las primeras acepcio-

165. «¿Cuál es la diferencia entre oír y escuchar?», *La Vanguardia*. Ver bibliografía.

nes que para cada uno registra el diccionario de la RAE: el verbo *oír* significa 'percibir con el oído los sonidos' y el verbo *escuchar* significa 'prestar atención a lo que se oye'. Por lo tanto, deberíamos pensar que tienen razón todos los que dicen que empleamos mal el verbo *escuchar* cuando decimos, por ejemplo, que se escuchó un gran trueno en medio de la noche, pues un trueno, que es algo por lo que nadie está esperando —y menos en medio de la noche—, no se escucha, sino que se oye. Para escuchar hay que estar prestando atención; de hecho, se puede estar escuchando pero no oír nada, del mismo modo que se puede estar mirando y no ver nada. Esto último lo podemos entender con la siguiente oración: «Me dijeron que estuviera pendiente de la puerta por si ocurría algo extraño; yo miré durante un buen rato, pero no vi nada».[166]

Esa diferencia de significado es la que ha llevado a muchos puristas a condenar el uso de un verbo por el otro. Uno de esos puristas (al menos en lo que respecta a este asunto)[167] es Fernando Lázaro Carreter, que le dedicó algunas líneas al fenómeno en varios de sus famosos *dardos en la palabra*. En uno de ellos nos explicaba que la acción de escuchar «no sólo consiste en oír, sino en hacerlo intencionada y atentamente», razón por la cual el verbo *oír* «puede emplearse siempre en vez de *escuchar* [...], pero no al revés» (1997: 631). Idéntica recomendación hace el *Diccionario panhispánico de dudas*, que señala esto: «Puesto que *oír* tiene un significado más general que *escuchar*, casi siempre puede usarse en lugar de este, algo que ocurría ya en el español clásico y sigue ocurriendo hoy [...]. Menos justificable es el empleo de *escuchar* en lugar de

166. Magí Camps también utiliza en su artículo el caso de la diferencia entre *mirar* y *ver*. Pero la realidad en el uso es que, mientras que la frontera semántica entre *mirar* y *ver* es clarísima, la que separa *oír* de *escuchar* se desvanece como una pisada en la arena, y no tenemos por qué lamentarlo.

167. En otras ocasiones parece ser que se mostraba mucho más abierto. Ver el capítulo «La Fundéu» (p. 382).

oír, para referirse simplemente a la acción de percibir un sonido a través del oído, sin que exista intencionalidad previa por parte del sujeto» (269).

Pero no acaban ahí las explicaciones del *Panhispánico*. A continuación nos dice que ese «menos justificable» uso de *escuchar* en lugar de *oír* «también existe desde época clásica y sigue vigente hoy, en autores de prestigio, especialmente americanos, por lo que no cabe su censura» (ibídem). Por lo tanto, la mutación de la que habla Camps no es nada nuevo, como ya hemos dicho. Para demostrarlo, el diccionario que acabamos de citar pone como ejemplo un fragmento de la obra *Los trabajos de Persiles y Sigismunda*, nada más y nada menos que de Cervantes. Dice así: «Su terrible y espantoso estruendo cerca y lejos se escuchaba» (ibídem).

Veamos ahora si el fenómeno del que hablamos es preocupante, como afirma Camps. Para ello, vayamos hasta 1943, año en el que el extraordinario lexicógrafo Julio Casares[168] lamentaba profundamente haber leído una reseña teatral en la que se usaba el verbo *desvelar* con el significado de 'descubrir lo que está oculto'. El autor criticaba este galicismo por considerar que «el *desvelar* castellano no tiene nada que ver con el velo, sino con la vela o vigilia» y se preguntaba «qué dosis de ignorancia o de pedantería hace falta para confundir de este modo las especies e introducir una perturbación injustificada en el empleo de nuestro *desvelar*» (Gómez Font, 2014: 51). Sin embargo, de nada sirvieron las quejas de Julio Casares: la Academia acabó por registrar este nuevo uso del verbo *desvelar*, y hoy lo podemos ver en el diccionario con esta definición: 'Descubrir algo oculto o desconocido, sacarlo a la luz'. Si Casares levantara la cabeza, probablemente le daría un ataque de ansiedad al saber que, ya en el siglo XXI, en un artículo dedica-

---

168. Casares es el autor del *Diccionario ideológico de la lengua española*, una obra magna de la lexicografía.

do a su obra y titulado «Las ideas fraseológicas de Julio Casares», el autor escribe lo siguiente: «¿Por qué elige Casares el término de frase proverbial? [...] Es, otra vez, el mismo académico quien nos desvela la respuesta...».[169]

Con esta anécdota de Casares quiero dar a entender que los cambios que sufren las palabras en el plano semántico son algo natural y que, aunque sea lógico que haya quien se rebele contra ellos (ya sea Casares con *desvelar* o Magí Camps con *escuchar*), nada podemos hacer por evitarlos si se consolidan en el uso de una comunidad tan ingente como la hispanohablante. Y esto es lo que ha ocurrido con *oír/escuchar*; por eso, Manuel Seco —el rey de la tolerancia lingüística— nos dejó dicho que, ya que la distinción entre los significados de ambos verbos «no se aplica siempre de manera estricta», el deseo de «expresarse con precisión [...] no debe llevarnos al extremo de condenar un desplazamiento semántico bastante arraigado en el idioma y en su nivel culto» (DDD: 199-200). Yo, por supuesto, no tengo nada que añadir.

169. «Las ideas fraseológicas de Julio Casares». Jorge Martínez Montoro. Ver bibliografía.

79. ¿Con base en qué condenamos la locución *en base a*?

Antes de entrar de lleno en el análisis de este delito lingüístico he de decir que, a diferencia de lo que ocurre con otros ya comentados, como los que vimos en las expresiones *asuntos a tratar* y *nos vemos en diez minutos*, la locución *en base a* sí me parece claramente censurable, y me lo parece por la misma razón que rechazo otra de la que ya hablamos unas páginas más atrás: *en relación a*. La condena en ambos casos se justifica por el uso de dos preposiciones que no pintan nada ahí y que se deben sustituir por otras. Sin embargo, una cosa es lo que yo opine y otra muy distinta es lo que hacen millones de hispanohablantes.

A mí me merecen mucho respeto todas las personas que hablan español (y las demás también, por supuesto), de tal manera que no se me ocurriría llamar mentecatos —como hizo Fernando Lázaro Carreter (1997: 356)— a todos aquellos que, por las razones que sean, le han dado cobijo en sus cerebros a la locución *en base a*, para lo cual han desterrado otras más propias del español, como *con base en*. Sin embargo, estoy de acuerdo con todos los lingüistas que opinan que esta, y no aquella, es la que debemos usar para decir que algo se fundamenta o se sostiene —aunque sea figuradamente— en otro algo. También nos sirven otras muchas, como *sobre la base de*, *basándose en, a base de, según, en relación con, tomando como base...* (DDD: 78; DUDEA: 287).

Sobre la locución *con base en*, el *Diccionario panhispánico de dudas* nos dice que «en el primer tercio del siglo XX comenzó a usarse, en el lenguaje jurídico, con el sentido de 'con apoyo o fundamento en' [...]. De ahí ha pasado a otros ámbitos y está hoy bastante extendido, más en América que en España» (88). Es normal en español decir que algo se hace **con** *fundamento* **en**, pero no que algo se hace **en** *fundamento* **a**; por lo tanto, lo lógico, dado que *base* mantiene una clara semejanza semántica con *fundamento*, sería que las preposiciones que se usen en esta locución sean *con* y *en*, no *en* y *a*.[170]

¿A qué viene entonces eso de decir *en base a*? La única pista que he encontrado me la da, nuevamente, el *Panhispánico*: «Podría tratarse de un calco del italiano *in base a*, única lengua de nuestro entorno en la que se documenta —desde finales del siglo XIX— esta locución» (ibídem). Venga de donde venga, a mí me produce repelús y puedo asegurar que jamás me habrá oído (o escuchado) alguien pronunciarla, excepto cuando lo he hecho para censurarla. Y no hay manual de estilo, diccionario de dudas o blog lingüístico que se precie que le haya dado la bienvenida a esta estrafalaria construcción.

No obstante, sé que no puedo hacer nada contra ella, excepto corregirla o comentarle algo al cliente cuando me encarga darle un buen lavado a un texto. Mientras tanto, esta extraña criatura se reproduce a velocidad de vértigo por todos los rin-

---

170. Si me diera por hacer nuevamente de abogado del diablo, también podría rebatir mi propio argumento diciendo que cuando hablamos de determinadas expresiones no siempre tenemos que buscar en ellas la perfección y la lógica. José Martínez de Sousa, por ejemplo, defiende la locución adverbial *en olor de multitudes* (frente a *en loor de multitudes*) de este modo: «Si nos atenemos a lo que expresan las palabras, se trata, en efecto, de un disparate. Si todo el lenguaje se analizara de la misma forma simplista, frases como *a tontas y a locas, alma de cántaro, no dar una sed de agua* y tantas otras no podrían usarse» (DUDEA: 291).

cones de la vasta nación hispánica, lo que ha obligado a la Fundación del Español Urgente a decir que «ya se encuentra muy extendida en el uso y su empleo no puede censurarse».[171] Dentro de cien años, nuestros tataranietos se llenarán de asombro cuando sepan que allá por el siglo XX y comienzos del siglo XXI los lingüistas recomendaban no usar una expresión que para ellos será tan normal como pasar un fin de semana en la Luna. Y yo me revolveré estérilmente en mi tumba.

171. «*Con base en*, mejor que *en base a*». Ver bibliografía.

La corrección de textos

80. Invisibles pero imprescindibles

Hace unos diez años escribí un artículo en el blog *Lavadora de textos* titulado «Echar un vistazo y corregir». Aquella fue la primera vez que expuse públicamente mi afirmación de que el de la corrección de textos es un oficio invisible. No sé si aquel artículo lo leyó mucha gente, pero lo cierto es que desde entonces he visto repetida esa idea de la invisibilidad en otras publicaciones, y también en las redes sociales y en programas de radio. Como es natural, esto no me molesta (de hecho, no sé si fui original al decir tal cosa), sino todo lo contrario, pues repetir una y mil veces que los correctores somos invisibles podría obrar el milagro de que dejáramos de serlo, lo cual conllevaría, tal vez, una mejora en las condiciones económicas que rodean a nuestro oficio.

En todo caso, una parte de esa transparencia que convierte en fantasmas a las personas que nos dedicamos profesionalmente a corregir textos no desaparecerá jamás porque cuando un lector tiene en sus manos una novela no puede saber, ni falta que le hace, cuántos errores fueron eliminados por el corrector antes de que las palabras del autor llegaran a sus ojos ni, seguramente, quién fue ese corrector. Es más, lo más probable es que no sepa que entre la pluma del escritor y los ojos de quien lee hubo una intervención técnica por parte de un especialista en la lengua que revisó y modificó algunas partes del texto, pero no lo alteró en lo esencial.

La corrección es una de las etapas imprescindibles durante el proceso de edición de una publicación, sea de la naturaleza que sea: todo aquello que vaya a ser leído por una persona que no es la que lo escribió tiene que ser revisado antes de que llegue a su destino. Existen, claro está, diferentes niveles de exigencia en cuanto a la calidad de una corrección; no es lo mismo revisar un wasap antes de enviarlo (hay quienes no lo hacen, y seguro que eso ha sido motivo de más de un problema) que corregir una enciclopedia de cuarenta volúmenes. La primera de esas revisiones la hace la misma persona que escribió el wasap, y por lo general le traerá sin cuidado que falte una coma o que no haya un signo de apertura de interrogación. No importa. Pero si se trata de un texto que van a leer muchas personas, hay que contar con un profesional que sepa detectar errores ortográficos y gramaticales, erratas, redundancias, fallos en la maquetación...; todo un mundo para el que hay que tener ciertas destrezas de las que tal vez carezca el autor del texto, por muy ilustrado que sea. Ese autor, además, les ha dado tantas vueltas a sus ideas que ya es incapaz de ver sus propios errores, aunque sean evidentes; pero unos ojos vírgenes y entrenados están a la espera para dar cuenta de ellos.

La corrección es una pequeña trampa que se le hace al lector, pues, como acabo de decir, este nunca podrá saber qué errores había en el texto antes de que llegara a sus manos. Pero es una trampa justificada: en el proceso de situar una tras otra todas las palabras de un libro intervienen como mínimo dos personas: el autor y el corrector. El primero, si es bueno, posee un gran talento para componer —por ejemplo— novelas policiacas; de este modo, su habilidad para crear ambientes, describir escenas, retratar psicológicamente a los personajes y elaborar una trama que atrape al lector es un mérito exclusivamente suyo. El segundo, por su parte, posee otro talento, que es un dominio elevado de la ortografía y de la gramática, de tal manera que podrá corregir errores que en nada alteran el fondo de la novela, como la puntuación (especialmente la de los diálogos: los autores de novelas son un desastre en ese aspecto; pero los diálogos, aun así, pueden ser excelentes),[172] la acentuación, la sintaxis... Por supuesto, el corrector también debe estar pendiente de la coherencia en cuanto al contenido de la obra: yo una vez le tuve que advertir a un cliente que había *resucitado* sin darse cuenta a un personaje que había muerto varias páginas más atrás. Eso también va en nuestros honorarios.

El corrector se parece a un portero de fútbol y también a un médico. Por una parte, su trabajo consiste en parar goles, pero no siempre podrá dejar la portería a cero. Lamentablemente, muchas veces solo somos recordados por un gol escandaloso, aunque antes de ese error hayamos detenido varios cientos de balones. Este mal trago se pasa sobre todo en el ámbito de la prensa, donde se corrige con prisas, y los textos —una vez publicados— quedan expuestos a una contemplación colectiva. Tal vez habría sido conveniente construir la oración anterior en pasado, pues la realidad es que la figura del corrector prácticamente ha desaparecido de las redacciones, y eso es algo que padecen los lectores a diario.

En cuanto al parecido del corrector con el médico, tiene que ver con la confianza que deposita el autor de un libro en ese desconocido que va a analizar con lupa cada una de sus palabras. En ciertas ocasiones, el cliente se preocupa en exceso, antes de soltar la obra (porque la obra nunca se termina: solo se suelta),[173] por cuál va a ser el trabajo que vamos a llevar a cabo; y se justifica de antemano, y sin motivo, por posibles errores que haya podido cometer. Sin embargo, cuando el corrector le

---

172. Ver el capítulo «Una raya no es un guion» (p. 118).
173. Seguramente esto es una versión libre de alguna cita famosísima, pero yo la he oído tanto, y a tanta gente, que ya no sé quién es su autor.

quita esos miedos y le aclara que él no está ahí para juzgar su trabajo,[174] sino para hacer las mejoras que precise el texto, el padre de la criatura se relaja y pierde toda la vergüenza, como un paciente que se desnuda en la consulta de un médico.

Después viene la complicidad, la colaboración entre el autor y el corrector, la entrega apasionada a la maravilla que está a punto de nacer —da igual que la novela sea del montón: durante el proceso de edición se produce un enamoramiento absurdo—, el agradecimiento del autor, el crecimiento del corrector, que siempre aprende algo nuevo porque su obligación es resolver todas las dudas que se le pongan delante, y eso lo llevará indefectiblemente a encontrar nuevas respuestas para nuevas preguntas.

Finalmente, un día la obra sale de la imprenta, el autor presenta su libro y, con mucha suerte, en la página de derechos (esa que hay al comienzo de las obras y que nadie lee) figurará el nombre del corrector. ¿Es imprescindible que aparezca ese reconocimiento? Desde mi punto de vista, no (aunque tampoco viene mal): el producto intelectual que está a punto de llegar a los lectores es propiedad de la persona que lo escribió, del mismo modo que una escultura no es obra del operario del taller que la fundió, sino del artista que la ideó en su mente y la modeló en arcilla. El corrector no inventó la pieza; solo la convirtió en bronce y, una vez extraída del molde, le dio pátina a la nueva obra de arte. En otras palabras, lo suyo no fue otra cosa que hacer «patinaje artístico», como dice el gran fundidor ti-

174. Para eso existe otra actividad profesional: la elaboración de informes de lectura, un trabajo muy complicado y por el que, naturalmente, también se cobra. Ana Bustelo, correctora, redactora, editora y traductora, dice en su blog que «un informe de lectura es el resumen y análisis detallado de un libro, que hace un lector por encargo de una editorial y que sirve al editor para saber de qué trata la obra y si tiene calidad suficiente para considerar su publicación». En él se incluyen aspectos relativos al estilo, a los personajes de la obra, a su calidad literaria, a sus posibilidades comerciales y de promoción... («El informe de lectura». Ver bibliografía).

nerfeño Francisco de Armas. Y, qué quieren que les diga, volverse invisible para salir a patinar es algo divertidísimo y que muy poca gente se puede permitir. Y si, además, me pagan por hacerlo, miel sobre hojuelas.[175]

175. La expresión *miel sobre hojuelas* es una de tantas de las que oí cuando era pequeño sin tener ni idea de lo que significaban, pero que me resultaban atractivas por su sonoridad. Según el diccionario de la RAE, sirve «para expresar que una cosa añade a otra nuevo realce o atractivo».

81. Los trece mandamientos del corrector de textos

No son pocos los decálogos, mandamientos y sugerencias que se le ofrecen al corrector de textos, tanto en papel como en internet, para el adecuado desempeño de su oficio. Sin ánimo de deslegitimar lo ya publicado por otros autores, aquí les presento mis trece mandamientos para el corrector de textos en español:

1. La función del corrector de textos es corregir lo incorrecto, no cambiar aquello que no le gusta.

2. El corrector de textos debe dudar constantemente durante el desempeño de su trabajo. No hacerlo constituye un acto de soberbia.

3. El corrector de textos no debe incorporar a un texto más correcciones de las necesarias con la intención de justificar su trabajo: si no hay nada que corregir, no se corrige nada.

4. Las decisiones del corrector de textos deben estar basadas en los usos lingüísticos comúnmente aceptados por la mayoría de la comunidad hispanohablante y en las enseñanzas de los expertos en la lengua española. Para ello, debe saber cuáles son las principales fuentes de consulta y tener amplios conocimientos de la gramática y la ortografía españolas.

5. El corrector de textos siempre podrá justificar ante su cliente una corrección citando a una autoridad lingüística.

6. La Real Academia Española no es, en absoluto, la única autoridad lingüística. El corrector de textos debe conocer y consultar las obras de otros autores, entre los que cabe citar a José Martínez de Sousa, Manuel Seco, María Moliner, Leonardo Gómez Torrego, Joan Coromines, etc. Por tanto, el corrector nunca dirá que una palabra «no existe porque no está en el diccionario de la RAE» ni que una expresión «es incorrecta porque no la acepta la RAE».

7. La delimitación de la frontera entre lo correcto y lo incorrecto depende en ocasiones de la tolerancia, el área geográfica del hablante, la libertad creativa del autor y otros factores que el corrector debe tener en cuenta. En este sentido, el corrector de textos debe conocer la norma para, llegado el caso, decidir si en determinado contexto es aceptable tolerar su infracción. Por las mismas razones, a veces es preferible recomendar a corregir.

8. Un error puede tener varias posibles correcciones. Cuando eso ocurra, el corrector de textos propondrá a su cliente todas las correcciones posibles, debidamente justificadas.

9. El corrector de textos debe colaborar estrechamente con el autor o el editor de la obra que corrige y, en todo caso, aceptar sus criterios, siempre que no entren en clara colisión con la norma lingüística y los usos mayoritarios de los hispanohablantes. Si estos criterios son totalmente contrarios a las normas y los usos, debe tratar de convencerlo, con argumentos lingüísticos, para que los cambie, pero no puede imponer los suyos.

10. Cuando un corrector de textos se equivoca y así se lo hace saber su cliente, debe reconocer el error y pedir disculpas; nunca elaborará un argumento falso o rebuscado para justificar su error.

11. El corrector de textos debe tener curiosidad, inquietudes y conocimientos generales sobre política, ciencias, letras, artes, historia, etc., y ha de saber dónde consultar sus dudas en relación con estos asuntos.

12. El corrector de textos debe cobrar un precio justo por su trabajo, que es un trabajo intelectual, complejo y en ocasiones extenuante. Cobrar menos de lo que sabe que le corresponde —salvo posibles acuerdos con el cliente relacionados con descuentos— es indigno de un corrector de textos.

13. El corrector de textos debe lamentarse, enfadarse, llorar y, llegado el caso, aplicarse el castigo que considere oportuno cuando, al ver publicada una obra que corrigió, detecta un error que no vio a tiempo, algo que siempre ocurrirá.[176]

---

176. En este libro, que he corregido varias veces, también hay errores y erratas que no he detectado a tiempo y que, obviamente, no sé dónde están.

82. ¿Por qué se corrige dos veces un mismo texto?

No hay nada peor que tener que responder una pregunta mal formulada, así que lo primero que voy a hacer es aclararles que un texto no tiene por qué corregirse dos veces; de hecho, lo más probable es que se corrija muchas más, siempre y cuando, claro está, se trate de un documento elaborado por una persona seria, responsable y cuya intención es que lo que ha escrito tenga el menor número posible de errores. De este modo, lo lógico es que el autor revise una y otra vez su obra —una novela, por ejemplo— hasta que decida que no la va a tocar más, y es muy probable que después le pase ese texto a una persona de confianza, que hará una nueva lectura. También existen correcciones muy específicas, como las de textos complejos —los científicos, los jurídicos...—, de tal manera que el documento que está siendo sometido a escrutinio recibirá el visto bueno de una persona que domine la materia antes de seguir con el proceso de revisión.

Pero no es de eso de lo que vamos a hablar aquí: yo me estoy refiriendo a las dos correcciones imprescindibles para que un texto vaya con cierta tranquilidad a la imprenta. Esas correcciones son la de estilo y la ortotipográfica, y no consisten ni por asomo en «echar un vistazo», que es lo más feo que se le puede decir a un corrector de textos profesional cuando se solicitan sus servicios.

Sigamos con el ejemplo de la novela: una vez terminada la redacción, la obra queda en manos del corrector para la corrección de estilo. Esta primera etapa de revisión, que se hace habitualmente con el programa Word, consiste en una profunda revisión de la gramática y la ortografía del texto. Aquí no vamos a tener en cuenta ningún aspecto relacionado con el diseño del libro; solamente nos interesa que lo que se vaya a leer se acerque lo más posible a la ausencia total de errores (cosa que, por lo general, va a ser imposible).

Pese al nombre de esta primera corrección, que a mí me parece poco acertado, el profesional apenas altera el estilo de escritura del autor, y, si lo hace, será porque ese estilo incluye usos poco o nada recomendables, como algunos gerundios de posterioridad, una subordinación excesiva, el sesquipedalismo o la redundancia.[177] No sé cuál es el procedimiento de otros correctores, pero yo lleno el documento de Word de comentarios al margen para el autor, en los que le planteo todo tipo de dudas, o bien le sugiero que revise con detenimiento un cambio determinado, pues podría afectar a la narración o ser algo diferente a lo que él quería decir. Además, una vez terminado este trabajo le envío, junto con la obra corregida, otro archivo, al que podemos denominar *notas para el autor*, en el que explico cuáles han sido mis criterios en aspectos como acentuación, puntuación, mayúsculas y minúsculas, cursiva, léxico, sintaxis, morfología, prefijación... Como es natural, el autor tendrá la posibilidad de rechazar algunos de mis cambios, y para eso el programa Word dispone de la herramienta oportuna.

---

177. Sobre el sesquipedalismo hemos hablado en el capítulo «La problemática de aperturar el sistema de acceso» (p. 191), y sobre el gerundio de posterioridad, en el capítulo «Hablando del gerundio...» (p. 302).

¿Termina aquí el trabajo del corrector? No. Una vez hecha la corrección de estilo, la novela será enviada a un maquetista, que le dará forma de libro. Después, el texto volverá a pasar por los ojos escrutadores de un profesional, pero esta vez para hacer la corrección ortotipográfica. Si queremos saber qué es la ortotipografía tendremos que recurrir, una vez más, a José Martínez de Sousa y a una de sus obras, titulada precisamente *Ortografía y ortotipografía del español actual*. En este libro, complejísimo y a la vez muy útil, su autor dice que la ortotipografía viene a ser «el conjunto de reglas por que se rige la confección de un impreso mediante recursos tipográficos», unas reglas que «van más allá de la simple escritura del texto general» (393).

En esta segunda corrección nos centraremos en aspectos que nos traían sin cuidado en la etapa anterior; por ejemplo, si la numeración de las páginas del libro es la correcta, si los números que aparecen en el índice se corresponden con las páginas a las que remiten, si existen líneas viudas y huérfanas,[178] si se han compuesto como es debido los títulos de los capítulos y de otras divisiones, si se han dispuesto correctamente las notas al pie y la bibliografía, si la cursiva se ha empleado de manera aceptable y unificada... Respecto a esta última cuestión, es conveniente aclarar que, por lo general —al menos yo lo hago así—, durante la corrección de estilo se revisan exhaustivamente algunos usos, como el de la cursiva o el de las rayas (e incluso la composición de la bibliografía), para que cuando la obra llegue a la etapa de corrección ortotipográfica no haya ninguna sorpresa; pero si yo tengo que hacer la corrección ortotipográfica de una obra que no había pasado previamente por mi Lavadora de textos para la corrección de estilo, no sé

---

178. Resumiendo un poco, podemos decir que una línea huérfana es la primera línea de un párrafo que queda al final de una página o de una columna y que una línea viuda es la última línea de un párrafo que queda al comienzo de una página o de una columna.

con qué me voy a encontrar y tendré que estar muy pendiente de todos esos asuntos.

La corrección ortotipográfica va más lejos: tengamos en cuenta que durante la corrección de estilo la mente del revisor está inmersa en los misterios de la gramática, las leyes de la ortografía y la búsqueda de errores de coherencia en la narración que está leyendo. Por tal motivo, no es en absoluto extraño —de hecho, es muy habitual— que se le escapen erratas, alguna que otra tilde, unas comillas que se abrieron pero no se cerraron, una redundancia que se escabulló en su momento... Por ese motivo es tan importante esta segunda revisión, aunque es preciso decir que, a diferencia de lo que ocurre durante la corrección de estilo, aquí no nos importará si el texto es una obra maestra o un producto mediocre: si era malo antes de la corrección ortotipográfica, seguirá siéndolo después.

Esta revisión no se hace en Word, sino con el texto impreso y armados con un bolígrafo rojo (hay más métodos, pero no me quiero extender). Con él dibujaremos sobre el papel unas marcas específicas que ordenan, por ejemplo, *eliminar letra*, *añadir tilde*, *eliminar espacio*, *pasar a mayúscula*, *quitar cursiva*, *escribir en versalitas*... Estas marcas son muy claras y están basadas en un código universal que el maquetista conoce —o debería conocer—, de tal manera que cuando se le entregue esa copia en papel podrá introducir los cambios indicados.

En este estadio de la edición, el texto ya está listo para pasar a la imprenta, aunque hay autores y empresas que en ocasiones solicitan una segunda corrección ortotipográfica. En esa tercera revisión —denlo por seguro— aparecerán nuevos errores que no fueron detectados antes por todas las miradas que escrutaron el documento que está a punto de convertirse en tinta y papel. Cuando el libro salga de la imprenta y el corrector lo tenga entre sus manos, encontrará —denlo nuevamente por seguro— una última errata que se saltó todos los controles previos; y esa errata, brillante y escandalosa, es motivo de lamento, pero también una llamada a la modestia, porque nos recuerda —por si lo habíamos olvidado— que nadie es perfecto.

Guardianes de la lengua

83. Pepe Sousa, un gigante a las puertas de la RAE

Yo me gano el pan corrigiendo textos que escriben otras personas. Ese es mi oficio: soy corrector, y llegué a él a través de otra profesión relacionada con las palabras, el periodismo. En el diario *La Gaceta de Canarias* me tocaba de manera ocasional hacer el cierre, una labor con múltiples tareas, entre las que figuraba la maravillosa responsabilidad de revisar por última vez las páginas (o, al menos, los titulares) antes de que pasaran a la rotativa. Gracias a esa experiencia, años después me llamaron de *La Opinión de Tenerife*, y no me querían como periodista, sino exclusivamente como corrector. Allí me pasé once años, durante los cuales la fuente primera a la que acudí para resolver dudas fue la Real Academia Española. Yo era (ahora lo admito) un talibán lingüístico, y casi todo lo que se saliera de los mandamientos de la Academia constituía para mí materia censurable.

Aquello cambió un glorioso día de 2010 en el que salté del solárium del empleado a la piscina del trabajador autónomo. Ahí nació Lavadora de textos, que es el nombre de mi empresa y también el de un blog en el que comencé a resolver dudas lingüísticas de toda índole, tanto mías como de las personas que me escribían atribuladas por el uso de una coma, por una expresión rara o por una construcción sintáctica discutible.

La diferencia entre trabajar como corrector para un periódico y hacerlo para clientes radicaba en dos factores. El primero era que, para bien o para mal, en *La Opinión de Tenerife* yo era una suerte de modesta autoridad lingüística, de tal modo que las cosas se hacían como yo decía porque sí, y los redactores aceptaban mis criterios sin darle más vueltas al asunto (o bien me ignoraban, pero no solían discutir conmigo); sin embargo, un cliente, que por lo general es el autor de una novela o de una tesis doctoral, o el editor de una revista, o el servicio de publicaciones de una universidad, quiere resultados excelentes (para eso paga), y ello exige que el corrector esté en disposición de justificar todas sus decisiones, no porque tenga que responder por cada una de ellas, sino porque debe poder hacerlo si el cliente lo pide.

El segundo factor tenía que ver con los artículos del blog, que no era un pasatiempo, sino un escaparate de mi empresa: si un lector de mi web me solicitaba ayuda y yo se la iba a dar (públicamente, por cierto), mi respuesta a su duda debía ser impecable.

Ambas circunstancias me obligaron a despertar de mi somnolencia de asalariado para tratar de convertirme en un asesor lingüístico decente, y lo hice encantado.

La búsqueda de respuestas para preguntas cada vez más complejas fue a partir de ese momento una constante en mi trabajo, por lo que me vi en la necesidad de mirar más allá de los dominios de la Real Academia Española y salir al encuentro de otras voces, a las que desde entonces denomino *guardianes de la lengua*;[179] unos guardianes que, como ya dije en la introducción de este libro, no castigan, sino que cuidan. Comenzaba así mi particular aventura lingüística, al modo de Frodo Bolsón en *El señor de los anillos* pero sin orcos: todos los personajes con

179. A la Academia también la considero un guardián de la lengua, pero solo uno más, no el único.

los que me fui encontrando eran elfos, y cada vez que conocía a uno me echaba en cara el haber pasado tanto tiempo al amparo de la comarca académica y pensando que fuera de ella no había nada.

Y en los primeros días de esa aventura conocí la obra de un gigante llamado José Martínez de Sousa. Fue una epifanía.

De Pepe Sousa he recibido tantas enseñanzas que sería imposible hacer una lista. Les contaré solo dos: este genio de la ortografía y de la ortotipografía, autodidacta, maniático y vanguardista, se opuso desde el primer día a la orden de la RAE según la cual debemos quitarles la tilde a palabras como *guión*; además, también es contrario a una regla que dice que el punto de cierre de un enunciado va siempre después de un signo de cierre de paréntesis, corchetes y comillas. Según él, a veces va antes y a veces va después. «¿Cómo va a ser eso? —me preguntaba yo—, ¿un tipo que le lleva la contraria a la RAE?».[180] Pues sí: Sousa lo hace cuando lo considera justo, y sus puntos de vista siempre son razonables. Todo eso me llevó a salir de mi zona de confort lingüístico, el que me daba la Academia, para ir a descubrir nuevas tierras, en las que habitaban intelectos como los de María Moliner, Ángel Rosenblat, Manuel Seco, Humberto Hernández, Alberto Gómez Font, Leonardo Gómez Torrego, el propio Pepe...

Gracias a todos ellos, mis primeros años como corrector por cuenta propia fueron una acelerada metamorfosis, un viaje hacia la discusión, la duda y la tolerancia; un viaje sin retorno y en cuyo recorrido aún me hallo inmerso.

---

180. He de decir que precisamente en estos dos asuntos yo no sigo el criterio de José Martínez de Sousa, sino el de la Academia —aunque me quito el sombrero ante los argumentos que usa Pepe para posicionarse—, de tal manera que escribo *guion* —sin tilde— y siempre pongo el punto de cierre de un enunciado después del signo de cierre de paréntesis, corchetes y comillas. Ver los capítulos «¿Y por qué *guion* se escribe sin tilde?» (p. 87) y «El punto siempre va al final» (p. 124).

Pocas semanas después de publicar mi primer libro, recibí un correo de Pepe Sousa en el que me pedía un número de teléfono. Me llamó y lo primero que me dijo fue: «Felicidades por tu libro... Bueno, debería decir más bien por *mi libro*, porque me nombras casi en todas las páginas». Mi pensamiento inmediato fue que el hombre estaba disgustado, pero no: estaba encantado de que lo citara constantemente. Poco tiempo después fui a Barcelona y lo conocí en persona. Era una persona con un sentido del humor extraordinario, y he de decir que en las dos horas que estuvimos de charla apenas hablamos de ortografía o de algo que tuviera que ver con la lengua española. Pepe Sousa se mostró simpático y socarrón, y era un conversador extraordinario, todo lo cual me lo siguió demostrando en los años siguientes a través del correo electrónico y el teléfono, que son los dos canales que han hecho posible que mantengamos una exquisita relación a distancia.

Pero lo importante de José Martínez de Sousa no es que sea simpático o agradable, sino todo lo que le ha dado al estudio y el conocimiento de la lengua española. Como dije más arriba, Pepe Sousa es autodidacta. En su web, él mismo lo explica: «Todos mis conocimientos profesionales son absolutamente autodidactas. Aprendí por mi cuenta (y riesgo) lo que necesité cuando me hizo falta. Algunos de mis libros, ciertamente, surgieron por mis propias necesidades de conocimientos concretos».[181] La última parte de esta cita es extremadamente importante porque ahí radica la justificación de sus obras: cuando este inquisidor no encontraba soluciones para sus múltiples dudas, él mismo establecía, siempre con un método científico, respuestas que fueran coherentes y terminaba plasmándolas en sus obras, entre las que cabe destacar *Ortografía y ortotipografía del español actual*, *Diccionario de usos y dudas del español actual*, *Diccionario de uso de las mayúsculas y minúsculas*, *Ma-*

181. Ver bibliografía.

nual de estilo de la lengua española y *Manual básico de lexico-grafía.*

No sé si el temor a sus atinadas críticas a la RAE fue la causa por la que la Academia le propuso en su día que entrara a formar parte de la Docta Casa, pero como académico correspondiente, no de número. No entraré a explicar en qué consisten estas dos categorías; me limitaré a decir que los académicos de número son la flor y nata de la institución, mientras que los correspondientes apenas son conocidos más allá de la propia RAE. Pepe Sousa rechazó la invitación, claro está, y a mí me parece absolutamente lógico, pues, como digo cada vez que hablo de este asunto, un gigante nunca puede pasar por una puerta pequeña.

84. «Se á de eskrivir, komo se pronunzia»

Ser joven significa lo mismo que ser rebelde (salvo raras excepciones). Todos, a los veinte años, creímos que íbamos a cambiar el mundo, que la vida era eterna y que las reglas impuestas por los mayores eran una pesadez. Con el tiempo, uno se va dando cuenta de que el mundo apenas ha cambiado en los últimos milenios, que la vida es cortísima y que, para no matarnos unos a otros, necesitamos una serie de reglas que hagan de nuestra existencia algo mínimamente llevadero. Entre esas reglas, naturalmente, también están las ortográficas. Pero, como decía, es consustancial a la juventud el alterar las normas y establecer unas propias, todo ello en un afán tan inútil como inocente de llevar la contraria.

Seguramente eso es lo que movió en su día a algunos jóvenes a sustituir la letra *c* (antes de las vocales *a*, *o*, *u*) y el dígrafo *qu* por la letra *k*: *kasa*, *kiero*, *kedar*... Supongo que, al hacerlo, el imberbe que creyó haber inventado este uso simplemente pensaba que se estaba saltando a la torera la ortografía para que a todo el mundo le quedara claro que era un rebelde. De hecho, si nos vamos al *Diccionario de la lengua española*, de la RAE, nos encontramos con esta descripción de la palabra *okupa*: «Acortamiento de *ocupante*, con *k*, letra que refleja una voluntad de transgresión de las normas ortográficas».

Lo que no sabía ese joven, y seguramente tampoco lo saben todos los que siguen haciendo ese uso de la letra *k*, es que hace cientos de años ya hubo una persona que hacía lo que ellos hacen ahora, pero no por rebeldía, sino por todo lo contrario. Tanto es así que este señor, que se llamaba Gonzalo Correas, escribía su apellido de este modo: *Korreas*. Nacido en Extremadura en 1571, Correas fue un lingüista que escribió, entre otras obras, una titulada *Ortografia kastellana, nueva i perfeta*, publicada en 1630. En 1971, la editorial Espasa-Calpe sacó una edición facsímil de este raro librito, y cuarenta y dos años después yo me tropecé con un ejemplar en una librería de Barcelona. Lo compré sin dudar.

En este manual, Correas nos explicaba su acertado punto de vista sobre la función de la ortografía. En las primeras líneas del libro nos decía «ke se á de eskrivir, komo se pronunzia, i pronunziar, komo se eskrive» (1). En otras palabras, el extremeño proponía una ortografía fonética, en la que no se tuviera demasiado en cuenta la etimología y que se guiara por ese ideal del que ya hablamos al comienzo de este libro: cada sonido debe ser representado por un único signo y un signo no puede representar más de un sonido. Esta propuesta tuvo muchísimo mérito si tomamos en cuenta el momento en el que fue planteada, pues por ese entonces —comienzos del siglo XVII— el sistema ortográfico español se encontraba en un periodo al que el maestro José Martínez de Sousa denomina «de confusión o anárquico». Por aquellos años, «y sobre todo en la primera mitad del siglo XVII, la ortografía española entra en una época de desbarajuste y anarquía, en la que cada cual pretende escribir con su propio alfabeto y sus reglas particulares» (2011: 632).

Como ustedes habrán imaginado, nadie les hizo caso a las revolucionarias ideas de Gonzalo Correas, y hubo que esperar a la fundación de la Real Academia Española, en 1713, para que empezara a ponerse un poco de orden en nuestro sistema de escritura, aunque la ortografía de la RAE no logró alcanzar el famoso ideal. Ya en el siglo XIX, otro revolucionario, Andrés Bello, volvió a intentar algo parecido a lo que había propuesto Correas, pero tampoco tuvo éxito. De eso hablaremos más adelante.

85. María Moliner y su diccionario

«A mi marido y a nuestros hijos les dedico esta obra terminada en restitución de la atención que por ella les he robado». Con estas palabras comienza el *Diccionario de uso del español*, publicado en 1966 y que ya va por su cuarta edición, aunque solo la primera fue escrita íntegramente por la extraordinaria lexicógrafa María Moliner. La dedicatoria estaba más que justificada, pues el tiempo que doña María pasó componiendo el diccionario fueron nada más y nada menos que quince años.

No voy a reproducir la larga lista de elogios que ha recibido esta obra magna de la lexicografía española; tampoco me voy a detener en la batalla entre los descendientes de Moliner y la editorial que la publica, pues aquí de lo que se trata es simplemente de darle las gracias a esta mujer excepcional por haberle robado tanto tiempo a su familia para regalárnoslo a nosotros.

¿Por qué sigue siendo tan célebre este diccionario más de medio siglo después de que saliera a la calle? ¿Por qué, cuando alguien dice «María Moliner», no nos viene a la cabeza la imagen de una persona, sino la de dos libros gordos, pesados y manoseados? La respuesta nos la da el gramático Manuel Seco, que en el prólogo de la tercera edición de esta obra dice que «nunca se había realizado una exposición del léxico español tan ambiciosa y rica en información sobre su uso como la de Moliner» y explica que el rasgo más importante del diccionario es «la renovación, una a una, de las definiciones heredadas, redactándolas de nueva planta en un lenguaje transparente y actual; y [...] limpiándolas de los círculos viciosos frecuentes en los enunciados definidores de otros diccionarios» (XI-XII).

Dado que mi homenaje a María Moliner no pretende ser una descripción precisa y técnica de su criatura, no les hablaré de conceptos como *diccionario de uso* o *diccionario ideológico*,[182] pues se trata de asuntos complejos y que no vienen al caso. Baste decir que el manual elaborado por esta aragonesa es completísimo y va mucho más allá del diccionario académico (Manuel Seco no lo aclara en el prólogo, pero me temo que al decir eso de «círculos viciosos» se está refiriendo a los que nos hacen la vida imposible en el manual de la RAE, de la que él era miembro). Por eso, cuando buscamos una palabra en el *María Moliner* vemos que la autora no se limita a dar una escueta definición, sino que observa detenidamente esa voz, nos da sinónimos, pone ejemplos sobre su uso e incluye locuciones y expresiones en las que participa el término que ha diseccionado.

Pese a su revolucionaria contribución a nuestra lexicografía, María Moliner nunca entró en la RAE. Fue propuesta en 1972 y habría sido la primera mujer académica, si exceptuamos a Isidra de Guzmán, que, con diecisiete años, fue nombrada miembro honorario por el rey Carlos III (Díaz Salgado, 2011: 141). La propia Moliner tenía bastante claro que una de las razones de esta exclusión había sido su sexo y que, si su diccionario lo hubiera escrito un hombre, tal autor habría entrado en la Docta Casa por la puerta grande.

182. Sobre la naturaleza del *María Moliner*, recomiendo la lectura del artículo «Características. Diccionario de uso del español», de José-Álvaro Porto Dapena. Ver bibliografía.

Diariamente le rindo tributo a María Moliner; lo hago cada vez que tomo entre mis manos alguno de los dos volúmenes de su diccionario. Además de ese homenaje cotidiano, les cuento que hace unos años me dio por componer sonetos dedicados al buen uso de la lengua y a aquellos guardianes que, como Moliner, velan por ella; y hoy no me puedo resistir a reproducir aquí, como reiterado acto de gratitud, el que le escribí a esta mujer sobresaliente:

Al lado de mi mesa de trabajo
descansa un dinosaurio inteligente,
un canto a la razón, tenaz e ingente,
que leo compulsivo y a destajo.

Tres lustros le llevó a doña María
—palabra tras palabra, despacito—
tejer este mantón casi infinito
que abriga a nuestro idioma noche y día.

María Moliner no tuvo escaño,
por más que lo pidiera algún prohombre,
en la RAE *misógina de antaño.*

«Academias a mí —dijo a los hombres—;
ya quisieran ustedes mi tamaño
y un diccionario eterno con su nombre».[183]

---

183. Este poema está publicado en el libro *Cincuenta sonetos lingüísticos*. Ver bibliografía.

86. Andrés Bello, libertador ortográfico

Ya les he contado, a través de las palabras de Ángel Rosenblat, que en el pasado era normal escribir *Ysabel* en lugar de *Isabel*, como hacemos actualmente. Y ahora les cuento que en el *Diccionario de autoridades*, el primero publicado por la Real Academia Española —en el siglo XVIII—, no encontraremos la palabra *filosofía*, pero sí *philosophía*.[184] ¿Por qué ocurría esto? Porque la ortografía es un código que ha ido perfeccionándose con los años, y en ese camino hacia la perfección ha habido una lucha constante entre la fonética y la etimología. En esa guerra, el afán por darle a cada sonido una letra (eso es la fonética) se enfrenta, todavía hoy, al respeto por la forma en que, en algún momento anterior —un momento de mayor desorden, dado que las ortografías siempre se dirigen hacia la excelencia, no hacia el caos— otras personas escribieron determinadas palabras (eso es la etimología).

Han sido varios los sabios que en el ámbito hispánico han tratado de hacer simplificaciones encaminadas a lograr una

184. En este diccionario, el lema (o sea, la palabra que se ha buscado, tal y como aparece escrita antes de la definición) está escrito con mayúsculas y sin tilde: PHILOSOPHIA, pero en los ejemplos que se ponen para hablar de esa voz se lee *Philosophía*, con tilde y mayúscula inicial. Ver el capítulo «Las mayúsculas, las tildes y la ley» (p. 130).

ortografía lo más fonética posible. Uno de ellos fue Gonzalo Correas, del que ya hemos hablado. Otro gran reformista fue Andrés Bello, un gramático venezolano que tuvo la osadía, a comienzos del siglo xix, de proponer un sistema de escritura con el que se allanara el camino hacia el ideal ortográfico de la monogamia entre grafemas y fonemas. En otras palabras, Bello quería —como han querido a lo largo de los siglos tantos otros— que no ocurrieran disparates como escribir *gerifalte* y *jefe*, pues, si ustedes se fijan, en ambas palabras la primera sílaba se pronuncia igual. ¿Por qué —se preguntaba el venezolano— habríamos de usar unas veces la *g* y otras veces la *j* para representar el mismo sonido? Tenía toda la razón don Andrés, pero su ortografía, que llegó a tener cierto éxito en América durante algunos años, acabó quedándose en utopía.

La ortografía de Andrés Bello era, en palabras del lingüista Luis Carlos Díaz Salgado, «muchísimo más simple y útil que cualquiera de las elaboradas por la Academia Española hasta esa fecha» (2011: 35), aunque no resolvía todos los *poltergeists* ortográficos de nuestro sistema. La propuesta fue ideada junto con el colombiano Juan García del Río y se enmarcaba dentro del proceso social y político que siguió a las independencias americanas; de hecho, el artículo en el que se sentaban las bases de la reforma, publicado en el año 1823, se titulaba «Indicaciones sobre la conveniencia de simplificar i uniformar la ortografía en América». En esencia, lo que se proponía era lo siguiente:

- Se usará el dígrafo *rr* para representar el sonido /rr/, independientemente de su posición en la palabra: *rrosa, rramo, alrrededor, carro*; y se usará la letra *r* solamente para representar el sonido /r/: *cara, prosa, bramar*.
- Se usará la letra *j* para representar el sonido /j/: *jeneral, jeranio, jazmín, pajar, Méjico*.

- Se usará la letra *q* para representar el sonido /k/: *qasa, qeso, qinientos, qilómetro, qolejio.*
- Se usará la letra *g* para representar el sonido /g/: *gasa, gerra, gota, gitarra.*
- Se usará la letra *i* para representar el sonido /i/: *rrei, buei, Pepe i Pepa.*
- Se usará la letra *z* para representar el sonido /z/: *zereza, ziática, zélebre.*
- Se eliminará la letra *h* cuando no represente ningún sonido (pero no desaparecerá el dígrafo *ch* [*pecho, lucha...*]): *ombre, acha, idalgo.*

De haberle hecho caso a Bello, ahora escribiríamos textos como «En lugar de ir a la gerra para qausar la muerte a onrrados ombres inozentes, el jeneral prefiere rregar los jeranios i las rrosas», y no «En lugar de ir a la guerra para causar la muerte a honrados hombres inocentes, el general prefiere regar los geranios y las rosas». Si esta reforma se pusiera en práctica hoy mismo, a ustedes les podría parecer un sistema de escritura estrafalario, pero esto no les ocurriría a nuestros descendientes, que aprenderían desde la más tierna infancia esa nueva ortografía de manera natural y se extrañarían —con razón— de que en algún momento del pasado alguien hubiera tenido la ocurrencia de escribir extravagancias como *hombre* o *guerra*, del mismo modo que a nosotros hoy nos parece fuera de lugar escribir *Ysabel* y *philosophía*.

La ortografía de Bello no logró imponerse a la de la Real Academia Española: en 1844 la RAE publicó un sistema propio y la reina Isabel II ordenó que fuera este el que se impartiera en las escuelas públicas de España. Y, como era de esperar, la onda expansiva del monárquico mandato llegó hasta la otra orilla del Atlántico, donde el prestigio de la Academia era elevadísimo, como sigue ocurriendo en la actualidad. Pese a ello, algunas de las propuestas de Bello sí se adoptaron en Chile, donde siguieron vigentes hasta 1927; de ahí que algunos conozcan la reforma del venezolano como *ortografía chilena*.

Doscientos años después de que Bello y García del Río ofrecieran su modelo de simplificación, los hispanohablantes seguimos esperando por un nuevo libertador ortográfico que desbroce el camino que conduce hacia una ortografía perfecta.

87. Imperfectos diccionarios

¿Cuántas veces habremos oído decir eso de que tal o cual palabra no existe porque no está en el diccionario o porque no la acepta la RAE? Demasiadas. Hablaremos en este capítulo de esas incongruentes afirmaciones,[185] en las que juega un papel destacado la autoridad que nosotros mismos le damos a la Academia, y lo primero que haremos para desmentir a quienes dicen eso es citar a Manuel Seco, que era miembro de esa institución y que en la «Nota para la décima edición» de su famoso *Diccionario de dudas y dificultades de la lengua española* decía lo siguiente: «La Academia, institución humana y no divina, no gobierna la lengua, sino que trata de registrarla» (XII). Esta es la razón por la que, como añade Seco citando a Larra, el diccionario de la RAE «tiene la misma autoridad que todo el que tiene razón, cuando él la tiene» (ibídem).

Volvamos a las primeras líneas de este capítulo: ¿quién puede cometer la temeridad de afirmar que una palabra no existe solamente porque no la vio en el diccionario? Es más, cuando alguien dice «el diccionario», ¿a qué diccionario se re-

185. Yo también solía decir hace años eso de que la RAE «no acepta» una palabra o que un término «no existe». Ver el capítulo «Barman y lingüista» (p. 358).

fiere? Seguramente está hablando del de la Academia, pero lo cierto es que existen otras obras de igual naturaleza y que en algunos aspectos le dan mil vueltas al de la Docta Casa. Ya hemos hablado del *María Moliner*, pero hay más: el *Diccionario del español actual*, de Manuel Seco, Olimpia Andrés y Gabino Ramos; el *Clave*; y una infinidad de diccionarios de dudas, de regionalismos, de tecnicismos, de uso de las preposiciones, de refranes...

Por lo tanto, decir «el diccionario» como si solo existiera uno es el primer error. El segundo es creer que una palabra necesita la aprobación de ese diccionario para que la podamos usar. Si fuera así, en estos tiempos pandémicos no podríamos emplear términos tan actuales como *covidiota*, *coronaburrirse* o *covidofobia*, que aún no están registrados en el léxico de la RAE, aunque el primero y el tercero sí los podemos encontrar ya en la web del *Diccionario histórico de la lengua española* (también de la Academia).[186] En ambos casos, lo que hace esta obra es decirnos que alguien que trabaja en la elaboración de ese diccionario ha encontrado esas palabras en varios textos, generalmente periodísticos. En todo caso, aunque estas voces no estuvieran aún ni siquiera en ese diccionario histórico ni en ningún otro, nadie puede decir que no existen y, menos aún, criticarnos por usarlas.

Con estos datos podemos llegar a una primera conclusión: los diccionarios no *aceptan* las palabras, sino que *registran* las que determinadas personas, libremente, están usando. Los criterios para incluir o no una voz en un diccionario general son complejos, pero siempre tienen que ver con el éxito de ese vocablo en ámbitos cultos, semicultos, coloquiales e incluso vul-

186. Ver bibliografía. Otras fuentes de la Academia para buscar palabras que podrían no estar en su diccionario son el Corpus Diacrónico del Español (CORDE), el Corpus del Español del Siglo XXI (CORPES XXI) y el Corpus de Referencia del Español Actual (CREA) (ver bibliografía). Se trata de bases de datos en las que se recogen infinidad de textos de nuestro idioma.

gares. Otra conclusión es que una palabra existe desde el mismo momento en que alguien la pronuncia; asunto diferente es que algún día llegue a ser incluida en un diccionario.[187] Esto que les estoy diciendo ya lo explicó hace tiempo el filólogo Alberto Gómez Font, y lo hizo mucho mejor que yo, así que copio sus palabras: «Si buscamos un término en el diccionario es porque lo hemos oído o lo hemos leído en alguna parte, luego su existencia es innegable, y la única conclusión a la que podemos llegar si no lo encontramos es que no está en el diccionario, pero nada más, pues existir, existe» (2015: 18).

Los diccionarios, como toda obra humana, son imperfectos. Además, su vigencia tiene fecha de caducidad, por lo que deben evolucionar constantemente, al mismo ritmo que lo hace la lengua, pero un pasito por detrás. Aun así, son de inmensa utilidad para todo aquel que quiera hacer un buen uso del español, por lo que siempre debemos tener uno a mano, sea el de la Academia o cualquier otro. Esa utilidad y el amor con el que han sido elaborados y con el que se renuevan cada cierto tiempo son las razones por las que este capítulo que ustedes leen está incluido en la parte que he dedicado a los guardianes de la lengua. Úsenlos cada vez que lo crean necesario, e incluso solo por entretenerse; y no olviden que consultar un diccionario no es muestra de torpeza, sino de amor. Amor por nuestro idioma.

187. Muchos de ustedes conocerán un sistema de transferencia bancaria denominado Bizum. Cuando yo le paso dinero a alguien con esta herramienta, después le envío un wasap y le digo, por ejemplo: «Te acabo de bizumear treinta euros». Al hacerlo, me trae sin cuidado que el verbo *bizumear* no esté en los diccionarios, pues sé que la persona que recibe el mensaje me entiende.

88. Leonardo Gómez Torrego, el espía eficaz

Les hablaba unas páginas más atrás sobre mi etapa de talibán lingüístico, aquellos años en los que fui corrector de prensa y en los que los mandatos de la RAE eran casi palabra de Dios. Por ese entonces yo aún no conocía la obra de Leonardo Gómez Torrego, y es algo que lamento sobremanera, no solo por mí, sino por la cantidad de textos que fueron sometidos a una única vara de medir, la de la Docta Casa. Afortunadamente, un buen día el azar me dio la oportunidad de irme de aquel periódico y de dedicarme al amado oficio de la corrección de textos por mi cuenta, y ese momento coincidió con mi salida, voluntaria, de la comarca académica.

Uno de los primeros sabios que me salieron al paso en mi nueva aventura lingüística fue Leonardo Gómez Torrego, un gramático español que se dedicó a esto de la lengua, entre otras razones, porque de pequeño le entusiasmaba oír a los curas predicar, según él mismo confesó en una entrevista.[188] Desde 2015 es académico correspondiente de la RAE, pero mucho antes de eso ya había demostrado con creces su extraordinario conocimiento de la lengua española y su capacidad para trans-

---

188. «L. Gómez Torrego (1)», vídeo de YouTube, https://www.you tube.com/watch?v=YSL0e8FuKKo.

mitirlo. El primer libro suyo que cayó en mis manos fue *Gramática didáctica del español*, una obra en la que explica, con extremadas sencillez y pedagogía, multitud de fenómenos misteriosos de nuestro idioma, como aquel por el cual es tan normal decir «Si me hubieras llamado, te **habría** llevado» como «Si me hubieras llamado, te **hubiera** llevado»,[189] o aquel otro por el cual un adjetivo puede transformarse en adverbio y, al hacerlo, adopta género masculino y número singular, como en «Esas chicas corren **rápido**».[190]

Como todo buen gramático, Gómez Torrego ha sido un eficaz espía de los lentos pero perceptibles movimientos de nuestra lengua, de los que ha elaborado pormenorizados informes. Uno de los más interesantes es un artículo del año 2000, titulado «Cesar a alguien»,[191] en el que el lingüista segoviano se adelanta a la RAE nada menos que catorce años para decirnos que el uso transitivo del verbo *cesar* había arraigado en la norma culta y que habría que ir teniendo eso en cuenta.[192] La Academia —que no se dio por enterada de esta metamorfosis verbal hasta el año 2014— debe de tener un radar para el talento, pues, como ya hemos dicho, nombró académico correspondiente a Gómez Torrego en 2015. Pero, como quedó claro en un capítulo anterior, eso de ser académico correspondiente les queda un poco pequeño a los gigantes que cuidan de nuestro idioma, por lo que no estaría nada mal que algún día este notario de la alquimia gramatical pasara a ser académico numerario.[193]

189. Ver el capítulo «Yo no hubiera sido tan categórico» (p. 258).
190. Ver el capítulo «El abismo no está en el género gramatical» (p. 265).
191. Ver bibliografía.
192. Ver el capítulo «Cese usted a quien quiera» (p. 287).
193. Les contaré el pecado, pero no quién fue el pecador: cierto día me encontraba yo en Madrid con mi admirado Álex Herrero (ver el capítulo «Álex Herrero, joven y sabio», p. 385) y con otro señor, que era y es académico de la RAE. Mostraba Álex su pena por el hecho de que a Gómez Torrego lo hubieran nombrado académico correspondiente y no de número, ya

89. Manuel Seco, el tolerante

Manuel Seco murió el 16 de diciembre de 2021, cuando este libro estaba en pañales. Por eso estuve a tiempo de incluir, en la página de las dedicatorias, un agradecimiento a este gigante de la lingüística, con quien los hispanohablantes hemos contraído una enorme deuda —que él nunca reclamó, por cierto—. Seco era gramático y académico, pero, sobre todo, era dueño de una tolerancia que solo puede ser consecuencia de su sabiduría. De ambas virtudes se valió para redactar su obra más célebre, el *Diccionario de dudas y dificultades de la lengua española*, publicado en 1961 y que sigue siendo en la actualidad una excelente fuente de consulta para lingüistas, profesores, periodistas y amantes del español. Este pequeño manual resuelve de manera sencilla todo tipo de dudas (muchas de las cuales son de esas que asaltan a los hispanohablantes cada dos por tres), tanto ortográficas como sintácticas, morfológicas, de conjugación... Ha sido reeditado y reimpreso en numerosas ocasiones, y hoy se puede adquirir con una ligera variación en el título: *Nuevo diccionario de dudas y dificultades de la lengua española*.

---

que —pensaba él, y yo también lo pensaba—, una vez designado para una categoría, ya no podía pasar a la otra. Pues bien, este académico nos aseguró que eso no es así y que nada impide que algún día Leonardo Gómez Torrego pase a ser académico de número. Que así sea.

Esta obra es un canto a la tolerancia y al sentido común a la hora de usar la lengua. En la «Nota para la décima edición», el autor nos dice lo siguiente: «Algunas personas, ante cualquier duda de lenguaje, esperan siempre una respuesta tajante. Muchas veces la hay; pero muchas otras la solución ha de ser matizada: o bien, sin condenar ninguna salida, se aconseja una *mejor* que otra, o bien se dan como *igualmente aceptables* una y otra. Nadie debería sorprenderse por ello. Por naturaleza, la lengua, que es de todos, no puede por menos de ser más tolerante que cada uno de nosotros» (XII; las cursivas son de Manuel Seco).

Como es lógico, en este diccionario hay respuestas y sugerencias que son contrarias a lo que establece la RAE, y más de uno se podría sorprender por ello, ya que Seco no solo era miembro de la Academia, sino uno de sus rostros más destacados. El gramático también habla de ello en la citada nota: «En la Academia no hay disciplina de voto, y, sin perder un átomo del profundo respeto hacia la Casa a la cual se honran en pertenecer, cada uno de sus miembros puede exponer bajo su propia responsabilidad lo que su personal conocimiento, documentación y sentido común le dicten respecto a cualquier acuerdo publicado por la Academia referente a cuestiones del idioma» (ibídem). Dicho queda.

Si de alcanzar la gloria se trataba, Manuel Seco se podría haber retirado después del éxito de su *Diccionario de dudas*, pues solo con esta obra ya ha entrado en el olimpo de la lingüística española, como le ocurrió a María Moliner con su única obra. Pero Seco no se quedó ahí: empeñado en componer un diccionario general basado en un método lexicográfico riguroso y que registrara con eficacia los usos del español actual (aunque solo el de España, no el de América...), Seco y dos colaboradores —Olimpia Andrés y Gabino Ramos— comenzaron en 1970 a elaborar el *Diccionario del español actual*, que no vio la luz hasta 1999. Una vez más, Seco dio en la diana y alumbró una obra monumental, en la que se hace un inventario del léxico «*que se usa*, no solo el *que se debe usar*» (Seco, Andrés y Ramos, 2011: XIII; las cursivas, nuevamente, son de Seco).

Por si esto fuera poco, durante la redacción del *Diccionario del español actual*, don Manuel y sus colaboradores decidieron darle a este un hijo, y así nació el *Diccionario fraseológico documentado del español actual*, otra obra maestra, en la que se recogen todo tipo de locuciones y expresiones, desde las más cultas —*no ha lugar, mal que le pese, en lo sucesivo...*— hasta las más vulgares —*a tomar por el culo, estar pedo, joder la marrana...*—, pasando por otras más coloquiales —*hasta el gorro, tener contra las cuerdas, como Pedro por su casa...*—. Se trata, como indica su título, y al igual que ocurrió con su padre, de un manual *documentado*; esto quiere decir que las locuciones que aparecen registradas no son una lista elaborada por capricho ni a partir de obras anteriores de otros autores, sino que están ahí después de una exhaustiva búsqueda llevada a cabo en textos actuales, tanto de la prensa como de la literatura y de otras fuentes. Por eso, cada entrada del diccionario va acompañada de ejemplos, que son precisamente esos textos.

Si ustedes aman la lengua española, deben tener siempre a mano a Manuel Seco, el ilustrísimo académico cuya sabiduría le permitió llevarle la contraria a la RAE sin despeinarse. Su cuerpo se ha desvanecido, pero su alma sigue entre nosotros.

90. Un *hippy* en la Academia

El *hippy*[194] es Humberto Hernández, y la Academia no es la española, sino la canaria. Si les soy sincero, no sé si en su juventud Humberto Hernández fue *hippy*, pues yo lo conocí cuando ambos éramos ya mayorcitos, pero lo cierto es que este lingüista, que era adolescente cuando los Beatles sacaron el *Sgt. Pepper's*, sigue llevando barba y una modesta melena, y sé de buena tinta que le gusta tocar la guitarra, y que oye a Bob Dylan... En fin, lo reconozco: no sé por qué me gusta decir que Humberto es *hippy*, pero me parece que el adjetivo (y sustantivo) le va bien; y, además, su personalidad encaja con aquello del amor a tutiplén de los años sesenta, aunque su amor es infinito, pero no libre: él está casado con la lengua española, y lo que más le fascina de ella es una de sus variedades, la canaria.

Humberto Hernández es el presidente de la Academia Canaria de la Lengua, una institución que vela, como lleva ha-

---

194. La RAE nos sugiere en su diccionario que escribamos *jipi*, en letra redonda, en vez de *hippy*. Pero, qué quieren que les diga, con jota y con i latina pierde toda la fuerza (y que Andrés Bello me perdone —ver el capítulo «Andrés Bello, libertador ortográfico», p. 342—), como la pierde el *whisky* cuando alguien escribe *güisqui*. Eso sí, escribo *hippy* en cursiva porque es una voz extranjera.

ciéndolo él desde hace décadas, por el reconocimiento y el estudio de la variedad canaria del español. Ser canario y dedicar buena parte de su actividad a la defensa apasionada de nuestro dialecto tuvo que ser en su momento una tarea complicada para este lingüista, pero si hoy no resulta tan complicado valorar, conocer y apreciar en su justa medida la variedad canaria ha sido gracias a personas como Humberto. Los problemas a los que se debió enfrentar tenían que ver con el superior prestigio de la variedad castellana —el español de Castilla— frente a las demás, que es una falacia que ha acompañado a todos los hispanohablantes durante demasiado tiempo.

No entraré aquí en los orígenes de esa gran mentira que supone pensar que el español de Castilla es el bueno y que todo lo demás son deformaciones más o menos curiosas, cantarinas o graciosas de aquel, pues ya lo he hecho;[195] solo les diré que tal variedad —la castellana— la usa una espeluznante minoría (unas decenas de millones de personas) si la comparamos con todos aquellos (más de cuatrocientos millones) que, entre otras cosas, no pronunciamos el fonema /z/ ni decimos *vosotros*, sino *ustedes*. Aun así, durante muchos años a los canarios nos dio cierto pudor conversar con peninsulares, que nos *corregían* y nos pedían que habláramos *con propiedad*. Los canarios —que veíamos la tele de la península y oíamos la radio de la península y leíamos la literatura de la península— creíamos estar varios peldaños por debajo de los godos,[196] lo

195. De este asunto ya he hablado en los capítulos «La primera vez que fui a Madrid» (p. 229) y «Los seseantes somos mayoría» (p. 233). Volveré a hacerlo en el capítulo «Lola Pons, guardiana del andaluz» (p. 361).

196. Para un canario, un godo es un español de la península que se comporta con arrogancia en nuestras islas, en la errónea creencia de que viene de la España continental a tierra conquistada. El periodista canario Gilberto Alemán decía que no todos los peninsulares son godos; solamente merecen tal adjetivo —y sustantivo— «los que gritan en los bares», y yo estoy muy de acuerdo con tan breve descripción. En diferentes partes de América tam-

que llevó a muchos al extremo de pasarse al *vosotros* (este último fenómeno, no sé por qué motivo, está tomando nuevo auge, para tristeza de Humberto y mía); otros tantos —incluido algún locutor radiofónico— incorporaron a su repertorio fonológico el sonido /z/, con poco acierto, todo hay que decirlo.

En ese contexto, tomar un microscopio para examinar una variedad tan rica como la canaria desde los puntos de vista léxico, sintáctico, morfológico y fonético tuvo que ser, como decía, una tarea muy ardua, pero Humberto se salió con la suya y, gracias a personas como él, cierto día retiraron en la capital de la isla de Tenerife un cartel que ponía «Terminal de autobuses» para poner otro que decía «Estación de guaguas», y hoy podemos leer en el Estatuto de Autonomía de Canarias —nuestra pequeña Constitución— que «los poderes públicos canarios asumen como principios rectores de su política [...] la defensa, promoción y estudio del español de Canarias, como variedad lingüística del español atlántico».

De Humberto Hernández podemos decir muchas cosas; por ejemplo, que, además de presidente de la Academia Canaria de la Lengua, es catedrático de Lengua Española en la Universidad de La Laguna; que escribe periódicamente artículos de divulgación en los que defiende, con amor y pedagogía, el habla canaria; que es uno de los padres del diccionario *Clave*, cuya consulta les recomiendo... Pero, aparte de todo eso —o como causa de todo eso—, Humberto es un científico de la lengua, un eterno aprendedor (que no aprendiz) al que le gus-

---

bién quedan huellas de este uso despectivo de la voz *godo* aplicada a los españoles. En todo caso, en Canarias el contexto juega un papel importante a la hora de darle un significado a esta palabra: si yo digo que «Pepe se comporta como lo que es: un godo», está claro que hago un uso despectivo, pero no hay connotación despreciativa en el adjetivo *godo* si digo «Juan no es canario; es un godo que vino a Tenerife a trabajar hace años».

ta discutir, entender y dudar. Y, por encima de todo, Humberto es, sin la menor duda, el guardián mayor del habla canaria.[197]

197. En una entrevista concedida a un diario de Tenerife, el periodista le preguntó esto a Humberto Hernández: «¿Tiene la sensación de ser una especie de "guardián" de nuestro patrimonio lingüístico?», a lo que Humberto respondió esto otro: «¿Guardián? La lengua no necesita guardianes». Para mí sí lo es, pero aclaro que siempre que uso la expresión *guardián de la lengua* lo hago para hablar de personas que no castigan, sino que cuidan. («Humberto Hernández: "El español de Canarias está cada vez menos estigmatizado"», *El Día*. Ver bibliografía).

91. Barman y lingüista

Cierto día del año 2005, el director del periódico en el que yo trabajaba me dio la orden de acompañar a un tipo que venía a Tenerife a dar una charla sobre el buen uso del español en los medios de comunicación. Yo no tenía ni idea de quién era el señor en cuestión; solo me dijeron que se llamaba Alberto Gómez Font y que era el coordinador general de la recién creada Fundación del Español Urgente (Fundéu), una institución nacida de la tripa de la agencia Efe y cuya misión era —y sigue siendo— la misma que el tema de la charla de este invitado: velar por el uso correcto de nuestro idioma en la prensa.

Así que este caballero, que era elegante, muy educado, de voz grave y portador de un mostacho monumental, y yo nos fuimos a comer. Tras el almuerzo, creo recordar que el hombre pidió una copa de ron canario para una sobremesa que dedicamos a hablar de lo único que hasta entonces nos unía: la lengua española. Ya les he dicho que durante mucho tiempo fui un academicista radical (creo que me estoy repitiendo demasiado), y esa condición se la hice ver a Alberto al contarle mi disgusto por el éxito de tal o cual palabra que *no existía* porque la RAE *no la aceptaba*. En ese punto, Gómez Font, con la copa en una mano y su estiloso bigote en la otra, me soltó una frase que jamás he olvidado: «Querido amigo, la RAE no es quién para decidir si una palabra existe o no». Aquellas palabras no supusieron para mí una ruptura con la Docta Casa —nunca he roto con ella, faltaría más—, pero me impactaron sobremanera y fueron el prólogo de lo que estaba por venir: mi salida de la comarca académica para iniciar un viaje del que ya les he hablado en páginas anteriores.

Años después le pedí que prologara mi primer libro, *Lavadora de textos*, y accedió amablemente, y además vino a Tenerife para su presentación. En aquel texto, Alberto nos recordaba la responsabilidad que tienen los periodistas en lo que respecta al buen uso del español: «Hay que tener muy en cuenta una realidad aceptada hoy en día por la mayoría de los lingüistas: son los medios de comunicación los que fijan la norma culta del español, los que sirven de modelo para saber usar bien nuestra lengua, los que proveen de ejemplos de uso a los lexicógrafos y a los profesores de español para extranjeros» (Gómez Font, 2011: 9-10). A esta advertencia, que debería ser una gran verdad, yo le añado un matiz: efectivamente, los medios de comunicación tendrían que ser los que fijan la norma culta, pero ni por asomo lo hacen; basta echarles un vistazo a la prensa diaria y a los rótulos de los noticiarios de televisión para darse cuenta de lo que digo.[198]

198. Humberto Hernández afirma que «no son muchos los profesionales de la comunicación que tienen asumida la obligación moral de esforzarse por la dignidad de la lengua que usan». Y añade: «No faltan profesionales de la comunicación que tratan de eludir responsabilidades lingüísticas argu-

Alberto Gómez Font pasó en 2012 de la coordinación de la Fundéu a la dirección de la sede que el Instituto Cervantes tiene en Rabat, un puesto en el que se mantuvo hasta 2014. También fue nombrado académico correspondiente de la Academia Norteamericana de la Lengua Española (ANLE), y durante los últimos años ha escrito varios libros en los que queda de manifiesto el largo camino que lo ha llevado desde la ortodoxia lingüística inicial hasta el terreno de la tolerancia, e incluso de la transgresión, en el que reside ahora. Los títulos de dos de esas dos obras hablan por sí mismos: *Errores correctos: mi oxímoron*[199] y *Hablemos asín*.

Pero, por encima de todo, Alberto Gómez Font es barman. O, mejor dicho, es barman *antes de todo*: si buscan su nombre en la Wikipedia, podrán leer que es «un barman, filólogo y lingüista español», y en la solapa de *Hablemos asín* nos dicen que es «barman y lingüista»; lo mismo se ve en la de *Errores correctos*. Como pueden comprobar, el oficio de preparar bebidas aparece siempre en primer lugar. ¿Se trata de una extravagancia de este peculiar personaje? En absoluto: Alberto pone la misma pasión para explicar un error lingüístico que para servirse un cóctel; sin embargo, considera que, aunque eso de dedicarse al cuidado de la lengua está muy bien, nuestro primer deber en esta efímera vida es mimarnos a nosotros mismos.

---

mentando que su obligación fundamental es la de transmitir información objetiva y veraz, e intentan hacer ver que el soporte de esa información es algo anecdótico y secundario» (2004: 42).

199. El oxímoron es una figura retórica. El diccionario de la RAE lo define así: «Combinación, en una misma estructura sintáctica, de dos palabras o expresiones de significado opuesto que originan un nuevo sentido, como en *un silencio atronador*».

92. Lola Pons, guardiana del andaluz

Lola Pons nació en Barcelona, pero me temo que aquello fue una casualidad, pues su acento la delata: esta historiadora de la lengua, catedrática de Lengua Española en la Universidad de Sevilla, habla andaluz, un andaluz dulce y sonoro; un andaluz que, junto con el resto de las variedades meridionales del español, desde su nacimiento ha tenido que soportar el pisotón imperioso de otra variedad, la castellana, aunque una y otra son manifestaciones igualmente válidas de un mismo idioma. Pese a esa indiscutible realidad, el andaluz, el canario y todas las hablas españolas de América han sido «consideradas simples *dialectos* en el sentido peyorativo de la palabra, desviaciones más o menos vulgares, heterodoxas y subalternas de la auténtica *lengua*, del único español verdaderamente puro, correcto y ejemplar: el de las clases poderosas y educadas de Castilla».

Estas palabras que acaban de leer no son de Lola Pons, sino de otro lingüista andaluz, Luis Carlos Díaz Salgado (2011: 40; las cursivas son del autor), pero las he incluido aquí para decirles que la labor científica de Lola Pons se centra precisamente en quitarles la razón a quienes obligaron a Díaz Salgado a hacer tan triste y certera afirmación. A Lola Pons hay que escucharla, y hay que leer sus trabajos científicos, para entender con increíble facilidad por qué es un error pensar —como piensan muchos paisanos suyos— que las hablas de Andalucía son más pobres que las del centro y el norte de España. Pero también para entender por qué también es un error creer que el andaluz es más rico que esas variedades, como piensan otros: «Hay que esforzarse en explicar que todas las lenguas, y todo el conjunto de variedades que las integran, son [...] igual de ricas, igualmente defendibles», nos dice Lola.[200]

Gracias a Lola Pons podemos desterrar de nuestras cabezas ciertas falsedades, como que el andaluz es una mezcla de castellano y árabe —por cierto, la catedrática defiende la influencia del euskera, no del árabe, en las aspiraciones que se hacen en Andalucía en palabras como *jarto* (*harto*), *jambre* (*hambre*) o *jermoso* (*hermoso*)—,[201] o esa otra según la cual un dialecto es una deformación de una lengua *pura*: «En el lenguaje de los especialistas un dialecto es, simplemente y sin ninguna carga prejuiciosa, un término que se emplea para designar a una variedad de lengua que es compartida por una comunidad; un dialecto es la forma que tenemos de hablar una lengua».[202] Y también podemos comprender grandes verdades, como que si en Canarias y en América todos somos seseantes es porque el español que llegó a tierras trasatlánticas fue mayoritariamente el de Sevilla, que fue la cuna, en el siglo XV, de la norma lingüística española que en la actualidad cuenta con mayor número de hablantes.

Decía que a Lola Pons hay que leerla y escucharla. Si quieren leerla, busquen algunos de sus libros, entre los que destaco *Una lengua muy muy larga* y *El árbol de la lengua*. Y si quieren escucharla, les cuento que su presencia en los medios de comunicación es notable, tanto en Televisión Española, en el

200. Vídeo de YouTube, https://www.youtube.com/watch?v=OoVF AzMLHLA.
201. *Diario de Sevilla*, 15 de julio de 2018. Ver bibliografía.
202. «Todos hablamos dialecto y no una lengua», *Verne*. Ver bibliografía.

programa *La aventura del saber*, como en la cadena SER, en el espacio radiofónico *Hoy por hoy*. Por cierto, y aunque esto no tiene nada que ver con los méritos de Lola, aquí le doy las gracias por haberme regalado hace un tiempo dos minutos de gloria nacional al recitar en ese programa de radio uno de mis sonetos lingüísticos, dedicado a los correctores de textos. Aquel día, más de cinco siglos después de que algún anónimo ciudadano de Sevilla fuera el primero en abrir la boca en Canarias, ambas tierras se volvieron a fundir gracias a la dulce voz de Lola Pons, la guardiana del andaluz.

93. José Antonio Pascual, el poli bueno

Una vez fuera de la comarca académica en la que durante tantos años habité, mi relación con la RAE pasó del ciego amor filial al análisis objetivo de toda la información que recibía de esa institución. Es lo que les ocurre a los hijos cuando se hacen mayores: de buenas a primeras descubren que sus padres no eran perfectos, sino que tenían muchas virtudes pero también algunos defectos. En ese nuevo escenario, ahora crítico, mi idea al consultar las obras de la Academia era que quien me hablaba a través de las páginas del diccionario, o de la *Gramática*, o de la *Ortografía*, ya no era el progenitor que todo lo sabe y que nunca nos falla, sino un ente monolítico o una suerte de semidiós enfadado y sin rostro que dictaba órdenes —justas e injustas— desde algún lugar desconocido para mí.

Para mi fortuna, un día tuve la desfachatez de plantarme[203] en un acto oficial que tuvo lugar en la ciudad en la que vivo y al que asistía nada más y nada menos que el que por entonces era

---

203. Aquí estoy haciendo un uso del verbo *plantar* que no se corresponde con ninguna de las diecisiete acepciones que le da el diccionario académico. Lo que yo hice fue presentarme allí «de manera inesperada y molesta», que es la definición que da el *Diccionario del español actual* (3546). Lo mismo hizo el protagonista de la canción *Me colé en una fiesta*, del grupo español Mecano: «En tu fiesta me planté...».

vicedirector de la RAE, José Antonio Pascual. Con la idea inicial de hacerle una pequeña entrevista para publicarla en mi blog, me acerqué a él... y resultó ser una persona de carne y hueso; dotada, además, de un fino sentido del humor y de unos modales tan suaves y apacibles que me hicieron sentirme culpable por haber hablado mal —o regular— de la institución a la que él representaba en aquel acto.

Desde entonces, aun siendo crítico con la RAE cuando lo creo oportuno (en silencio o en voz alta), he dejado de estar enojado con ella, porque ya sé que tiene rostro, y, aunque no todos los académicos son como Pascual, es reconfortante saber que las páginas de esas obras que yo consulto a diario no han sido dictadas desde un oráculo,[204] sino que son el trabajo de expertos en el cuidado de la lengua, como lo es el propio Pascual, que no solo conoce muy bien la historia de nuestro idioma, sino que sabe contarla con maestría y de manera divertida.

Como todo historiador de la lengua, Pascual habla del español sin aspavientos y sin adoptar posturas radicales, pues, aunque no es anciano —ni mucho menos—, lleva años escuchando la sabia voz de un venerable viejo —nuestro idioma—, que le ha explicado que todo en esta vida es relativo, que es mejor observar la lengua que encorsetarla y etiquetar sus espontáneas maneras. Por eso me dijo aquello de que la regla que nos pide distinguir entre *deber* y *deber de* era «cosa de gramáticos»,[205] como si eso de la norma gramatical no tuviera nada que ver con él, como si no ocupase un asiento en la Real Academia Española..., como si fuera el poli bueno que le sonríe discretamente al detenido mientras el poli malo le grita.

Las personas que nos dedicamos a esto de observar la lengua conocemos a un autor llamado Joan Coromines, que escri-

204. No estaría mal, de todos modos, que la RAE y la ASALE indicaran al final de obras como la *Ortografía* cuáles son sus fuentes, cosa que no hacen.
205. Ver el capítulo «El vigía debe estar en su puesto» (p. 278).

bió dos obras magnas de la lingüística española: el *Diccionario crítico etimológico de la lengua castellana* y el *Diccionario crítico etimológico castellano e hispánico*. Es incluso muy probable que las personas interesadas en la historia y el origen de las palabras tengan en sus casas, aunque no se dediquen profesionalmente a nada relacionado con la lengua, otra obra, mucho más popular, titulada *Breve diccionario etimológico de la lengua castellana*, que es un resumen de la primera que he nombrado. Pues bien, habrán de saber que el segundo de los diccionarios citados lo escribió Coromines en colaboración con Pascual y que el prólogo del *Breve diccionario* lleva la firma del protagonista de este capítulo. Si ustedes quieren comprobar sin intermediarios hasta dónde llega la sabiduría de don José Antonio, lean ese prólogo, de diecinueve páginas.

Y si lo que quieren es simplemente pasar unas horas muy entretenidos al tiempo que conocen historias sobre los errores más curiosos en el uso de algunas palabras de nuestro idioma, vayan a una librería y compren el libro *No es lo mismo ostentoso que ostentóreo*, en el que Pascual demuestra que conocimiento y buen humor no tienen por qué estar reñidos.

94. El genio es Álex Grijelmo

Si buscamos el nombre de Álex Grijelmo en Google, lo primero que nos suelen decir de él los textos que nos muestra el buscador es que es escritor y periodista. Me llama mucho la atención que no se diga que es lingüista, pues, aunque él sea periodista de carrera, a nadie le cabe duda de que es un reputado experto en la ciencia del lenguaje, o sea, es lingüista. Son tantos los méritos de este hombre —tantas las razones para darle las gracias y para incluirlo en la parte de este libro dedicada a los guardianes de la lengua— que me voy a quedar solo con cinco.

Para empezar, le debo —le debemos— a Álex Grijelmo la creación de la Fundación del Español Urgente, pero de eso hablaremos en las próximas páginas, así que pasemos al segundo agradecimiento, del que es merecedor por haber elaborado el *Libro de estilo* del diario español *El País*; un manual que, por su rigor y su contenido, lo usan no solo los redactores de ese periódico (aunque algunos creo que no le hacen mucho caso...), sino los de otros diarios de varios países de habla hispana.

La tercera de mis gratitudes está relacionada con la segunda. Álex Grijelmo escribió en esa obra la siguiente frase: «Un texto inundado de palabras en cursiva, o considera tonto al lector o está escrito sólo para iniciados» (2014: 90), que yo he citado hasta la saciedad. Esa observación la hace este guardián de la lengua para pedirles moderación a los redactores que gustan de escribir en cursiva todo aquello a lo que se le quiera dar «cierto énfasis o un segundo sentido» (2014: 89), y yo empecé a recurrir a ella hace unos veinte años —después de leerla en la edición de 1999—, y lo hacía cada vez que a mis compañeros periodistas les daba por usar expresiones como que un jugador de fútbol estaba «entre algodones» —o sea, que estaba recibiendo especiales cuidados a causa de una lesión o de un dolor— y las escribían en cursiva.

Efectivamente, aunque decir que alguien está entre algodones es hacer uso de una figura retórica —diría que es una simple y llana metáfora—,[206] no es menos cierto que, dado que no se trata de un uso figurado realmente difícil de interpretar, el lector no necesita que lo orienten para que se dé cuenta de que el mentado jugador no está realmente envuelto en algodón, sino que está siendo observado de cerca por los servicios médicos del club en el que juega.

La cuarta acción de gracias tiene algo que ver, a su vez, con la advertencia sobre la cursiva que acabamos de leer: habrán comprobado que quien escribió esas palabras, que fue Álex Grijelmo, le puso tilde al adverbio *solo*, pese a que, como ya hemos visto en la parte de este libro dedicada a la ortografía, no debería haberlo hecho. Lo primero que podría

206. La metáfora es una figura retórica que consiste en la «traslación del sentido recto de una voz a otro figurado, en virtud de una comparación tácita», según el diccionario de la Academia. Uno de los ejemplos más comunes para explicar una metáfora es el uso de la palabra *perlas* para referirse a los dientes: «Me miró y su sonrisa me mostró un hilo de perlas». En el *Diccionario de términos literarios*, su autora, Ana María Platas Tasende, identifica unos veinte tipos de metáforas, desde la pura —que es lo que a mí me parece que es *estar entre algodones*— hasta la alucinante, pasando por la antropomórfica, la aposicional, la cinestésica, la hiperbólica, la de segundo grado, la vivificadora... Ver bibliografía.

pensar alguno de ustedes es que no parece muy lógico que una persona a la que yo he calificado de lingüista le siga poniendo tilde a esa palabra; pero, como si fuera consciente de que alguien le podría hacer esta crítica, el propio Grijelmo escribió hace unos años un artículo en *El País*, titulado «La tilde sentimental»,[207] en el que aceptaba las razones técnicas de la Academia para pedir que no pusiéramos el acento gráfico, pero añadía esta estremecedora confesión: «Quienes hemos nacido con esas tildes forzaremos cualquier argumento para defenderlas» (se refería también a las tildes de los pronombres demostrativos) y concluía su artículo con estas palabras: «Los ánimos se enfriarán cuando todos los hispanohablantes hayan nacido con la nueva ortografía ya en vigor; cuando ya nadie pueda mantener con esa tilde una relación sentimental». Mi agradecimiento, en este caso, se fundamenta en que Grijelmo reconoce que el argumento de quienes, como él, se resisten a la escritura sin tilde no es de índole ortográfica, sino emocional.[208]

Y mi quinto agradecimiento guarda cierta relación con el tercero, pues, si ya he dicho que yo me he apropiado descaradamente de la cita de Álex Grijelmo sobre la cursiva para repetirla una y otra vez con la intención de recomendar que seamos prudentes en su uso, más o menos lo mismo he hecho con la idea del *genio de la lengua* —un ser imaginario que domina a todos los hispanohablantes—. Ya les hablé de él en el capítulo «Un plural muy singular» (p. 170) y, como dije entonces y aclaro siempre que cito al genio, la idea de personificar la naturaleza caprichosa pero efectiva de nuestro idioma no es en absoluto mía, sino que la extraje de un fantástico libro de Grijelmo titulado *El genio del idioma*.

207. Ver bibliografía.
208. Cierta vez que invité a Alberto Gómez Font a un acto en Tenerife, una persona le preguntó cuándo terminaría la polémica de la tilde de *solo*. La respuesta de Alberto fue: «Cuando todos nosotros hayamos muerto».

Por todo lo dicho y por lo que se me queda en el tintero, le doy las gracias a Álex Grijelmo, que no es un genio de mentiritas, sino de carne y hueso.

95. Asesor de imagen para una cita a ciegas

Ya les dije unas páginas más atrás que hay autores de novelas que son capaces de escribir diálogos maravillosos, pero demuestran una incompetencia total a la hora de puntuarlos. Y puntuarlos no significa solo ponerles puntos, sino signos de puntuación, en general; y concretamente rayas. Este ejemplo me sirve para explicarles a ustedes que, desde mi punto de vista, cuando hablamos de *escribir bien* deberíamos estar refiriéndonos no solamente a cumplir «la norma de los buenos gramáticos», tal y como afirma Manuel Seco (DDD: XVIII), sino a respetar las reglas y usos que rigen la tipografía y la ortotipografía. Conocer esas normas les serviría a quienes escriben para poner bien las rayas de un diálogo, para emplear correctamente la cursiva, para colocar una cita en párrafo aparte[209] y para mucho más.

Estas cuestiones no se enseñan en la escuela, y cuando no nos queda más remedio que aprenderlas no sabemos a quién

---

209. Una cita en párrafo aparte es aquella cita que, por ser más larga de lo normal (lo que es normal lo decidirá cada cual, claro está, o el editor de la obra, o un manual de estilo), no se escribe entre comillas, sino en un párrafo separado del resto del texto. Esa cita tiene un tamaño de letra menor y está ligeramente desplazada a la derecha. Esta diferencia tipográfica es lo que hace innecesario el uso de comillas.

recurrir. Afortunadamente, existen grandes maestros en la materia, y, si uno de ellos es el tantas veces aquí nombrado José Martínez de Sousa, otro es Jorge de Buen: tipógrafo, diseñador gráfico, ilustrador y dibujante. Yo solo dispongo de una obra en la que pueda recurrir a su sabiduría —el libro conjunto *Palabras mayores*—, pero lo sigo en Twitter, donde comparte información interesante, y alguna vez le he dado la lata por correo electrónico con dudas de lo más pintorescas.

De entre todas las obras de Jorge de Buen que yo no tengo, creo que me urge hacerme cuanto antes con el *Diccionario de caracteres tipográficos*, pero tiene más, como el *Manual de diseño editorial*, *Diseño, comunicación y neurociencias* e *Introducción al estudio de la tipografía*, todos publicados por Trea, que es la misma editorial que me ha permitido beber de la sabiduría de Pepe Sousa.

En *Palabras mayores*, De Buen es el encargado de una parte titulada «Compongamos textos que otros quieran leer», en la que nos habla de una idea que me fascina, el *text appeal*,[210] con la que explica que para que un libro sea interesante no basta con que se trate de una obra literaria de calidad, sino que su aspecto, aunque no nos demos cuenta, también influirá a la hora de que nos parezca que es digno de llegar a nuestras manos. Para que lo entendamos, nos propone un experimento mental: imaginar que vamos a una librería a comprar un ejemplar del *Quijote*. Después de dar con doce ediciones diferentes y descartar algunas por ser caras —unas— y feas —otras—, esto es lo que ocurriría, según Jorge (y pongo la cita en párrafo aparte porque es larga y por si no les quedó claro de qué se trata):

> Aquí es donde las cosas se ponen interesantes. El texto es igual en todos los libros, pero algunos parecen más agradables, dan más ganas de leerlos. Si usted no tiene un entrenamiento en

210. *Text appeal* es un juego de palabras de Jorge de Buen, para el que se basa en la expresión inglesa *sex appeal*, que significa 'atractivo sexual'.

diseño editorial, tal vez no pueda enumerar los atributos que hacen que ciertos ejemplares sean más atractivos que otros. Hay solo una suerte de embeleso que, quizás, lo está enamorando de uno en especial. Esto es a lo que llamo *text appeal* (213).

Ese *text appeal* —ese atractivo sexi de un texto bien compuesto— no lo apreciamos solo a primera vista, en aquel encuentro que tuvo lugar en la librería, que es el más importante, sino que, tras el flechazo inicial, iremos descubriendo nuevas virtudes en ese libro que tanto nos atrae: hablo del tamaño y del tipo de letra, de los márgenes, de las columnas y de tantos y tantos aspectos que configuran la apariencia final de una obra. Si alguno de ustedes, además de haberse enamorado de un libro por lo hermosas que eran sus palabras, también ha caído rendido ante los encantos de su físico, ha de saber que la seducción ha sido posible gracias a escritores y correctores que dominaban la ortotipografía, pero sobre todo a los diseñadores gráficos, que se valen —o deberían valerse— de las enseñanzas de personas como Jorge de Buen, todo un asesor de imagen que viste, peina y perfuma los libros para sus citas a ciegas con los lectores.

96. Paulina Chavira, la guerrera

Si ustedes entran en la cuenta de Twitter de Paulina Chavira, verán que tiene un tuit fijado —ese que se queda siempre el primero aunque escribamos otros— que es de 2018. Ese año se celebró el Mundial de Fútbol en Rusia y los jugadores de la selección de México se presentaron allí con unas camisetas en las que los apellidos rotulados a la espalda de esas prendas llevaban tilde si así lo exigían las reglas de acentuación gráfica. Eso ocurrió porque Chavira, que es mexicana, había iniciado una campaña para que se pusiera fin al desaguisado de no añadirles tilde a las palabras escritas con mayúsculas, algo que, como ya vimos en el capítulo «Las mayúsculas, las tildes y la ley» (p. 130), es contrario a nuestras reglas de escritura. La emoción al ver a los muchachos con sus camisetas tan ortográficamente limpias, en un partido previo al Mundial, fue la que hizo que escribiera un tuit en el que mostraba su felicidad por haber llegado al corazón de la Federación Mexicana de Fútbol, y ese tuit es el que hoy en día sigue ocupando un lugar destacado en su perfil.

Esta no es la única batalla que la guerrera Paulina Chavira ha emprendido en pro del buen uso de la lengua en su país. En 2013, esta lingüista, que llegó al mundo del cuidado del idioma a través del periodismo, comenzó una campaña de concienciación en Twitter, con la etiqueta *#117errores*, después de que la Secretaría de Educación Pública de México reconociera que en los libros de texto publicados ese año había precisamente eso: ciento diecisiete errores de escritura, algo que no podía entrar en la cabeza de una persona como ella, cuyo amor por el correcto uso de la lengua es casi reverencial.

Paulina trabajó para *The New York Times* en español como miembro del equipo editorial y revisora de estilo. Lamentablemente, en septiembre de 2019 la cabecera neoyorquina decidió dejar de publicar esa edición, pero eso no ha impedido que esta mujer apasionada, alegre, tolerante, conciliadora y vigorosa siga dando batalla, algo que hace especialmente en las redes sociales. La pueden encontrar tanto en Twitter como en Instagram, Facebook y YouTube.

En el capítulo «El abismo no está en el género gramatical» (p. 265) ya he dado mi opinión sobre el lenguaje inclusivo, así que no volveré a profundizar en eso, pero les decía en esas páginas que había visto a Paulina Chavira hablar sobre el asunto en un vídeo de YouTube, en el que esta lingüista mostraba las armas —siempre inocuas, nunca agresivas— con las que se presenta en este otro campo de batalla. Insisto en lo dicho: desde mi punto de vista, la creación de un género neutro terminado en -*e* no es necesario ni tiene visos de que vaya a consolidarse; sin embargo, Paulina afirma en ese vídeo: «El uso de la -*e* me parece que llegó para quedarse»,[211] y añade que espera poder comprobarlo fehacientemente cuando sea una anciana. Yo soy unos cuantos abriles[212] mayor que Chavira, pero ella hace esa

---

211. «Mano a mano. Lenguaje igualitario». Vídeo de YouTube, https://www.youtube.com/watch?v=GYXql_ekli4.

212. El nombre *abril* en plural se usa para indicar los «años de edad de una persona joven», según el diccionario académico. Yo soy veterano, pero me niego a contar mis años en noviembres. Por el contrario, siempre me despierto con la idea de que «un día de abril se va a arrimar a los finales de noviembre», como dice la canción *El día feliz que está llegando*, del cubano Silvio Rodríguez.

afirmación con tal vehemencia que ahora quiero llegar a los cien años para comprobar que, una vez más, la guerrera azteca ganó una batalla; y también para darle, entonces, un abrazo de felicitación a mi querida colega mexicana.

97. Alberto Bustos, grave y afable

Yo llevo toda la vida diciendo la broma de que la palabra *mortadela* viene de *delamorta*, que sería como en su día habrían llamado los italianos —según mi chiste— a ese embutido porque es un batiburrillo de carne y grasa con un olor muy penetrante, como una muerta. Para esconder esa fúnebre asociación de ideas, a alguien le habría dado por alterar el orden de las sílabas y así nació la palabra *mortadela*. En fin... Si el juego de palabras es de por sí bastante malo, los años me han demostrado, además, que los jóvenes vienen con nuevos códigos en sus electronizadas mentes, de tal modo que a los adorables adolescentes que suelo tener a mi alrededor ni siquiera les parece un chiste: como mucho, lo califican de «chiste de *boomer*».[213] Lo cierto es que un día me dio por buscar la etimología correcta de *mortadela*, y la vine a encontrar en una web que me ha

213. El *Diccionario del español actual* registra el verbo *electronizar* con el significado de 'hacer que [algo] funcione mediante dispositivos electrónicos' (1716), pero yo he usado, muy libremente, el adjetivo *electronizado* para referirme a los jóvenes de hoy en día, nativos digitales que viven pegados a un teléfono móvil y a una consola de videojuegos. En cuanto a *boomer*, así llaman muchos jóvenes a los que somos *babyboomers*, o sea, nacidos durante el llamado *baby boom*: la explosión demográfica que tuvo lugar más o menos entre el final de la segunda guerra mundial y la llegada del hombre a la Luna.

sacado de muchas dudas: el *Blog de Lengua*, de Alberto Bustos.

Antes de seguir, digamos cuál es esa etimología: según Bustos, *mortadela* «procede del latín *murtatum*, que significa '(sazonado) con mirto'». Se trata de un diminutivo, de tal modo que «la mortadela es en realidad *mirtadita* o, para decirlo con palabras que sí existen en nuestro idioma, un *embutido con gustito a mirto*».[214] El mirto es una planta aromática, y esto también lo explica Alberto. Bien; sigamos.

Como ya hemos visto con Paulina Chavira y veremos en el capítulo siguiente con Paco Álvarez, los nuevos lingüistas se han acomodado perfectamente al mundo digital, por lo que para aprender de ellos nos basta con buscar sus blogs y sus cuentas en las redes sociales. Alberto Bustos también se ha apuntado a esta tendencia, no solo con el blog que ya he nombrado, sino con perfiles en Twitter, Facebook e Instagram y un canal en YouTube (¿YouTube es una red social? Desde mi punto de vista, sí). En todos, su nombre es el mismo que el del blog.

En sus vídeos de YouTube, que a veces comienzan con un «¡Hola, hablante!», este lingüista y profesor titular de Didáctica de la Lengua en la Universidad de Extremadura nos enseña a hablar y a escribir un poco mejor mediante unas lecciones muy entretenidas pero a la vez rigurosas. Su voz, grave y poderosa, contrasta con la afabilidad de este guardián de la lengua, que lo mismo te habla de etimología que de ortografía o de sintaxis.

Si ustedes han leído con detenimiento lo que va hasta ahora de este libro, se habrán dado cuenta de que he citado varias veces a Alberto, pero no tantas como la cantidad de dudas que este extraordinario profesor me ha resuelto en los últimos años. Si quieren que también lo haga con ustedes, búsquenlo en internet: es gratis.

---

214. «Etimología de 'mortadela'». *Blog de Lengua*. Ver bibliografía.

98. Si lo dice Paco Álvarez, es verdad

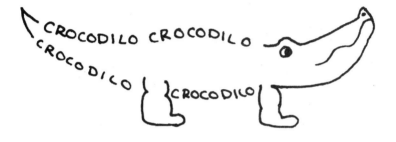

Si Paco Álvarez —o Francisco Javier Álvarez Comesaña, que es como se llama— llega a leer algún día el título del pequeño texto que voy a escribir en su honor, probablemente se enfade, porque eso de creer que una afirmación es verdad simplemente porque la dijo Fulanito es algo que él jamás podría tolerar. Y no lo podría tolerar porque lo suyo es el razonamiento, meticuloso y concienzudo, de todo lo que se le ponga delante, de tal manera que, desde su punto de vista, una afirmación solo puede alcanzar la categoría de cierta si son coherentes los razonamientos en los que se apoya; y da igual que esos razonamientos hayan sido elaborados por Fulanito o por Menganito. Pero, precisamente porque sé que todas sus afirmaciones son consecuencia de un trabajo intelectual riguroso, puedo asegurar sin temor a equivocarme que todo lo que dice Paco Álvarez es verdad.

A lo mejor resulta que lo que acabo de escribir es una falacia,[215] o sea, he llegado a una conclusión falsa a partir de un razonamiento enrevesado (aunque a mí me parece más bien que se trata de una paradoja). Si fuera así, yo ahora mismo estaría encantado de sentarme en un bar con Paco Álvarez para que me explicara en qué he fallado y cómo debería haber ordenado las ideas para poder llegar a la verdad usando la inteligencia. Eso es lo que él hace, por ejemplo, a la hora de enfrentarse a un grupo de «seudolingüistas» (él los llama así, y yo también creo que lo son) a los que les ha dado por decir el disparate de que las lenguas romances (español, catalán, gallego, portugués, francés, italiano, rumano...) no vienen del latín.

No vamos a entrar aquí en ese debate, en el que Paco gana por escandalosa goleada;[216] solo quiero decirles que el talento de este filólogo no está únicamente en el gran caudal de conocimientos de que dispone sobre el español y sus orígenes, sino en cómo los expone, pues su capacidad de explicarlo todo al detalle demuestra que tiene una alta empatía. Dicho de otro modo, sabe que algunos de los asuntos que trata (como el de los fonemas y los alófonos)[217] son extremadamente complejos y es capaz de ver al tipo que, al otro lado de su canal de YouTube, parece no entender algunos conceptos. Entonces se de-

215. Ver el capítulo «Una coma que siempre está de más» (p. 38).
216. «¿La prueba definitiva de que el español no procede del latín?», vídeo de YouTube (no se asusten por el título del vídeo, que es una ironía). Ver bibliografía.
217. Un fonema es un sonido, digamos, ideal. Por ejemplo, podemos decir que el primer fonema de la palabra *belleza* es /b/. Y un alófono es cada una de las diferentes formas en las que ese fonema se puede manifestar dependiendo de circunstancias tales como su posición en la palabra. El diccionario de la RAE pone como ejemplos de alófonos los dos sonidos /b/ que se producen en la palabra *bebe*, que, aunque lo parezca, no son exactamente el mismo, sino dos alófonos de un mismo fonema.

tiene, recapitula, vuelve hacia atrás, hace un inciso, traduce al lenguaje llano un tecnicismo...

Este canal nos sirve «para que veamos [...] lo hermoso que es usar la lógica para hacer lingüística»[218] y es solo una de las muchas vías que este licenciado en Filología Clásica por la Universidad de Sevilla tiene para darnos sus lecciones. Otra es la web delcastellano.com, y con el nombre de esa página (incluido el *.com*) lo podemos encontrar en Facebook, Twitter e Instagram. Sin embargo, a mí donde más me gusta aprender de él es en YouTube —el canal se llama *Francisco Javier Álvarez Comesaña*— porque algunas de sus publicaciones son esquemas en movimiento con los que nos explica fenómenos como la metátesis,[219] que es ese prodigio por el cual decimos *murciélago* y *cocodrilo* en lugar de *murciégalo* y *crocodilo*, que sería lo lógico si atendemos a los orígenes de ambas palabras (de hecho, las dos siguen apareciendo en el diccionario académico).

En ese mismo canal, Paco Álvarez también hace algo que a mí me parece muy importante, que es taparles la boca a los odiadores (¿para qué decir *haters* si tenemos una palabra en español para lo mismo?) que le envían comentarios en los que quedan patentes la ignorancia y la malísima educación de los remitentes. Como era de esperar, Francisco Javier no responde con ira, sino con unos vídeos en los que emplea magistralmente sus tres armas más poderosas: conocimiento, inteligencia y dialéctica.

218. «La inverosímil etimología de "huevos"», vídeo de YouTube. Ver bibliografía. Curiosamente, estas palabras las dice Paco Álvarez en un vídeo que es una parodia, plagada de disparates y argumentos carentes de toda lógica, en la que vuelve a criticar a los seudolingüistas. Aun así, la afirmación de que es hermoso usar la lógica es válida para describir el resto de los vídeos de su canal.

219. «Evolución de "peligro" desde "periculu"», vídeo de YouTube. Ver bibliografía.

99. La Fundéu

La agencia Efe es la mayor agencia de noticias en español del mundo. En los tiempos en los que el periodismo tenía asumida su responsabilidad en lo que respecta al cuidado de la norma culta del español, sus directivos consideraron oportuno crear un grupo asesor que pudiera resolver las dudas lingüísticas que les asaltaran a los cientos de redactores que trabajaban para la casa, y esa fue la razón del nacimiento del Departamento de Español Urgente (DEU), cosa que ocurrió en 1980. Alberto Gómez Font, que fue miembro de esa sección de la agencia Efe, nos cuenta, en su libro *Español con estilo*, lo divertidas que eran las reuniones semanales del grupo de lingüistas que debatían sobre neologismos o sobre una expresión que se había puesto de moda en cuestión de días a base de salir en periódicos, radio y televisión:

> Deseaba que llegara el lunes para encerrarme con ellos en la salita de reuniones y escuchar con atención y deleite todo lo que allí se hablaba; así, una semana tras otra, un mes tras otro, un año tras otro, fui acumulando conocimientos sobre el funcionamiento de la lengua española.
>
> [...]
>
> Fernando Lázaro era quizá el más abierto y el que con más ahínco defendía las innovaciones necesarias en el español utili-

zado en las noticias de la Agencia Efe. [...] Su gran sentido del humor hacía que las reuniones fueran alegres y divertidas, otra forma grata de aprender que tuve ante mí y no desperdicié (12).

En 2005, el presidente de la agencia Efe, Álex Grijelmo, quiso darle un impulso a ese departamento y lo convirtió en fundación. Nacía así la Fundación del Español Urgente (Fundéu), cuyo primer coordinador general fue precisamente Alberto Gómez Font. Desde entonces, la Fundéu se ha convertido en una suerte de autoridad lingüística a la que recurren tirios y troyanos para resolver sus disputas, del mismo modo que los correctores de textos lo hacemos muchas veces con José Martínez de Sousa.

Quince años después, la Fundéu llegó a un acuerdo con la Real Academia Española para darle nuevos bríos a esta institución, que desde entonces lleva el nombre de FundéuRAE. Antes y ahora la pueden encontrar ustedes en internet, donde verán infinidad de dudas lingüísticas resueltas con acierto y concisión. Si bien la fundación es hija del DEU, las personas que acuden a ella en busca de respuestas proceden de todos los ámbitos —no solo del periodístico, y mucho menos de la agencia Efe de manera exclusiva—, y de toda la nación hispánica.

Su presencia en las redes sociales también es muy notable, especialmente en Twitter, donde tiene más de trescientos mil seguidores, y su ojo escrutador no cesa de moverse —como el de Sauron, el malo de *El señor de los anillos*, pero con otras intenciones— en busca de un español limpio y elegante. Esto lo pudimos comprobar durante los Juegos Olímpicos de Tokio, celebrados en 2021: la Fundéu nos bombardeó a recomendaciones sobre la escritura de los nombres de los deportes, sobre la pronunciación de palabras japonesas y sobre otros mil asuntos lingüísticos relacionados con las Olimpiadas.

Y siempre lo hizo de manera rigurosa y diligente, lo cual no ha de extrañarnos si tenemos en cuenta que uno de los miembros de la Fundéu es Álex Herrero, del que vamos a hablar a continuación.

100. Álex Herrero, joven y sabio

Hablar de Álex Herrero es hablar de un prodigio de la especie humana, de un hechizo que ha hecho posible que este joven —tan joven que a estas alturas del siglo XXI sigue siendo veinteañero— se preocupe por la buena ortografía en un mundo en el que las personas que tienen más o menos su edad ya no usan el signo de apertura de exclamación, por poner solo un ejemplo. Con él no solo comparto la pasión por el cuidado de la lengua española, sino extravagancias de friquis como volvernos locos el día que WhatsApp permitió escribir la letra cursiva. Al fin y al cabo, pese a que Herrero será dentro de unos años una de las mayores autoridades en el mundo de la lingüística, todavía no ha hecho más que salir de la última adolescencia —igual que yo, por cierto, aunque yo lo he hecho con mucho retraso—, así que tanto a él como a mí nos van a tener que perdonar que aquel glorioso día de la cursiva nos enviáramos mutuamente varios textos con la ilusión del niño que abre un regalo de Reyes.

Yo abuso a veces de esa amistad que nos une —que no es estrecha ni ancha, aunque sí a distancia, pues él vive en Madrid y yo en Canarias— y le hago consultas de todo tipo, que él trata de contestar con la mayor diligencia y siempre con voz serena y verbo claro. Evidentemente, si le hago consultas es porque sé que es un asesor lingüístico excelente, y eso es algo que también saben en la Fundación del Español Urgente, de la que ya hablamos en el capítulo anterior. Por eso, desde hace un tiempo Álex es una de las cabezas pensantes que resuelven las dudas de dubitativos hablantes que tocan a la puerta de esa fundación.[220]

Pero no queda ahí la cosa: Herrero también es uno de los responsables de la editorial Pie de Página, que publica una colección denominada Tinta Roja, en la que se incluyen interesantes obras sobre lingüística. Además, se dedica a la corrección de textos y ejerce como maestro de ese mismo oficio en una conocida academia española llamada Cálamo y Cran.

En su día, Álex le dio calabazas a su inexistente vocación de abogado, que trataba de cultivar sin éxito en una facultad de Derecho, y tras dar el portazo en la universidad se dedicó a formarse por su cuenta en lo que es su auténtica pasión: la lengua española. Eso me hace sentir una especial cercanía a este extraordinario lingüista, porque también yo tuve una falsa vocación, en mi caso en las aulas de una facultad de Bellas Artes, y también la abandoné para entregarme por mi cuenta a aprender los secretos de nuestro idioma.

A mí, sin embargo, me ha costado mucho más tiempo que a él adquirir los conocimientos mínimos para poder dedicarme con ciertas garantías de éxito a mi oficio de corrector de textos y asesor lingüístico, porque cuando yo tenía la edad que tiene ahora Herrero me inclinaba en exceso hacia el lado más mundano de la vida. Por ese motivo, mi envidia hacia él es doble y combinada: Álex es a la vez joven y sabio, algo que, mirando el calendario, yo ya sé que no podré lograr.

---

220. Actualmente disfruta de una excedencia, como ya les dije en el capítulo «¿Qué significa *doceavo*?» (p. 173).

Bibliografía

ACADEMIA CANARIA DE LA LENGUA (ACL): *Diccionario básico de canarismos*, 2.ª edición, Santa Cruz de Tenerife: Academia Canaria de la Lengua, 2010.

ACADEMIA MEXICANA DE LA LENGUA: «Acentuación en la palabra solo», https://www.academia.org.mx/espin/respuestas/item/acentuacion-en-la-palabra-solo.

AGENCIA EFE: *Manual de español urgente*, 12.ª edición corregida y aumentada del *Manual de estilo* de la agencia Efe, Madrid: Cátedra, 1998.

ALARCOS LLORACH, Emilio: *Gramática de la lengua española*, Madrid: Espasa Calpe, 1999.

ALEMÁN, Ramón: *Cincuenta sonetos lingüísticos*, Madrid: Pie de Página, 2020.

— *La duda, el sentido común y otras herramientas para escribir bien*, Madrid: Libros.com, 2017.

— *Lavadora de textos*, La Laguna: Contextos, 2011.

— *Libro de estilo del Gobierno de Canarias*, Santa Cruz de Tenerife: Gobierno de Canarias, 2021.

ALVAR, Manuel (director): *Manual de dialectología hispánica. El español de España*, 1.ª edición, Barcelona: Editorial Ariel, 1996 (4.ª impresión, 2007).

ÁLVAREZ COMESAÑA, Francisco Javier: «Evolución de "peligro" desde "periculu"», *Francisco Javier Álvarez Comesaña*, https://www.youtube.com/watch?v=Ul-M66te6Jc.

Álvarez Comesaña, Francisco Javier: «La inverosímil etimología de "huevos"», *Francisco Javier Álvarez Comesaña*, https://www.youtube.com/watch?v=T5HgC7TnAAk.

— «¿La prueba definitiva de que el español no procede del latín?», *Francisco Javier Álvarez Comesaña*, https://www.youtube.com/watch?v=tDJ02YjzuII.

— «Pronunciar latín clásico», *Francisco Javier Álvarez Comesaña*, https://www.youtube.com/watch?v=jRyfj-y6YYM.

Álvarez de Miranda, Pedro: «El género no marcado», *El País*, 8 de marzo de 2012, https://elpais.com/cultura/2012/03/07/actualidad/1331150944_957483.html.

Asociación de Academias de la Lengua Española: *Diccionario de americanismos*, Lima: Santillana, 2010.

Bernárdez, Enrique: «Lenguas pluricéntricas» (i y ii), Instituto Cervantes, 11 y 24 de julio de 2012, https://cvc.cervantes.es/el_rinconete/busqueda/resultadosbusqueda.asp?Ver=50&Pagina=1&Titulo=lenguas%20pluric%E9ntricas&OrdenResultados=2.

Bustelo, Ana: «El informe de lectura», *Ana Bustelo*, 21 de abril de 2017, https://anabustelo.com/el-informe-de-lectura/.

Bustos, Alberto: «Diferencia entre "comer" y "comerse"», *Blog de Lengua*, https://www.youtube.com/watch?v=iRFxmZBqq48.

— «El género gramatical: concepto, tipos y casos especiales», *Blog de Lengua*, https://www.youtube.com/watch?v=dPIDl7s-YxY.

— «Etimología de 'mortadela'», *Blog de Lengua*, https://blog.lengua-e.com/2021/etimologia-de-mortadela/.

— «Infinitivo fático o radiofónico», *Blog de Lengua*, https://blog.lengua-e.com/2007/infinitivo-fatico-o-radiofonico/.

Camps, Magí: «¿Cuál es la diferencia entre oír y escuchar?»,

La Vanguardia, 22 de noviembre de 2019, https://www.la
vanguardia.com/cultura/gramatica/20191122/47739826477/
diferencias-oir-escuchar.html.

Casares, Julio: *Diccionario ideológico de la lengua española*,
2.ª edición, Barcelona: Editorial Gustavo Gili, 1959 (24.ª ti-
rada, 2007).

Coromines, Joan: *Breve diccionario etimológico de la lengua
castellana*, 4.ª edición, Madrid: Gredos, 2012.

Corrales, Cristóbal, y Dolores Corbella: *Diccionario histórico del español de Canarias*, http://web.frl.es/DHECan.
html.

Cortés, Pilar (directora editorial): *Diccionario de sinónimos y
antónimos*, Madrid: Espasa Libros, 2009.

Día, El: «Humberto Hernández: "El español de Canarias está
cada vez menos estigmatizado"», *El Día*, 8 de agosto de
2021, https://www.eldia.es/sociedad/2021/08/08/espanol-
canarias-vez-estigmatizado-56044308.html.

Diario de Sevilla: «Que se diga 'jigo', 'jarto' o 'jambre' se
debe a la influencia del euskera, no del árabe», 15 de julio
de 2018, https://www.diariodesevilla.es/rastrodelafama/
jarto-jambre-influencia-euskera-arabe_0_1263174295.
html.

Díaz Salgado, Luis Carlos: «Historia crítica y rosa de la Real
Academia Española», en Silvia Senz y Montserrat Alberte
(editoras), *El dardo en la Academia*, Editorial Melusina,
2011.

Eguren, Luis, y Olga Fernández Soriano: *La terminología
gramatical*, Madrid: Gredos, 2006.

Fundación del Español Urgente (Fundéu): «*Con base en*,
mejor que *en base a*», 24 de agosto de 2011, https://www.
fundeu.es/recomendacion/con-base-en-mejor-que-en-ba
se-a/.

— «*En aras de*, significado y uso», 11 de noviembre de 2019,
https://www.fundeu.es/recomendacion/en-aras-de-155/.

Fundación del Español Urgente (Fundéu): «*Favoritismo no es condición de favorito ni ventaja*», 17 de junio de 2021, https://www.fundeu.es/recomendacion/favoritismo-no-es-condicion-de-favorito-niventaja-1335/.

— «Infinitivo introductorio: *por último, cabe señalar...*, mejor que *por último, señalar...*», 31 de mayo de 2017, https://www.fundeu.es/recomendacion/infinitivo-como-verbo-principal-introductorio-radiofonico/.

— *Manual de español urgente*, 18.ª edición corregida y aumentada del *Manual de estilo* de la agencia Efe, Madrid: Cátedra, 2008.

— «*Un wasap* y *wasapear*, adaptaciones adecuadas al español», 29 de junio de 2017, https://www.fundeu.es/recomendacion/wasap-y-wasapear-grafias-validas/.

García Fernández, Luis: *El tiempo en la gramática*, Cuadernos de Lengua Española, Madrid: Arco Libros, 2013.

García González, José Enrique: «Anglicismos morfosintácticos en la traducción periodística (inglés-español): análisis y clasificación», *Cauce*, 20-21, Centro Virtual Cervantes, https://cvc.cervantes.es.

Gómez Font, Alberto: *Errores correctos: mi oxímoron*, Madrid: Pie de Página, 2017.

— (compilador): *Español con estilo*, Gijón: Ediciones Trea, 2014.

— *Hablemos asín*, Madrid: Pie de Página, 2019.

— prólogo, en Ramón Alemán, *Lavadora de textos*, La Laguna: Contextos, 2011.

— y otros: *Palabras mayores*, Barcelona: Larousse Editorial, 2015.

Gómez Torrego, Leonardo: «Cesar a alguien», *Rinconete*, 10 de mayo de 2000, Centro Virtual Cervantes, http://cvc.cervantes.es/el_rinconete/anteriores/mayo_00/10052000_02.htm.

— *Gramática didáctica del español*, 9.ª edición, corregida y aumentada, Madrid: SM, 2007.

GONZÁLEZ-PALENCIA, Rafael, y José Carlos MENDAÑA: *Libro de estilo* del diario *Marca*, Madrid: La Esfera de los Libros, 2012.

GRIJELMO, Álex: *El genio del idioma*, Madrid: Taurus, 2004.

— «¿Invisibiliza nuestra lengua a la mujer?», *El País*, 2 de diciembre de 2018, https://elpais.com/cultura/2018/11/28/actualidad/1543418937_639835.html.

— *La seducción de las palabras*, Madrid: Taurus, 2000.

— «La tilde sentimental», *El País*, 29 de agosto de 2015, https://elpais.com/elpais/2015/07/24/opinion/143773778 1_691265.html.

— «'Poner en valor' el idioma español», *El País*, 8 de agosto de 2015, https://elpais.com/elpais/2015/07/24/opinion/14377 34337_106262.html.

— *Propuesta de acuerdo sobre el lenguaje inclusivo*, Barcelona: Penguin Random House, 2019.

HERNÁNDEZ, Humberto: *El mensaje en los medios. A propósito del estudio lingüístico de la prensa regional canaria*, Madrid: Iberoamericana, 2004.

— «La variedad y la unidad del español en este diccionario», en Concepción Maldonado González (directora), *Clave. Diccionario de uso del español actual*, 9.ª edición, aumentada y actualizada, Madrid: Ediciones SM, 2012.

— *Manual de estilo* de Radiotelevisión Canaria, Santa Cruz de Tenerife: Ente Público Radiotelevisión Canaria, 2021.

— *Norma lingüística y español de Canarias*, Santa Cruz de Tenerife: Gobierno de Canarias y Asociación de la Prensa de Santa Cruz de Tenerife, 2009.

— «... nosotros, vosotros y ellos», *El Día*, 19 de julio de 2021, https://www.eldia.es/opinion/2021/07/19/nosotros-voso tros-y-ellos-55196380.html.

— *Una palabra ganada*, 2.ª edición corregida y aumentada, Madrid: Agencia Española de Cooperación Internacional para el Desarrollo, 2009.

HERNÁNDEZ, Humberto: «Variación lingüística y norma en la enseñanza del español como lengua extranjera», *Revista Internacional de Lenguas Extranjeras*, n.º 14, 2020.

KORREAS, Gonzalo: *Ortografia kastellana, nueva y perfeta*, edición en facsímil, Madrid: Espasa-Calpe, 1971.

LÁZARO CARRETER, Fernando: *El dardo en la palabra*, Barcelona: Galaxia Gutenberg-Círculo de Lectores, 1997.

MALDONADO GONZÁLEZ, Concepción (directora): *Clave. Diccionario de uso del español actual*, 9.ª edición, aumentada y actualizada, Madrid: Ediciones SM, 2012 (y en http://clave.smdiccionarios.com/app.php).

MARQUETA, Bárbara: «El concepto de género en la teoría lingüística», en Miguel Ángel Cañete (coordinador), *Algunas formas de violencia. Mujer, conflicto y género*, Zaragoza: Prensas de la Universidad de Zaragoza, 2016.

MARTÍNEZ MONTORO, Jorge: «Las ideas fraseológicas de Julio Casares», *Estudios de Lingüística de la Universidad de Alicante*, Universidad de Alicante, 2002.

MARTÍNEZ DE SOUSA, José: *Diccionario de edición, tipografía y artes gráficas*, Gijón: Ediciones Trea, 2001.

— *Diccionario de uso de las mayúsculas y minúsculas*, 2.ª edición, corregida y aumentada, Gijón: Ediciones Trea, 2010.

— *Diccionario de usos y dudas del español actual*, 4.ª edición, corregida y aumentada, Gijón: Ediciones Trea, 2008.

— *José Martínez de Sousa*. Página web de José Martínez de Sousa, http://martinezdesousa.net/.

— «La obra académica a lo largo de tres siglos», en Silvia Senz y Montserrat Alberte (editoras), *El dardo en la Academia*, Editorial Melusina, 2011.

— *Manual básico de lexicografía*, Gijón: Ediciones Trea, 2009.

— *Manual de estilo de la lengua española*, 4.ª edición, revisada y ampliada, Gijón: Ediciones Trea, 2012.

— *Ortografía y ortotipografía del español actual*, 2.ª edición, corregida, Gijón: Ediciones Trea, 2008.

MILLÁN, José Antonio: *Perdón imposible*, Barcelona: RBA, 2006.

MOLINER, María: *Diccionario de uso del español*, 3.ª edición, dos volúmenes, Madrid: Gredos, 2007.

MOSCOL M., Doris: «La personalización del verbo *haber*», *Mercurio Peruano*, n.º 523, 2010, https://dialnet.unirioja. es/servlet/articulo?codigo=3691249.

OLIVA MARAÑÓN, Carlos: «Lenguaje deportivo y comunicación social: prototipo coetáneo de masas», *Revista de Comunicación de la SEECI*, julio de 2012.

PAÍS, EL: *Libro de estilo*, 15.ª edición, Madrid: Ediciones El País, 1999; 22.ª edición, Madrid: Santillana, 2014.

— «Medio siglo de lupa sobre el español», 13 de enero de 2012, https://elpais.com/cultura/2012/01/13/actualidad/1326481931_529371.html.

PAREDES GARCÍA, Florentino, y otros: *El libro del español correcto*, Madrid: Espasa Libros / Instituto Cervantes, 2012.

PENADÉS MARTÍNEZ, Inmaculada: *Gramática y semántica de las locuciones*, Alcalá de Henares: Servicio de Publicaciones de la Universidad de Alcalá, 2012.

PLATAS TASENDE, Ana María: *Diccionario de términos literarios*, 3.ª edición, Madrid: Espasa Libros, 2011.

PONS, Lola: «"Cuyo", el pronombre que lleva siglos resistiéndose a morir», *Verne*, 21 de enero de 2020, https://verne.elpais.com/verne/2019/12/18/articulo/1576671810_484697.html.

— «Desde el latín hasta Fañch: breve historia de la letra eñe», *Verne*, 16 de septiembre de 2017, https://verne.elpais.com/verne/2017/09/15/articulo/1505487918_192223.html.

— «Todos hablamos dialecto y no una lengua», *Verne*, 28 de mayo de 2019, https://verne.elpais.com/verne/2019/05/21/articulo/1558424530_527443.html.

— *Una lengua muy muy larga*, Barcelona: Arpa Editores, 2017.

Porto Dapena, José-Álvaro: «Características. Diccionario de uso del español», Centro Virtual Cervantes, https://cvc.cervantes.es/lengua/mmoliner/diccionario_caracteristicas.htm.

Radiotelevisión Española: «Usos erróneos del infinitivo», *Manual de estilo*, http://manualdeestilo.rtve.es/el-lenguaje/6-5-los-verbos/6-5-1-usos-erroneos-del-infinitivo/.

Real Academia Española (rae): Corpus Diacrónico del Español (corde), http://corpus.rae.es/cordenet.html.

— Corpus del Español del Siglo XXI (corpes xxi), http://web.frl.es/CORPES/view/inicioExterno.view;jsessionid=E0FA8BDD5301C1B166036ACAE7B3838F.

— Corpus de Referencia del Español Actual (crea), http://corpus.rae.es/creanet.html.

— *Diccionario de autoridades*, http://web.frl.es/DA.html.

— *Diccionario histórico de la lengua española*, https://www.rae.es/dhle/.

— *Diccionario de la lengua española*, 21.ª edición, Madrid: Espasa Calpe, 1992.

— *Diccionario de la lengua española*, 22.ª edición, http://lema.rae.es/drae2001/.

— *Libro de estilo de la lengua española según la norma panhispánica*, Madrid: Espasa, 2018.

— y Asociación de Academias de la Lengua Española (asale): *Diccionario de la lengua española*, 23.ª edición, http://dle.rae.es/?id=DgIqVCc.

— y Asociación de Academias de la Lengua Española (asale): *Diccionario panhispánico de dudas*, Madrid: Santillana Ediciones Generales, 2005.

— y Asociación de Academias de la Lengua Española (asale): *Glosario de términos gramaticales*, Ediciones Universidad de Salamanca, 2019.

— y Asociación de Academias de la Lengua Española

(ASALE): *Nueva gramática de la lengua española*, http://aplica.rae.es/grweb/cgi-bin/buscar.cgi.

REAL ACADEMIA ESPAÑOLA (RAE) y ASOCIACIÓN DE ACADEMIAS DE LA LENGUA ESPAÑOLA (ASALE): *Nueva gramática de la lengua española* (manual), Madrid: Espasa Libros, 2010.

— y ASOCIACIÓN DE ACADEMIAS DE LA LENGUA ESPAÑOLA (ASALE): *Ortografía de la lengua española*, Madrid: Espasa Libros, 2010.

RÍO, Emilio del: *Latín lovers*, Barcelona: Espasa, 2019.

ROMEU, Juan: *Lo que el español esconde*, Barcelona: Larousse Editorial, 2017.

— *Ortografía para todos*, Madrid: JdeJ Editores, 2017.

ROSENBLAT, Ángel: «Curanderismo lingüístico. El terror al gerundio», *Anuario de Letras*, vol. 13 (1975), Universidad Nacional Autónoma de México, https://revistas-filologicas.unam.mx/anuario-letras/index.php/al/article/view/325/323.

— *Nuestra lengua en ambos mundos*, Estella (Navarra): Salvat Editores / Alianza Editorial, 1971.

SECO, Manuel: *Diccionario de dudas y dificultades de la lengua española*, 10.ª edición, revisada y puesta al día, Madrid: Espasa Calpe, 1998 (14.ª reimpresión, 2009).

— *Gramática esencial del español*, 4.ª edición, Madrid: Espasa Libros, 2011.

— *Nuevo diccionario de dudas y dificultades de la lengua española*, 11.ª edición del *Diccionario de dudas y dificultades de la lengua española*, Barcelona: Espasa, 2011.

— Olimpia ANDRÉS y Gabino RAMOS: *Diccionario del español actual*, 2.ª edición, revisada y puesta al día, dos volúmenes, Madrid: Santillana Ediciones Generales, 2011.

— Olimpia ANDRÉS y Gabino RAMOS: *Diccionario fraseológico documentado del español actual*, Madrid: Santillana Ediciones Generales, 2005.

SERNA, Víctor de la (coordinador): *Libro de estilo* del diario *El Mundo*, Madrid: Temas de Hoy, 1996.

SLAGER, Emile: *Diccionario de uso de las preposiciones españolas*, Madrid: Espasa Calpe, 2007.

SOMOANO, Julio: «Sesquipedalismo o el arte de lo rimbombante», *Archiletras*, 13 de mayo de 2019, https://www.archile
tras.com/actualidad/sesquipedalismo-lo-rimbombante/.

TAMAYO, Alberto: *Historia de la escritura latina e hispánica*, Gijón: Ediciones Trea, 2012.

TORRES RIPA, Javier (adaptación y edición): *Manual de estilo Chicago-Deusto*, Bilbao: Publicaciones de la Universidad de Deusto, 2013.

VALENTINI, Carlos Alfonso: «Variedades lingüísticas del español: viejos temas y nuevos enfoques en la certificación de ELE en Argentina», en Actas del III Congreso Internacional SICELE. Investigación e innovación en ELE. Evaluación y variedad lingüística del español, 2017, Centro Virtual Cervantes, https://cvc.cervantes.es/ensenanza/biblio
teca_ele/sicele/002_valentini.htm.

VÁZQUEZ, Cristian: «De lo bien que los latinoamericanos pronunciamos la z», *Letras Libres*, 13 de diciembre de 2016, https://www.letraslibres.com/espana-mexico/cultura/lo-
bien-que-los-latinoamericanos-pronunciamos-la-z.

Índice alfabético

Cervantes, Miguel de, 152, 171, 308

cesar, 287-289, 292, 350

Chavira, Paulina, 17, 273, 374-376, 378

Che Guevara, Ernesto, 113

chuletada, 236 y n.

cita en párrafo aparte, 371 y n., 372

cliché, 210, 216, 217

Colón, Cristóbal, 93, 170 n., 269

comarca académica, 333, 349, 359, 364

comillas de seguir, 63 n.

comillas españolas, 108, 110, 112 n.

comillas inglesas, 107-108, 109

comillas latinas, 108

comillas simples, 108, 109, 110 y n., 111-112 y n.

con base en / en base a, 310-312

conector discursivo, 50-53, 139

consola/cónsola, 81, 161

construcción especificativa, 44-46, 303

construcción explicativa, 44-46

contexto, 32 n., 36, 37 y n., 38 n., 48-50, 51, 53, 55, 56, 69, 73, 77 n., 79, 82,

83, 85, 102 n., 110 y n., 113, 121, 125 n., 134, 138, 139, 146, 152, 163, 185, 210, 211 n., 217, 221 n., 223 n., 251, 256, 268, 271, 272, 279 n., 288, 295, 303, 321, 356 y n.

corchete, 23, 65, 66, 67, 68, 69, 124, 125, 126 n., 333 y n.

corchetes intrapunteados, 66

CORDE, Corpus Diacrónico del Español, 347 n.

Coromines, Joan, 321, 365-366

coronaburrirse, 347

coronavirus, 104, 218

corona-virus disease, 104

CORPES, Corpus del Español del Siglo XXI, 347 n.

Correas, Gonzalo, 337-338, 343

corrección de estilo, 118 n., 290 n., 323-326

corrección de textos, 17, 315-327, 349, 386

corrección ortotipográfica, 118 y n., 323-326

cotufas, 236 n.

covid, 104-106, 168, 214, 224

covides, 106

covidiota, 347

covidofobia, 347

CREA, Corpus de Referencia del Español Actual, 347 n.

Gómez Font, Alberto, 17, 56, 58 y n., 185, 241, 294, 308, 333, 348, 358-360, 369 n., 382, 383

Gómez Torrego, Leonardo, 17, 251, 259 n., 261, 268 n., 289, 321, 333, 349-350 y n., 351 n.

Góngora, Luis de, 171

grafema, 28, 130 y n., 145, 343

Grijelmo, Álex, 17, 72 n., 114, 172, 218, 270 y n., 367-370, 383

guagua/autobús, 356

guardianes de la lengua, 17, 112, 143, 155, 178, 289, 299, 329, 332 y n., 348, 357 n., 367, 368, 378

guasap/guásap, 256 n.

guasapear, 256 n.

guion 35, 36 y n., 37 y n., 84-86, 104, 118, 119 y n., 123

guion/guión 87, 88 y n., 89, 90, 333 y n.

Guzmán, Isidra de, 340

H

haber como impersonal 290-292

hasta el punto de que / hasta el punto que, 159

haters, 381

Hernández, Humberto, 17, 205, 231, 236 n., 237, 241, 333, 354-357 y n., 359 n.

Herrero, Álex, 17, 173, 175, 350 n., 384, 385-386

heterografía, 119 n.

hipérbaton, 217, 218

hipérbole, 282, 283

hipocorístico, 102 n.

homografía, 76 n., 77 n.

I

inciso, 40, 45, 52 n., 119 y n., 120-122, 126 n., 141, 142, 381

infinitivo fático, 197

infinitivo introductor, 197-198

infinitivo radiofónico, 197, 199

infligir/infringir, 165-166

informe de lectura, 318 n.

Instagram, 375, 378, 381

Isabel II, 344

J

Jiménez, Juan Ramón, 119 n., 171

Juan Carlos I, 168, 251